—财务人员进阶之道实战丛书—

一本书读懂内部审计

要点·实务·案例

王雁飞　王新星 —————— 编著

U0359509

化学工业出版社
·北京·

内容简介

《一本书读懂内部审计：要点·实务·案例》一书包括内审人员岗位认知、内部审计工作流程及操作、销售与收款业务内控审计实务、采购与付款业务内控审计实务、生产制造业务内控审计实务、存货业务内控审计实务、资金管理内控审计实务、业务经营绩效内控审计实务、信息系统内控审计实务和内部经济责任审计10个章节，对日常应知的内部审计知识进行了系统解读，并辅以案例参考。

本书旨在为读者提供一个全面、深入的内部审计知识体系，让读者能够清晰地理解内部审计的基本原理、方法和实践应用；并通过丰富的案例，帮助读者将理论知识转化为实际操作能力。

图书在版编目（CIP）数据

一本书读懂内部审计：要点·实务·案例/王雁飞，
王新星编著. --北京：化学工业出版社，2024.9.
（财务人员进阶之道实战丛书）. --ISBN 978-7-122
-45915-2

Ⅰ.F239.45

中国国家版本馆CIP数据核字第2024LS8264号

责任编辑：陈　蕾　　　　　　　　　装帧设计：溢思视觉设计／程超
　　　　　　　　　　　　　　　　　　　　　　　E-mail: isstudio@126.com
责任校对：王鹏飞

出版发行：化学工业出版社（北京市东城区青年湖南街13号　邮政编码100011）
印　　装：大厂聚鑫印刷有限责任公司
787mm×1092mm　1/16　印张21¼　字数416千字　2024年10月北京第1版第1次印刷

购书咨询：010-64518888　　　　　　　　售后服务：010-64518899
网　　址：http://www.cip.com.cn
凡购买本书，如有缺损质量问题，本社销售中心负责调换。

定　　价：88.00元　　　　　　　　　　　　　　　　　版权所有　违者必究

前言

在当今日益复杂的商业环境中，内部审计不仅是企业治理的基石，更是企业稳健运营的保障。它如同一面镜子，反映出企业内部运营的实际情况，帮助管理层洞察潜在风险，优化资源配置，提升运营效率。因此，对于期望在激烈竞争的市场中立足并持续发展的企业来说，理解和掌握内部审计的要点、实务和案例，显得至关重要。

《一本书读懂内部审计：要点·实务·案例》，旨在为读者提供一个全面、深入的内部审计知识体系，让读者能够清晰地理解内部审计的基本原理、方法和实践应用；并通过丰富的案例，帮助读者将理论知识转化为实际操作能力。

本书分为三个模块：要点、实务、案例。

要点模块从内部审计的定义、目标、原则、职责等方面入手，对内部审计的基本理论进行阐述，同时分析内部审计在企业治理中的作用，以及它如何帮助企业实现风险防控、提升管理效率、保护资产等目标。此外，还介绍了内部审计的职业道德和法规要求，确保读者在理解和应用内部审计知识时，遵循正确的道德和法规标准。

实务模块是本书的核心部分，详细介绍了内部审计的实务操作，包括审计计划制订、审计程序执行、审计证据搜集、审计报告撰写、各类业务的审计实务等内容。通过具体的案例，展示内部审计在实际工作中的应用和技巧，帮助读者理解和掌握内部审计的实务操作技能。同时，阐述内部审计与其他部门的协作与沟通，以确保内部审计工作的顺利进行。

案例模块是本书的亮点之一，通过精选的内部审计案例，展示内部审计在企业中的应用效果。这些案例涉及不同行业、不同规模的企业，涵盖了内部审计的各个方面。通过案例学习，读者能够更深入地理解内部审计的实践意义，并从中汲取经验和教训。

《一本书读懂内部审计：要点·实务·案例》包括内审人员岗位认知、内部审计工作流程及操作、销售与收款业务内控审计实务、采购与付款业务内控审计实务、生产制造业务内控审计实务、存货业务内控审计实务、资金管理内控审计实务、业务经营绩效内控审计实务、信息系统内控审计实务和内部经济责任审计10个章节，对日常应知的内部审计知识进行了系统解读，并辅以案例参考。

由于编者水平有限，书中难免出现疏漏，敬请读者批评指正。

编著者

目 录

第1章

内审人员岗位认知

 学习目标：

1.了解内部审计的内容、内部审计的层次，掌握内部审计与外部审计的区别与联系。

2.了解内部审计的职能，掌握内审职业发展路线，能为自己的职业生涯进行规划。

3.了解内审人员的岗位条件，掌握内审人员的必备知识、必备能力。

4.了解内审人员的职业道德规范并严格遵守。

5.掌握人际关系的建立、人际关系的处理方式和方法、内审工作中人际冲突起因及化解方法。

1.1　内部审计认知

内部审计是外部审计的对称，是部门、单位内部专职审计人员开展的审计，目的在于帮助部门、单位管理人员进行最有效的管理。内部审计与外部审计相互配合并互为补充，是现代审计的一大特色。

内部审计是建立于组织内部、服务于管理部门的一种独立的检查、监督和评价活动，它既可对内部控制制度的适当性和有效性进行检查、监督和评价，又可对会计及相关信息的真实性、合法性、完整性，资产的安全性、完整性，企业自身的经营业绩、经营合规性进行检查、监督和评价。

1.1.1　内部审计的内容

1.1.1.1　财务审计

财务审计是对企业资产、负债、损益的真实性、合法性、完整性进行审计与监督，并对企业会计报表所反映的会计信息依法作出客观、公正的评价，其目的是揭露和反映企业资产、负债和盈亏的真实情况，发现并采取措施化解企业财务收支中的各种违法违规问题。

开展一般性财务审计的企业，规模都比较大。因为这样的企业，资金往来众多，部门众多，员工众多，顶层的管理者不可能面面俱到地盯紧每一个部门的业务，股东也不可能时时刻刻了解管理层的活动，所以，股东或者顶层的高管有时需要借用"财务审计"来审查是否有人中饱私囊，并确认财务收支以及其他经济活动是否真实、合法、有效。

1.1.1.2　经营审计

经营审计是指对企业生产经营活动全过程的合理性和生产要素开发利用的效率与效果进行审查，其目的是帮助企业挖掘人、财、物的潜力，改善经营工作。

1.1.1.3　管理审计

管理审计是在财务审计的基础上发展而来的新审计类型，其中心任务是审查企业的管理信息，包括管理过程审计和管理部门审计，如图1-1所示。

管理过程审计

管理部门审计

管理过程审计是指以计划、组织、决策和控制等管理职能作为审计对象，通过对各管理职能的完整性和有效性进行评估，考察企业内部各层次管理水平的高低、管理素质的优劣以及管理活动的经济性、效率性，并针对管理控制活动中存在的问题，提出相应的改进建议和意见	管理部门审计是指以企业的管理部门为基本对象，通过对企业各管理部门应承担的经济责任和履行情况以及管理人员的素质进行审查，以促进企业改进管理方法、提高经济效益

图 1-1 管理审计的内容

1.1.1.4 风险管理

风险管理是识别、衡量和分析企业潜在的风险，并对其进行有效控制，以最经济合理的方法应对，从而实现企业损失最小化的过程。

1.1.2 内部审计的层次

内部审计可分三个层次，如图 1-2 所示。

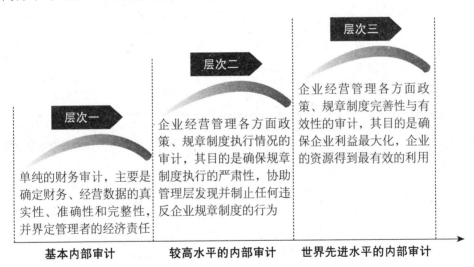

层次三

层次二

层次一

单纯的财务审计，主要是确定财务、经营数据的真实性、准确性和完整性，并界定管理者的经济责任

企业经营管理各方面政策、规章制度执行情况的审计，其目的是确保规章制度执行的严肃性，协助管理层发现并制止任何违反企业规章制度的行为

企业经营管理各方面政策、规章制度完善性与有效性的审计，其目的是确保企业利益最大化，企业的资源得到最有效的利用

基本内部审计　　较高水平的内部审计　　世界先进水平的内部审计

图 1-2 内部审计的层次

1.1.3 内部审计与外部审计

外部审计通常是指独立于企业的审计机构（如专门的会计师事务所）进行的审计，与内部审计相比，外部审计具有独立性，不受企业内部部门限制，审计结果更加客观真实。

内部审计是企业内部部门根据工作安排对企业进行审计，外部审计是外部审计单位受企业委托对企业进行审计。

1.1.3.1　内部审计和外部审计的联系

内部审计和外部审计的总体目标是一致的，两者均是审计监督企业管理体系的有机组成部分。内部审计具有预防性、经常性和针对性，是外部审计的基础，对外部审计能起到辅助和补充的作用；而外部审计对内部审计则起到支持和指导作用。由于内部审计机构和外部审计机构所处的地位不同，它们在独立性、强制性、权威性和公正性等方面又有较大的差别。

1.1.3.2　内部审计和外部审计的区别

内部审计和外部审计的区别如表1-1所示。

表1-1　内部审计和外部审计的区别

区别点	内部审计	外部审计
审计性质	内部审计属于内部机构或专职人员进行的内部审计监督，只对本单位负责	外部审计是独立的外部机构以第三方的名义开展的鉴证活动，对国家权力部门或社会公众负责
审计的独立性	内部审计在组织、执行、费用等方面都受本单位的制约，独立性受到限制	外部审计在组织、执行、费用等方面都与被审计单位无关，具有较强的独立性
审计方式	内部审计是根据本单位的安排进行的，具有一定的任意性	外部审计大多是接受委托执行的
工作范围	内部审计的工作范围涵盖单位管理的所有方面，包括风险管理、控制和治理等过程	外部审计则集中在企业财务报告及与财务报告相关的内部控制上
审计方法	内部审计的方法是多样的，应结合企业的具体情况，采取不同的方法，其中也可以包括外审的一些程序	外部审计的方法则侧重报表审计程序
服务对象	内部审计的服务对象是单位负责人	外部审计的服务对象是国家权力机关或各相关利益方
审计报告的作用	内部审计报告只能作为本单位经营管理的参考，没有社会鉴证的作用，不能向外界公开	国家审计除商业秘密或其他不宜公开的内容外，审计结果要对外公示；社会审计报告要向外界公开，对投资者、债权人及社会公众负责，具有社会鉴证的作用
审计对象	内部审计的对象是本企业及所属单位的财务收支、经济活动	国家审计以各级政府、事业单位及大型骨干企业的财政收支及资金运作情况为主；社会审计对象则包括一切营利及非营利单位
审计权限	内部审计有审查处理权，但其内向服务性决定了其强制性和独立性较国家审计弱，审查结论的社会权威性也没有社会审计高	国家审计代表国家利益，对被审计单位的违法违纪问题既有审查权，也有处理权；社会审计只能对被审单位的有关经济活动进行审查与鉴证

续表

区别点	内部审计	外部审计
审计的监督性	内部审计是单位自我监督	国家审计属于行政监督，具有强制性；社会审计属于社会监督，被审计企业与社会审计组织之间是双向自愿选择的关系
依据的审计准则	内部审计所依据的准则是中国内部审计协会制定的内部审计准则	国家审计所依据的准则是审计署制定的国家审计准则；社会审计依据的准则是中国注册会计师协会制定的独立审计准则

1.2 内审职能与职业发展

内部审计是企业内部建立的一种独立评价手段。通过内部审计，可以评价企业内控制度是否健全有效，实现查错防弊、改进管理、提高经济效益等目的；同时协助领导层有效履行职责，规范企业运作，降低运营风险，完成企业的经营目标。

1.2.1 内部审计职能

内部审计职能是指内部审计本身所固有的内在功能，可反映出内部审计的本质。内部审计的职能随着审计目标的变化而变化，并为实现审计目标服务。内部审计的职能如表1-2所示。

表1-2 内部审计职能

序号	职能	说明
1	进行价值管理	内部审计人员从经济（最低的成本）、效率（资源的最有效利用）、效果（最佳的结果）三方面评价企业资源的使用情况
2	企业信息系统的审计	通过内部审计，可判断企业信息系统是否为报表编制提供可靠的信息，内控制度是否有效降低错报、漏报风险
3	开展项目审计	内部审计可对特定项目进行审计，例如新建立的信息系统、新开设的生产加工区等。内部审计负责鉴定项目的目标能否实现、项目能否按计划有效运行，并从项目的失败教训中总结经验等
4	进行内部财务审计	这是内部审计的主要工作，例行性检查编制财务报表所需的财务记录与支持文件，可以减少错误与舞弊事件的发生，也能对财务数据的趋势进行分析等
5	开展经营审计	内部审计部门可以对采购、市场营销、人力资源等部门开展经营审计，检查与复核内部控制的有效性，提出可以进一步提高业绩与改善管理的建议与对策等

1.2.2 内审职业发展路线

内审职业的专业化发展路线如图1-3所示。

图1-3 专业化的发展路线

管理职能的发展路线如图1-4所示。

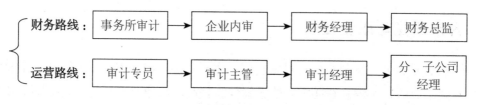

图1-4 管理职能的发展路线

如果想从事内审行业，一定要了解内审行业的岗位职责及发展方向。以下是某企业的内审架构及职责说明，仅供参考。

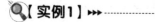
【实例1】▸▸▸ ··

某中型企业内审架构及职责说明

一、审计部职能

1.在董事会审计委员会的领导下，依据《中小板上市公司内部审计指引》《中国内部审计准则》及公司内部审计制度的规定，独立开展内部审计工作。

2.负责对股份公司及下属子公司内部控制的完整性、合理性、有效性以及风险管理进行检查、评价，对内控缺陷提出审计建议。

3.负责对股份公司及下属子公司的财务状况，财务收支活动的合法性、合规性、真实性和完整性进行审计，对经营效果进行评价。

4.负责对股份公司及下属子公司主要负责人的任期经济责任进行审计，审查其经营业绩的真实性和年度经营目标的完成情况，为年度绩效考核提供依据。

5.每季度对资金的募集与使用情况进行一次审计，并对资金使用的真实性和合规性发表意见。

6.按《中国内部审计准则》的要求组织审计人员开展审计工作。运用适当的审计方法，搜集充分的审计证据，做好审计工作底稿的编制、复核和归档工作。在与被审计单位充分沟通后提交审计报告。

7.组织审计人员学习内部审计、财务、税务等方面的法律法规和专业知识，积极参加行业协会组织的审计培训，不断提高审计人员的素质。

8.每个会计年度结束前的两个月内向审计委员会提交下一年度内部审计工作计划，并在每个会计年度结束后的两个月内向审计委员会提交年度内部审计工作报告。

二、审计部组织架构

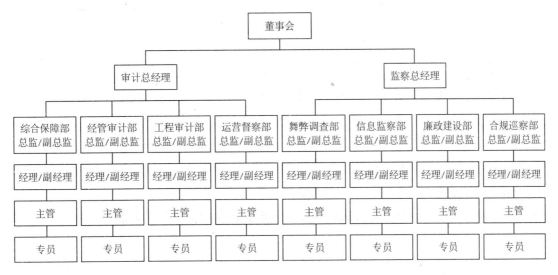

审计部组织架构

三、审计部职级晋升阶梯

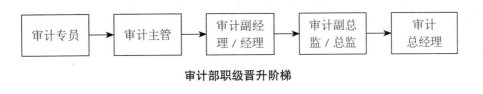

审计部职级晋升阶梯

内审人员很少跳槽，除非是遇到下面这些寻常的问题。

（1）企业主管、经理精力旺盛，正值壮年，自己升职无望。

（2）老板任人唯亲，办公室、高层政治斗争严重，家族式管理问题阻碍自己进一步发展。

（3）与配偶两地分居，无法照顾父母和孩子。

（4）企业内审职能很弱，自己无法发挥实力，更不会得到提升。

所以，审计人员跳槽需要考虑3个要素：薪酬福利、工作环境以及发展前景。跳槽时也要准备好面试的问题。

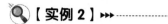

【实例 2】▶▶

内审人员面试时的常见问题及答题思路

内审人员面试时经常会遇到下列问题。

1. 一般审计员

（1）请你谈谈你经历的印象最深刻的审计事件。

问题目的：考查你的审计思路与方法。

推荐回答：简单介绍一下审计中的舞弊事项，以及自己的审计思路。

（2）你现在的行业同本公司的行业不一样，面对不熟悉的项目，你怎么开展审计？

问题目的：考查你的审计思路与方法。

推荐回答：看公司现有的规章制度，进行员工访谈，看前任的审计报告。

（3）你能发一些你以前的审计报告给我吗？我想通过审计报告来确认一下你的审计水平。

问题目的：考查你的审计思路与方法。

推荐回答：可以，但我需要先将这些审计报告脱密，因为这涉及原公司的机密信息。这也是一个内审人最起码的职业道德。

（4）你能谈谈内审与外审的区别吗？

问题目的：考查你的审计思路与方法。

推荐回答：内审与外审的区别很多，但最重要的是"审计视角"不同。内审是对公司的各项经济业务和内部控制进行检查、评价，以确定相关的工作程序是否符合标准，资源是否得到了有效利用，内审更注重公司内部的经营和管理。而外审着眼于公司的财务报告以及与财务报告相关的内控系统，更关注对外界的影响。

（5）如果被审计部门不配合，你如何处理？

问题目的：考查你的协调能力。

推荐回答：被审计部门不配合主要有四种情况，害怕因审计出来的问题而被处罚或批评；害怕审计建议改变了日常的工作习惯；害怕审计人员吹毛求疵，只关注缺陷；害怕审计人员缺乏对被审计部门的理解与认同，高高在上，过分关注无关紧要的错误，而不注重提出改善的建议。

这需要与被审计部门沟通，确认不配合的原因后，进一步调整审计工作计划。

2. 审计主管及经理

（1）如果让你进行某项审计，你会怎么安排？

问题目的：考查你的团队协作能力。

推荐回答：一般是先开会，了解内审小组成员的看法。然后综合评价内审小组人员的个人能力，根据每个人的实际情况，分别安排审计工作。

（2）如果审计小组成员之间发生矛盾，你该如何处理？

问题目的：考查你的团队协作能力。

推荐回答：作为审计部负责人，需要先把两人分开，然后分别谈话。确认矛盾的原因后再将两个人聚在一起，让他们意识到自己的问题，形成统一的思想。最后申明吵架不是解决问题的办法。

3. 内控主管及经理

（1）你对"风险"二字如何理解？

问题目的：考查你对内控风险管理基础理论的掌握。

推荐回答：风险是个中性词，带有未知属性，是达成某个事项的各种可能性。对于一个企业来说，风险既是机会，也是挑战。

（2）风险管理与内控的区别与联系？

问题目的：考查你对内控风险管理基础理论的掌握。

推荐回答：全面风险管理涵盖了内部控制，是对内部控制的拓展和延伸。内部控制是全面风险管理的必要环节，内部控制的动力来自企业对风险的识别和管理。

（3）企业如何建立全面风险管理体系？

问题目的：考查你对内控风险管理基础理论的掌握。

推荐回答：体系建设涉及的内容非常多。简单来说，首先是得到管理层的认可与授权，然后是组建项目团队。

1.3　内审人员的岗位胜任条件

合格的内部审计人员不仅应具备丰富的知识，还应具备一定的专业能力。

1.3.1　必备知识

合格的内部审计人员需要掌握图1-5所示的知识。

| 内部审计知识 | ☞ | 作为内部审计人员，掌握一定的审计知识是最起码的要求 |
| 财务知识 | ☞ | 掌握一定的财务知识，能让内部审计人员通过财务系统了解到很多业务轨迹，以便为内部审计工作提供线索 |

图1-5

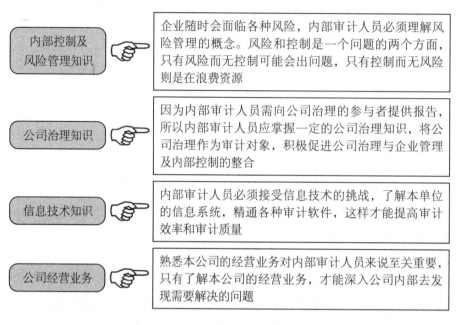

图1-5 内部审计人员必备的知识

1.3.2 必备能力

以上知识可以通过阅读相关书籍来获取，但是，学习知识不是目的，具备一定的能力才是关键。合格的内部审计人员还需要具备表1-3所示的能力。

表1-3 内部审计人员必备的能力

序号	能力项目	能力说明
1	发现问题的能力	如何在一个陌生的组织中发现问题，是每个内部审计人员都要面对的。发现问题是内部审计人员的职责，也是内部审计人员的立身之本，这就要求内部审计人员具备一定的敏感性和判断力
2	分析问题的能力	分析问题贯穿于整个审计过程，从制订审计计划、开展审计工作到寻求解决问题的办法等，都要求内部审计人员具备很强的分析能力
3	解决问题的能力	只发现问题显然是不够的，内部审计人员还应与被审计单位一同寻求解决问题的办法。合格的内部审计人员必须具备很强的解决问题的能力
4	表达能力	不论是重大的审计发现，还是可行的问题解决方案，如果内部审计人员不能把问题和方案表达清楚，那么会使审计成果大打折扣。合格的内部审计人员应具备一定的书面表达能力和口头表达能力
5	人际交往的能力	内部审计人员经常发现被审计单位存在的问题和发生的错误，难免会与被审计单位发生冲突，因此，内部审计人员应具有良好的沟通协调能力，以积极的态度有效解决人际冲突

1.4 内审人员的职业道德规范

内部审计人员职业道德是内部审计人员开展内部审计工作时应当具备的职业品德、应当遵守的职业纪律和应当承担的职业责任的总称。

内部审计准则"第1201号——内部审计人员职业道德规范"是内部审计职业规范体系的重要组成内容。它从职业道德行为的角度对内部审计人员的职业素质、品质、专业胜任能力等各方面提出了严格的要求，以保证内部审计人员能够独立、客观地进行内部审计活动，确保内部审计作用的发挥，促进组织目标的实现。

1.4.1 诚信正直

内部审计人员从事内部审计工作时，应当诚信正直。

1.4.1.1 诚实、守信

内部审计人员在开展内部审计业务时，应当诚实、守信，不应有下列行为。

（1）歪曲事实。

（2）隐瞒审计发现的问题。

（3）缺少证据支持时进行判断。

（4）做误导性的或者含糊的陈述。

1.4.1.2 廉洁、正直

内部审计人员在开展内部审计业务时，应当廉洁、正直，不应有下列行为。

（1）利用职权牟取私利。

（2）屈从于外部压力，违反原则。

1.4.2 客观公正

内部审计人员应当遵循客观原则，在开展内部审计业务时，实事求是，不得带有个人偏见，或者引发利益冲突，从而影响职业判断。

1.4.2.1 对客观性进行评估

内部审计人员实施内部审计前，应当采取下列步骤对客观性进行评估。

（1）识别可能影响客观性的因素。

（2）评估影响因素的严重程度。

（3）报告客观性受损可能造成的影响。

1.4.2.2 识别可能影响客观性的因素

内部审计人员应当识别下列可能影响客观性的因素。

（1）审计人员曾经参与过的业务活动。

（2）与被审计单位是否存在直接利益关系。

（3）与被审计单位是否存在长期合作关系。

（4）与被审计单位管理层是否有密切的私人关系。

（5）遭受的来自组织内部和外部的压力。

（6）内部审计范围是否受到限制。

1.4.2.3　采取措施保障内部审计的客观性

内部审计机构负责人应当采取下列措施确保内部审计的客观性。

（1）提高内部审计人员的职业道德水准。

（2）选派适当的内部审计人员参加审计项目，并进行适当分工。

（3）采取工作轮换的方式安排审计人员。

（4）建立适当、有效的激励机制。

（5）制定并实施系统、有效的内部审计质量控制制度、程序和方法。

（6）当内部审计人员的客观性受到严重影响且无法避免时，停止有关的审计业务，并及时向董事会或者最高管理层报告。

1.4.3　提高专业胜任能力

内部审计人员应当具备下列专业知识、职业技能和实践经验。

（1）审计、财务、税务、经济、金融、统计、管理、内部控制、风险管理、法律和信息技术等专业知识。

（2）语言表达、问题分析、审计技术应用、人际沟通、组织管理等职业技能。

（3）必要的实践经验及相关职业经历。

> **提醒您**
>
> 内部审计人员应当通过后续教育和职业实践等途径，学习和掌握相关的法律法规、专业知识、技术方法和审计实务，以提升自身的专业胜任能力。

1.4.4　遵循保密原则

内部审计人员应当遵循保密原则，合理使用其在履行职责时所获取的信息。

内部审计工作的性质决定了内部审计人员经常会接触到一些机密的企业内部信息及资料，内部审计人员应当对这些信息及资料进行保密，不能滥用，以免因信息泄露给企业带来损失。

（1）内部审计人员对开展内部审计时所获取的信息保密，未经有效授权，不得披露。

（2）内部审计人员在社会交往中，应当履行保密义务，警惕非故意泄密。

（3）内部审计人员不得利用其获取的信息牟取不正当利益，或者违反法律法规、企业规定及职业道德使用该信息。

1.5　内部审计中人际关系的协调

内部审计机构是企业内部的特殊机构，其职责就是对企业的经营管理活动进行审计和评价。为了履行职责，内部审计人员不仅要与企业内部的人员打交道，还要与企业外部的人员进行沟通和协作。如果不能恰当地处理人际关系，很可能导致内部审计人员与相关人员之间产生冲突，从而无法保证内部审计作用的充分发挥。

1.5.1　人际关系的建立

内部审计中的人际关系是指内部审计人员在审计活动中与企业内外部相关部门和人员之间的交往与联系，既包括与企业内部主要负责人、高层管理者、相关职能部门和同事之间的人际关系，也包括与企业外部审计机关、社会审计机构、税务机关、往来银行、法律顾问之间的人际关系。

1.5.1.1　与企业负责人和高层管理者建立良好的人际关系

内部审计人员接受企业负责人的委托进行内部审计，因此，内部审计工作的顺利开展首先需要得到企业负责人和高层管理者的授权和支持，为此，内部审计人员必须与企业负责人和高层管理者建立良好的人际关系。

1.5.1.2　与企业内部其他职能部门保持良好的人际关系

内部审计人员应当与企业内部其他职能部门（如财务、供销、生产、人力资源等）保持良好的沟通和人际关系，以便在审计活动中相互合作和取得更多的支持。例如，开展内部审计活动时需要从其他职能部门了解企业的相关情况；审计中发现问题时，咨询其他职能部门的意见有助于找到更优的解决方法；在审计意见落实和事后监督等方面与其他职能部门相互协作，能实现审计成果的高效利用。

1.5.1.3　与企业外部机构保持良好的人际关系

内部审计工作的高效进行需要企业外部相关机构和有关人士的认同和支持，以便及时获得充分、可靠的审计证据。例如，通过银行函证取得可靠的审计证据；合理利用外部审计的结果，必要时可以聘请外部专家，获取专业的帮助，如进行资产评估、基建工程验收等。

1.5.1.4　与内部审计机构中的其他成员保持良好的人际关系

内部审计机构成员之间应建立并保持良好的人际关系，相互协作、相互包容，形成良好的团队精神。

1.5.2 处理人际关系的方式和方法

1.5.2.1 良好的个人形象

俗话说"正人先正己"。由于内部审计人员工作在一个充满矛盾的环境中，他们必须具有良好的个人形象，依靠自身的声望与个人素养，得到领导、被审计部门和同事的信赖。

1.5.2.2 较强的沟通能力

内部审计人员在处理人际关系时，应当主动、积极、有效地与他人进行沟通，以保证信息的快捷传递。

（1）沟通的类型

内部审计人员处理人际关系时采用的沟通类型有两种，如图1-6所示。

 即内部审计人员与相关人员之间的沟通

 即内部审计机构在特定环境下的沟通，主要包括与上下级部门之间的信息交流，与企业内各平行部门之间的信息交流，与非平行、非隶属部门之间的信息交流

图1-6 沟通的类型

（2）沟通的方式

内部审计人员处理人际关系时采用的沟通方式主要有口头沟通和书面沟通两种。

口头沟通即内部审计人员利用口头语言进行信息交流。书面沟通即内部审计人员利用书面语言进行信息交流。

（3）沟通的途径

沟通的途径如图1-7所示。

途径一　**与管理层的沟通**

内部审计人员应当积极、主动地与相关管理层进行沟通，可以采取的沟通途径主要包括：
①与企业管理层就审计计划进行沟通，以达成共识
②咨询企业管理层，了解内部控制环境
③根据审计发现的问题，及时向管理层提出审计意见和建议
④在出具书面审计报告之前，征求管理层对审计结论的意见和建议

| 途径二 | 与被审计单位的沟通 |

内部审计人员应当与被审计单位建立并保持良好的人际关系，可以采取下列沟通方式获得被审计单位的理解、配合和支持。
①在了解被审计单位基本情况时，应当进行及时、有效的沟通和协调
②通过询问、会谈、会议、问卷调查等沟通方式，了解被审计单位业务活动、内部控制和风险管理等情况
③通过口头方式或者其他非正式方式，与被审计单位交流审计过程中发现的问题
④在审计报告提交之前，以书面方式与被审计单位进行沟通

图 1-7　沟通的途径

1.5.2.3　良好的换位思考思维

内部审计人员在考虑问题时，如果能从被审计者的角度出发，了解他们需要什么、关心什么，并得到他们的配合，那么可以取得意想不到的效果。

1.5.3　内审工作中人际冲突的起因及化解方法

1.5.3.1　引起冲突的原因

内部审计人员与被审计者之间存在着潜在的人际冲突，这种冲突可以概括为以下两种。

（1）被审计者害怕内部审计人员。被审计者害怕内部审计人员在审计过程中发现问题并对其造成不利影响，从而形成双方潜在的冲突，这种冲突是被审计者受到潜在威胁的心理反应。部分被审计者甚至认为内部审计人员没有资格审查其活动。这种想法可能是内部审计人员缺乏人际关系处理技巧而导致的。

（2）内部审计人员自身的行为引起误解。有些冲突仅仅是因为内部审计人员的工作方式、方法不当导致的。一些内部审计人员强调缺陷、差错，通常把缺陷与处罚结合在一起，经常对有过失的被审计者点名批评。如果被审计者不了解内部审计的职责与权利，那么会对内部审计人员产生误解，引起被审计单位与内部审计人员的人际冲突。

1.5.3.2　化解冲突的方法

内部审计人员应当及时、妥善地化解人际冲突，采取的方法主要包括：

（1）暂时回避，寻找适当的时机再进行协调。

（2）说服，劝导。

（3）适当地妥协。

（4）互相协作。

（5）向管理层报告，寻求帮助。

 **学习笔记**

请对本章的学习做一个小结，将你认为的重点事项和不懂事项分别列出来，以便于自己进一步学习与提升。

本章重点事项
1.＿＿＿＿＿＿＿＿＿＿＿＿＿＿＿＿＿＿＿＿＿＿
2.＿＿＿＿＿＿＿＿＿＿＿＿＿＿＿＿＿＿＿＿＿＿
3.＿＿＿＿＿＿＿＿＿＿＿＿＿＿＿＿＿＿＿＿＿＿
4.＿＿＿＿＿＿＿＿＿＿＿＿＿＿＿＿＿＿＿＿＿＿
5.＿＿＿＿＿＿＿＿＿＿＿＿＿＿＿＿＿＿＿＿＿＿
本章不懂事项
1.＿＿＿＿＿＿＿＿＿＿＿＿＿＿＿＿＿＿＿＿＿＿
2.＿＿＿＿＿＿＿＿＿＿＿＿＿＿＿＿＿＿＿＿＿＿
3.＿＿＿＿＿＿＿＿＿＿＿＿＿＿＿＿＿＿＿＿＿＿
4.＿＿＿＿＿＿＿＿＿＿＿＿＿＿＿＿＿＿＿＿＿＿
5.＿＿＿＿＿＿＿＿＿＿＿＿＿＿＿＿＿＿＿＿＿＿
个人心得
1.＿＿＿＿＿＿＿＿＿＿＿＿＿＿＿＿＿＿＿＿＿＿
2.＿＿＿＿＿＿＿＿＿＿＿＿＿＿＿＿＿＿＿＿＿＿
3.＿＿＿＿＿＿＿＿＿＿＿＿＿＿＿＿＿＿＿＿＿＿
4.＿＿＿＿＿＿＿＿＿＿＿＿＿＿＿＿＿＿＿＿＿＿
5.＿＿＿＿＿＿＿＿＿＿＿＿＿＿＿＿＿＿＿＿＿＿

第 2 章

内部审计工作流程及操作

 学习目标：

1. 了解内部审计的四个阶段及业务。

2. 了解年度审计计划和审计项目实施方案的制定目的、时机，掌握年度审计计划和审计项目实施方案的要素和内容。

3. 了解审计通知书的作用、发出时机，掌握审计通知书的内容。

4. 了解现场审计的主要节点，掌握初步调查、分析性程序及符合性测试、实质性测试及详细审查、审计工作底稿编写等的操作步骤、方法、技巧。

5. 了解审计报告的形成过程，掌握审计复核与监督、整理审计工作底稿及相关资料、编写意见交换稿、与被审计单位交换意见、编制正式的审计报告、审核并报送审计报告等的操作步骤、方法、技巧。

6. 了解应归入审计档案的文件和材料有哪些，掌握审计卷宗内文件和材料的排列顺序和方法。

7. 了解后续审计的范围、内容、开展时间，掌握后续审计的方案和报告内容。

2.1　内部审计程序

内部审计程序指内部审计工作从开始到结束的整个过程，一共包括四个阶段，如表2-1所示。

表2-1　内部审计程序

内部审计程序	主要审计步骤	涉及的审计文档	本书指引
审计准备阶段	编制审计计划、进行审计前调查、下发审计通知书	审计计划、与审计项目有关的资料、审计前调查的相关文档、审计通知书	2.2、2.3、2.4
审计实施阶段	进一步了解被审计项目情况，审查和评价业务活动、内部控制和风险管理的适当性和有效性，编制审计工作底稿，出具审计报告	进一步了解被审计单位的相关经济信息、内部控制制度、内部控制测试与评估相关工作底稿、内部控制问卷调查表、相关审计证据、审计工作底稿、审计报告、审计报告征求意见书、被审计单位反馈的意见、沟通记录等	2.5、2.6、2.7、2.8、2.9
审计终结阶段	整理审计资料、建立审计档案等	审计过程中形成的所有审计文书	2.10
后续审计阶段	检查被审计单位对审计发现的问题所采取的纠正措施及其效果	后续审计方案、后续审计报告等	2.11

2.2　制订年度审计计划

企业的内部审计机构应在年初根据董事会的要求和企业的具体情况，确定审计重点，编制年度审计工作计划，经副总经理、运营总监审核后执行。

年度审计工作计划是对企业年度要完成的审计任务所做的工作安排，是企业年度工作计划的重要组成部分。

2.2.1　制订审计计划的目的

审计计划可以帮助审计机构对下一阶段的工作有一个整体性、全局性的把控；审计计划通常包括审计对象、范围、时间安排、人员分配、预算制定等内容，可以帮助审计机构合理安排时间，确保审计工作得以顺利完成。

2.2.2　审计计划的编制时机

应该在当年年底至次年年初确定下一年度的审计计划；在实际工作中，受一些突发事件的影响，可能还需要制订季度或者月度审计计划。

2.2.3　审计计划的审批

审批计划审批的目的主要有：

（1）提高工作的便利性，通过审批，审计计划拥有了权威性，审批层级越高，对后续的工作越有利。

（2）让领导知道审计部门在做什么，同时，如果审计计划有与领导需求不符的地方，也可以及时调整。

（3）审批流程在一定程度上可以保护审计人员。

2.2.4　审计计划六要素

2.2.4.1　审计对象

即审计机构要审计谁。一般是企业或者企业的某个部门；在选择审计对象的过程中，要客观公正，用可以量化的方式进行评估。

2.2.4.2　审计期间

审计期间通常不短于一年。期间过短，则被审计单位的业务量太少，尤其是当被审计单位有很明显的淡旺季时，审计效果会大打折扣。期间过长，会影响审计的时效性；审计本身就是一种事后审计，具有一定的滞后性，如果审计过程拖得太长，可能会导致企业管理中存在的问题无法得到及时纠正。

2.2.4.3　审计范围

通常需要根据企业的主要业务、历史财务数据、上级的特别指示、以前的审计资料等初步确定审计范围。

确定审计对象和范围的方法：

（1）可供选择的项目有哪些

确定审计对象和范围，有时候就像做选择题，首先需弄清楚有多少备选项，例如，企业一共有多少家下属公司，公司的类型、基本的业务情况、经营情况、一共有多少个项目等。

（2）将上级的需求排在第一位

从某种意义上来说，企业领导层是审计人员的服务对象，也是审计人员的客户；他们对企业的内外部风险、经营情况更熟悉，情报来源也更多，所以在制订审计计划前，一定要多咨询领导的意见。

（3）历史数据汇总

历史数据的汇总、收集、分析，有助于审计人员制定审计方案。

（4）量化审计要素

收集好信息之后，需要定义标准，然后把审计标准进行量化，这样可以使审计工作有的放矢。图2-1是审计要素的量化，仅供参考。

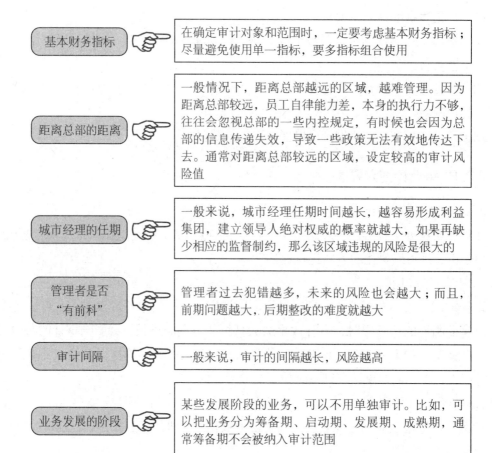

基本财务指标 👉 在确定审计对象和范围时，一定要考虑基本财务指标；尽量避免使用单一指标，要多指标组合使用

距离总部的距离 👉 一般情况下，距离总部越远的区域，越难管理。因为距离总部较远，员工自律能力差，本身的执行力不够，往往会忽视总部的一些内控规定，有时候也会因为总部的信息传递失效，导致一些政策无法有效地传达下去。通常对距离总部较远的区域，设定较高的审计风险值

城市经理的任期 👉 一般来说，城市经理任期时间越长，越容易形成利益集团，建立领导人绝对权威的概率就越大，如果再缺少相应的监督制约，那么该区域违规的风险是很大的

管理者是否"有前科" 👉 管理者过去犯错越多，未来的风险也会越大；而且，前期问题越大，后期整改的难度就越大

审计间隔 👉 一般来说，审计的间隔越长，风险越高

业务发展的阶段 👉 某些发展阶段的业务，可以不用单独审计。比如，可以把业务分为筹备期、启动期、发展期、成熟期，通常筹备期不会被纳入审计范围

图 2-1　审计要素的量化

2.2.4.4　审计时间

审计时间即什么时间审计、审计多长时间。常规审计要尽量避开被审计对象的繁忙时段，比如，月底业绩冲刺、工商税务检查、月末结账等。如果选择了这些时间，被审计对象可能因为自身工作繁忙，无法给予充分的配合，从而影响审计的效率。

2.2.4.5　人员安排

人多了，浪费资源；人少了，影响效率；人员专业不对口，发挥不了作用，所以人

员安排需非常谨慎。

2.2.4.6　费用预算

费用预算通常包括差旅费（交通、住宿）以及审计人员的奖金津贴。

2.2.5　年度审计工作计划的内容

年度审计工作计划应当包括下列基本内容。

（1）年度审计工作目标。

（2）具体的审计项目及实施时间。

（3）各审计项目需要的审计资源。

（4）后续审计安排。

【实例1】►►►⋯⋯⋯⋯⋯⋯⋯⋯⋯⋯⋯⋯⋯⋯⋯⋯⋯⋯⋯⋯⋯⋯⋯⋯⋯

年度审计计划

一、导言

××公司审计部按照××公司内部审计章程，同时参照国际内部审计师协会颁布的《内部审计实务标准》，制订了××年度审计计划（以下简称审计计划）。审计计划以风险为基础，采用了风险评估、研讨会等方式，确定了本年度内部审计工作目标和审计工作重点，除例行性审计任务外，审计部将公司采购供应环节作为本年度重点审计项目，同时对员工反映的重点问题进行审计。

审计计划是在广泛征求意见、充分考虑被审计单位和部门的意见和建议以及公司实际情况后确定的。

由于所属单位和部门的差异较大，被评估的高风险领域不同，审计部在选择可审计项目时充分考虑了差异性。

审计计划中的审计项目将由目前已有的审计人员完成，包括1名审计副总、1名审计经理，3名审计人员。

此外，审计计划中的审计项目基于目前的风险评估，将受到未来风险评估变化的影响。

二、××年度内部审计工作目标

××年，审计部将紧紧围绕公司生产经营和管理工作，按照董事会制定的年度工作总体思路和主要经营目标，为董事会和管理部门提供客观的审计和检查服务，严格履行服务与监督职能。同时协助董事会建立良好的公司治理机制，并对公司各级管理部门有效履行职责提供意见和建议。

审计部的发展目标是，重点培养审计专业骨干，强化审计部监督与服务职能，扩大审计部的服务范围，并通过内部培训提高审计人员的计算机操作水平和业务分析能力，同时注重改进审计方法和审计技巧。

三、××年度审计项目说明

各单位、各部门的实际情况不同，确定的审计项目也不同。

（一）对上年度财务报告、本年度季报、半年度财务信息进行内部审计

审计级次：一级（重点项目）。

审计安排：全年。

审计目标：对上年度年报、本年度季报、半年度财务信息的合法性、合规性、真实性和完整性进行内部审计。

审计内容：财务报表是否遵守《企业会计准则》及相关规定；会计政策与会计估计是否合理，是否发生变更，是否存在重大异常事项，是否满足持续经营假设；与财务报告相关的内部控制是否存在重大缺陷或重大风险，各项财务信息是否准确完整。

（二）采购供应环节项目审计

审计级次：一级（年度重点项目）。

审计安排：优先。

审计目标：检查采购供应部门运作和内部控制系统，测试其是否遵守已确定的政策、程序、标准及其他内部控制制度，并评价控制的适当性和效果。

审计内容：

（1）对于重要原料和物品的采购，是否从多个符合条件的供应商那里取得详细的报价单，是否从批准的供应商处订货；评价供应商的信誉情况、所提供产品的质量和价格以及能否及时供货。

（2）确定公司采购主管和职员与供应商之间是否存在潜在利益关系。

（3）是否制订采购计划并进行审批，是否提交书面订单。

（4）是否由独立于采购部门和会计部门的人员对收货数量进行审核。

（5）是否由独立于采购部门的人员对收到的原料和货物的质量进行审核。

（6）原材料出入库记录是否完整。

（7）对购入原材料和货物而发生的应付账款是否采取良好的控制。

审计程序：

（1）向采购部经理和采购人员询问，并发放相关调查问卷。

（2）根据公司有关的采购供应政策和程序手册，编制采购审批授权流程图。

（3）抽查有关的购货文件和记录。

（4）对所有可获取的购货文件、记录的审批授权情况进行测试。

（三）募集资金的使用和保管

审计级次：一级（年度重点项目）。

审计安排：每季度一次。

审计目标：募集的资金按《××市××科技股份有限公司募集资金管理办法》进行管理和使用，审批控制手续完备，账务记录准确、完整。

审计内容：

（1）检查募集资金三方监管协议是否有效执行，支付款审批权限是否符合公司规定。

（2）是否存在未履行审议程序而擅自变更募集资金用途、暂时补充流动资金、置换预先投入、改变实施地点等情形。

（3）募集资金使用与已披露情况是否一致，项目进度、投资效益与招股说明书是否相符。

（4）监督使用募集资金购买大额固定资产项目是否签订合同，合同履行是否正常，合同审批权限是否符合授权规定。

（四）固定资产审计

审计级次：一级（年度重点项目）。

审计安排：半年度一次。

审计目标：固定资产内部控制管理制度有效运行；固定资产的购置符合授权审批的规定，入账手续齐全，计价符合会计准则和会计政策要求；半年度、年度固定资产的盘点符合要求。

审计内容：

（1）固定资产的购置、购买合同的签订是否经过授权审批，入账是否准确及时，核算和折旧、减值准备的计提等是否符合公司财务制度的要求。

（2）固定资产的购买是否签订合同并按合同条款予以执行，每年度抽查合同××份以上。

（3）固定资产的保管、使用、管理、维护、盘点等是否符合内部控制制度的要求。

（4）检查购入资产的运营状况是否与合同所列的功能相一致。

（五）常规性审计项目

审计级次：二级。

审计安排：按季度或月度进行。

审计目标：财务信息的管理控制。

审计内容：

（1）每月对公司内部各机构以及×××、×××等子公司的会计资料、财务收支情况及有关经济活动的合法性、合规性、真实性和完整性进行审计。

（2）每月根据财务凭证和支付款项目抽查采购与付款、固定资产、销售与回款等环节的财务控制（××项至××项），进行合规性检查。

（3）每月抽查××项至××项物料领料程序，检查审批、出库、使用、欠料、退料等是否符合公司内部控制管理制度。

（4）每月抽查××项至××项成品出库程序，检查出库指令是否符合公司规定，出库单是否严格按审批流程签字确认。

（六）突发性审计或临时性审计

根据公司实际需要，按照公司董事会、审计委员会、管理者提出的要求，进行内部突发性审计或临时性审计。

四、审计资源分配情况

审计工作由审计部的1名审计经理、3名审计人员来完成。审计项目的具体开展时间是在征询被审计单位和部门意见的基础之上确定的。审计资源的分配情况如下表所示。

审计资源分配情况

审计项目	审计开展时间	所需时间（小时）	人员数量	备注
一、重点审计项目		840		
（一）采购供应审计	××年5月1日	480	4	
（二）募集资金项目审计	资金到位之时、半年度	360	2	
二、常规性审计项目		560		
（一）关联交易项目	××年7月	240	2	
（二）××分公司	××年12月底	120	2	
（三）×××分公司	××年12月底	200	2	
三、突发性审计项目	按公司要求	视项目而定	视项目而定	
四、后续教育		600	4	
五、非审计会议及培训		300	4	
六、审计计划	××年1月	80	4	
七、审计实施	全年度	1400+未定（3项）		年度合计
八、审计跟踪	项目审计之后	200		年度合计
九、其他事项		待定		

五、后续审计的必要安排

审计部遵守公司内部审计章程，执行公司既定的后续审计政策。

审计部有责任对审计报告提出的有问题的所有审计项目实施后续审计，确定后续审计计划、审计范围和目标，实施后续审计程序，同时确定是否需要采取纠正措施，并向公司董事会和管理层报告，评价这些纠正措施的效果。

审计部有责任和义务报送后续审计报告。

六、风险评估过程

审计部已按照××年度审计计划完成了各项审计工作，总结了××年度审计过程中发现的问题，评价了审计效果，并根据公司、所属单位和部门的实际情况（包括经营状况、管理水平、高风险区域等），拟订了××年度审计计划。

鉴于公司管理层已将风险管理融入公司的全面运营之中，审计部力求将内部审计工作与之协调一致，使这两项工作产生协同增效的作用。

审计部对可能影响公司的风险进行了评估，制定了可审计项目计划核对表（如下表所示），并将其发送给公司的管理层以及各单位、各部门。

××公司××年度可审计项目计划核对表

序号	审计项目	意见与建议	备注
1	采购供应环节审计		
2	生产成本环节审计		
3	销售及应收账款审计		
4	募集资金项目审计		
5	关联交易项目审计		
6	基建工程项目审计		
7	××分公司常规审计		
8	×××分公司常规审计		
9	其他突发性审计项目		

各单位、各部门在进行充分的讨论后，对可审计项目提出了各自的建议。审计部认真研究了各个方面的反馈信息，最终确定了××年度审计项目。为了不影响各单位、各部门的日常工作，同时提高审计工作的效率和效果，审计部与被审计部门讨论确定了××年度审计项目的具体实施时间。

七、附则

审计计划经公司董事会、审计委员会审核批复。

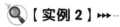【实例 2】▶▶▶

××集团20××年审计工作计划

20××年，××集团将按照"稳中求进、创新发展、效益导向、强化执行"的工作方针，结合××集团年度工作目标和专项任务分解的具体要求，以健全××集团内部审计工作体系为主线，完善审计制度，把××集团战略发展作为首要目标，努力开展各项审计工作。

一、指导思想

紧紧围绕××集团的发展战略和经营目标，坚持"独立、客观、公正"的原则，充分发挥内部审计的监督、评价和服务职能，提高企业经济效益，规范企业管理，防范企业风险，使内部审计成为维护企业健康运营的"经济卫士"以及企业科学管理的重要工具。

二、工作目标

按照××集团"双主业、多板块"的业务格局，内部审计工作将以"真实、合规、效益、准确"为目标，坚持"突出重点、关注风险、全面覆盖"的思路，强化监督与服务的核心职能，注重企业内控制度的建设和执行。本年度集团将进一步健全内部审计机构，完善工作体系，加强人员培训，更新工作理念，努力打造一支专业化的内部审计队伍。在重点工程项目审计中，建立联动工作机制，关注潜在风险因素，总结经验，使项目管控水平不断提高。在经营业绩审计中加大力度，充分发挥审计的专业评价作用。在区域分公司管理调研中，按照"五有"目标，深入分析，为集团管理层提供可用信息。全面梳理集团现有审计制度，颁布指导性和操作性更强的规范性文件，有效提升内部审计工作标准化水平。不断提高内部审计的工作质量及服务企业的能力，及时发现问题，促进审计成果转化利用，为集团健康持续发展起到保驾护航的作用。

三、具体项目实施

1. 开展企业领导者任期经济责任审计

为进一步加大对企业领导任期内履职尽责情况的监督力度，集团将领导干部的离任审计与任期审计相结合，根据领导干部岗位调动、离退时间，制订任期审计计划，以20××年任期届满为限，完成集团所属××家企业领导的经济责任审计工作。本年度根据集团的总体要求，对××、××、××等单位开展任期审计，明年对其余各家单位开展任期审计，最终实现任期经济责任审计的全面覆盖。集团审计部将严格按照《××市市属国有企业内部经济责任审计操作指南》的相关要求开展审计，并在具体实施过程中，总结经验，创建模板，使工作质量和效率不断提高。

责任人：×××、×××，集团审计部全体成员参加。

实施时间：20××年5月～11月。

2. 开展集团重点工程项目审计

集团审计部将与相关部室建立联动工作机制，积极做好集团重点工程项目的审计工作，对竣工工程×××、×××的效益情况进行审计，对影响工程盈亏的各项因素进行剖析，从而为不断提高项目管理水平发挥专业作用。审计目的：一是提高内部审计队伍工程项目审计的实际操作能力；二是为今后提高工程项目的审计能力奠定基础。集团审计部将责成所属单位内部审计机构，对合同价××亿元以上或建筑面积××万平方米以上，特别是以集团名义中标的重点工程项目加大审计监控力度，同时深入一线实地调查，加强工程项目的风险防范工作。另外，对于重点投资项目，积极建立跟踪监控工作机制。

责任人：×××、×××，集团审计部全体成员参加。

实施时间：20××年全年。

3. 开展年度经营业绩审计

集团审计部将对上一年度经营者的业绩考核指标完成情况进行审计评价，重点对××公司开展消化潜亏承包责任审计。作为绩效考核工作的重要一环，集团审计部将上下联动，最大限度地下探审计深度，根据各项考核指标，建立恰当的证据基础，开展审计确认，形成备查文档，不断积累数据资料，并以此作为开展后续审计工作的重要依据。

责任人：×××，集团审计部全体成员参加。

实施时间：20××年2月～4月。

4. 对区域公司管理情况进行审计调研

上一年集团颁发了××集团区域授权管理指导意见，对区域市场的经营管理进行了重新规范。按照文件要求，集团审计部将对已授权单位的执行情况进行审计调研，调研内容包括区域分公司的设置和管理情况、区域市场的开拓情况，以及区域分公司从生产型向经营管理型转变的进展情况、工程项目的过程管理情况等。调研目的：一是了解在新制度指导下区域公司的营运建设情况，并及时反馈给集团管理层；二是为促进区域公司有序运营和今后开展审计工作积累更多经验。

责任人：×××、×××，集团审计部全体成员参加。

实施时间：20××年6月。

5.完善内部审计相关制度

20××年开始，集团审计部将以规范审计实务操作流程为根本，以提高审计工作质量为目的，对"企业领导人员任期经济责任审计试行办法"和"企业领导人员离任经济责任审计试行办法"进行整合，在广泛征求意见的基础上，制定"企业内部经济责任审计办法"。

责任人：×××，集团审计部全体成员参加。

实施时间：20××年5月～8月。

6.积极推进审计工作的信息化建设

在审计项目实施过程中，注重审计软件的开发利用，逐步建立数据资源库和业务操作模板，积极推进审计系统信息化建设工作，为不断提高工作质量和效率奠定基础。

责任人：×××、×××。

实施时间：20××年审计项目实施过程中。

7.督促落实整改，促进审计成果转化利用

集团审计部将任期经济责任审计报告和经营业绩审计报告递交集团董事会、经理办公会等企业权力机构，对于已批示的审计报告，及时向被审计单位和被审计人员进行反馈，督促其分析原因、制定整改方案和措施，并进行后续跟踪检查，促进审计成果的转化利用。

针对以上各项工作，制定更加具体的审计方案，促进审计工作顺利、高效开展，并完成集团临时交办的各项工作。

责任人：集团审计部全体成员。

实施时间：20××年全年。

四、工作方式

本年度开展审计工作，拟采取以下工作方式。

1.集团审计部直接审计

组织本级内部审计人员成立审计项目组，开展内部审计工作。

2.上下联动、横向联合开展审计

组织本级内部审计人员、抽调下级内部审计人员成立审计项目组；联合其他部门专业人员与内部审计人员组成审计项目组，开展专项审计工作。

3.第三方机构进行审计

按照谨慎、可靠原则，引进具有相应资质的社会中介机构，与内部审计人员联合成立审计项目组，开展审计工作。

五、工作要求

1.提高认识，狠抓落实

各单位、各级领导要充分认识内部审计工作的重要性，完善内部审计工作体系，确保企业内控管理制度落实、成本效益真实、奖惩依据扎实。各单位要认真贯彻落实 ×× 集团内部审计管理办法的要求，集团所属事业部及全资控股子公司要在上半年设立独立审计机构，确定负责人，年底前完成人员配置，并将此项工作作为领导班子的重要工作来抓。

2.明确目标，规范管理

各级审计部门要认真研究，根据集团审计工作计划确定的年度工作目标，结合本单位实际，细化分解审计工作责任，不断规范内审工作，依靠制度来规范程序，健全企业档案资料，建立数据资源库，夯实各项基础工作。

3.注重质量，提高效率

各级审计部门要进一步规范审计工作控制程序，建立和完善审计工作日志，做好审计底稿证据的归档整理，坚持审计工作自检自查，虚心听取各方意见，及时发现不足，不断改进工作，确保全年审计工作圆满完成。

4.严守规范，廉洁执业

各级审计机构、部门、人员在履行监督检查职责的过程中，要严格遵守内部审计人员的职业道德规范，按照 ×× 集团关于进一步改进工作作风的实施办法的要求，严于律己、廉洁奉公，积极维护内部审计人员的职业形象。

2.3　编制审计项目实施方案

内部审计机构在实施审计时，应当根据年度审计计划、被审计单位的实际情况及审计工作的复杂程度，编制审计方案。审计时间短、审计目标单一、情况简单的审计项目，可以不编制审计方案。

> **提醒您**
>
> 审计方案由审计负责人初步制定，在审计工作实施过程中根据需要及时进行修改和调整。

2.3.1　审计方案的内容

审计方案的主要内容包括：

（1）编制审计方案的依据。

（2）被审计单位的名称和基本情况。

（3）审计目的、审计范围及审计策略。

（4）重要财务及经济活动，重点审计区域。

（5）审计工作进度及时间预算。

（6）审计组成员及人员分工。

（7）重要性水平的确定及风险的评估。

（8）需被审计单位配合的事项。

（9）审计方案的编制日期。

（10）其他有关内容。

> **提醒您**
>
> 审计组在编制审计方案时，应当考虑审计项目的要求、审计成本效益和可操作性，并对审计重要性、财务及经营活动的风险程度进行适当评估。

2.3.2 审计方案的编写

2.3.2.1 资料的收集

审计组编写审计方案前，应当收集与审计事项有关的法律、法规、规章、政策和其他文件资料，了解被审计单位的实际情况，并要求被审计单位提供有关资料。

（1）业务性质、经营规模与特点、管理组织结构。

（2）经营情况与经营风险。

（3）合同、协议、章程、营业执照、法人代码证、税务登记证、贷款证等法律性文件。

（4）审计期间各经济活动的合同和分析性资料、各项预算及执行情况。

（5）银行账户、会计报表及其他有关的会计资料。

（6）财务会计机构及工作开展情况。

（7）相关的内部控制制度。

（8）重要的会议记录。

（9）前一次接受审计、检查的情况。

（10）有关行业、财经政策及宏观经济形势对被审计单位的影响。

（11）其他与编制审计方案相关的重要情况。

> **提醒您**
>
> 对于曾经审计过的单位，审计组应当注意利用原有的审计档案资料。

2.3.2.2　审计方案的编写

内部审计人员可以同被审计单位的有关人员就审计方案的某些要点和某些审计程序进行讨论，使被审计单位有关人员给予配合与支持，但编制审计方案仍是内部审计人员的责任。

审计项目负责人应当根据被审计单位的下列情况，编制项目审计方案。

（1）业务活动概况。

（2）内部控制、风险管理体系的设计及运行情况。

（3）财务、会计资料。

（4）重要的合同、协议及会议记录。

（5）上一次审计的结论、建议及后续审计情况。

（6）上一次外部审计的审计意见。

（7）其他与项目审计方案有关的重要情况。

2.3.3　审计方案的审核

对于审计方案，应审核以下主要事项。

（1）审计目的、审计范围及重点审计领域是否恰当。

（2）时间预算是否合理。

（3）审计组成员的选派与分工是否恰当。

（4）被审计单位内部控制制度的信赖程度是否恰当。

（5）对审计重要性的确定及风险的评估是否恰当。

（6）审计程序能否达到审计目标。

（7）审计程序是否适合各审计项目。

（8）其他需要审核的事项。

2.3.4　审计方案的调整

审计组在实施审计过程中，发现审计方案不能满足实际需要时，可以根据具体情况及时调整。

审计组如需要调整审计方案，应当向审计部主管说明理由，提出书面调整建议，报经审计部主管同意后方可实施。

审计组在特殊情况下不能按规定履行审计方案调整签批手续的，可以口头请示审计部主管，在审计项目结束时，再及时补办签批手续。

 【实例3】

审计工作方案

××年×月×日   编写人：

被审计单位（部门）	××公司				
审计目的	对财务收支的真实性、合理性进行确认，对相关制度的建立与执行进行评价，对××的任期经济责任进行评价				
审计方式	就地审计				
编制依据	审计部××年度工作计划及审计部的工作安排				
审计范围	××年×月×日至××年×月×日的财务报表				
审计内容	××公司××年×月×日至××年×月×日资产、负债、损益、所有者权益的真实性、合规性、准确性				
	××公司××经济责任审计				
	××有限公司内控管理情况				
	××有限公司会计核算管理情况				
	××有限公司资产管理情况				
	会计核算体系、会计基础工作的规范情况				
	资产保护措施及执行情况				
	担保、重大资产处置情况				
	其他需要审计的事项				
计划工作时间	外勤工作时间：××小时				
费用预算	××元				
审计组成员及分工	姓名	具体工作事项			
		职责	审计内容	时间	审计重点
		项目负责及审计实施	1.草拟审计通知书		1.××公司规章制度执行情况 2.会计核算管理情况 3.财务制度的执行情况 4.资产管理情况
			2.草拟审计工作方案		
			3.内控审计		
			4.会计报表审计		
			5.房租审计		

	姓名	具体工作事项			
		职责	审计内容	时间	审计重点
审计组成员及分工		项目负责及审计实施	6. 抽查货币资金、固定资产、存货		5. 资产是否安全 6. 内控是否有效并得到执行 7. 印章管理情况 8. 资产是否真实完整 9. 负债是否存在 10. 收入是否真实完整 11. 成本与费用是否真实完整 12. 房租付款是否真实 13. 固定资产、存货是否账实相符
			7. ×× 经济责任审计		
			8. 撰写审计报告		
			……		
具体实施步骤		一、准备阶段		时间	执行人
	根据公司其他任务及人员的实际情况进行审前准备				
	1. 查阅 ×× 公司相关资料文件，进行初步分析				
	2. 对 ×× 公司 ×× 年 × 月至 × 月账务情况、报表情况进行查询				
	3. 草拟审计工作方案与审计通知书				
	4. × 月 × 日送达审计通知书				
	5. × 月 × 日与被审计单位见面，宣读审计通知书，就本次审计工作进行沟通，审阅与核查 ×× 公司所提交的资料				
	二、实施阶段			时间	执行人
	×× 年 × 月 × 日至 × 月 × 日按审计内容实施审计，时间顺序可根据实际情况进行调整，审计内容可交叉进行				
	1. 发放往来询证函，并对回函进行统计				
	2. 对 ×× 公司货币资金进行盘点、检查				
	3. 对 ×× 公司银行存款进行函证或替代程序检查				
	4. 对 ×× 公司并账情况进行审计				
	5. 对 ×× 公司上线情况进行审计				
	6. 准备门店及物流商品盘点资料、门店固定资产实物清单、现金盘点资料				
	7. 对库存商品进行抽盘				
	8. 对门店库存商品及固定资产、现金进行抽盘				

具体实施步骤	9. 对房租支付情况进行审计		
	10. 对内控管理进行审计		
	11. 进行××经济责任审计		
	三、整理报告阶段	时间	执行人
	1. 整理审计底稿；汇总审计情况；就审计内容初步交换意见；根据项目情况实施追加审计程序；复核审计底稿；汇总审计情况和审计意见		
	2. 形成审计报告交换意见初稿，并报部门领导审核		
	3. 与被审计单位初步交换意见；根据反馈结果，确定是否实施追加审计程序		
	4. 撰写审计报告初稿，并报部门领导审核		
	5. 根据部门领导的意见，出具正式的审计报告		
	四、终结阶段	时间	执行人
	1. 根据公司领导对审计报告的批示意见，出具审计意见书，下达审计结论		
	2. 审计底稿归档		
高级审计师审核意见			
审计部门负责人审批意见			
审计负责人审批意见			

🔍 【实例4】 ▶▶▶

某企业关于开展经济运营审计的工作方案

经双方股东协商确定，由××电气工程（集团）有限公司、××建工集团有限责任公司组成联合审计组，对××设备安装工程集团有限公司（以下简称××安装集团）开展经济运营审计。审计期间为20××年××月至20××年××月，审计基准日为20××年××月××日。为保证审计工作依法、有序地进行，现制定如下工作方案。

一、被审计单位基本情况

略。

二、审计目的

通过对××安装集团近三年经济运营情况进行审计，了解××安装集团经济运行状况，促进××安装集团加强管理，提升经营绩效。

三、审计范围

1.××安装集团合并报表范围内的所有经济独立的核算单位，包括机关总部、所有非法人单位（项目经理部、事业部）、投资子公司，以及无经营实体但仍独立出具会计报表的核算单位。

2.未纳入合并范围的项目部、分公司、子公司。

3.××安装集团投资参股单位（超过20%）。

四、审计内容

审计内容包括××安装集团企业基础管理情况、工程管理情况，投资管理情况，专业分公司管理情况，以及重大事项、重大诉讼等。审计时间为20××年××月至20××年××月，审计过程中，审计组可根据需要追溯到20××年以前。

（一）××安装集团企业基础管理情况的审计内容

1.董事会工作开展情况的审计，主要包括：

（1）董事会议事规则制定及执行情况。

（2）近三年董事会重大事项决策过程及执行情况。

（3）近三年重大人事任免决策过程。

（4）董事会、执行股东会决议情况。

（5）企业发展战略制定及执行情况。

（6）近三年股利分配政策及分红情况。

2.企业管理制度建立及执行情况的审计，主要包括：

（1）企业风险管理制度的建立及执行情况。

（2）内部经济责任承包制度的建立及执行情况。

（3）薪酬管理制度执行情况。

（4）经营管理制度建立及执行情况。

（5）工程管理制度建立及执行情况。

（6）资金、财务管理制度建立及执行情况。

（7）投资管理制度建立及执行情况。

（8）合同管理制度建立及执行情况。

（9）"三重一大"制度建立及执行情况。

（10）其他重要制度的建立及执行情况。

3. 经营层完成董事会各项指标情况的审计，主要包括：

（1）近三年完成经营和财务绩效指标的情况。

（2）近三年经营班子、非经营班子的董事会成员、党委书记、副书记、纪委书记，以及享受公司班子副职以上待遇的董事（包括外聘董事）、特聘专家等人员的工资、奖金及绩效的兑现情况。

（二）××安装集团工程管理情况的审计

1. 工程管理现状，主要包括：

（1）了解××安装集团推行项目集约化、扁平化所采取的具体措施。

（2）工程承包模式及执行情况。

（3）工程分包、劳务分包、设备及材料采购等情况。

2. 截至20××年××月××日各工程盈亏情况分析，包括已竣已结工程盈亏情况，已竣未结工程、在施工程存在的主要风险。应对近三年亏损较大的工程项目进行专项审计。

3. 区域工程管理情况，包括区域工程人员派驻、资金投入情况，管理制度的执行情况，以及近三年区域工程的效益情况和存在的主要风险。

（三）××安装集团投资管理情况的审计

1. 投资现状，主要包括：

（1）被投资单位的业务开展范围、经济运营情况。

（2）被投资单位近三年完成各项指标、实现分红的情况。

2. 被投资单位管理情况，主要包括：

（1）被投资单位董事会建设及运行情况。

（2）××安装集团对被投资单位的考核情况，以及班子成员工资及绩效兑现情况。

（3）被投资单位再投资情况及投资管理、投资效益等情况。

（4）被投资单位风险管理情况。

3. 审计被投资单位资产状况以及存在的主要风险。

（四）××安装集团专业分公司管理情况的审计

1. 各专业分公司现状，主要包括：

（1）了解各专业分公司的业务开展范围、经济运营情况。

（2）了解被投资单位近三年完成各项指标的情况。

2. 各专业分公司的管理情况。

3. 审计各专业分公司资产状况以及存在的主要风险。

（五）其他情况的审计

1. 改制预提预留费用使用情况的审计。

2. 重大历史遗留问题、重大诉讼事项等的审计。

3. 审计组要求提供的其他资料。

五、审计方法和工作安排

（一）审计方法

1. 审计访谈。股东代表与被审计单位中层以上管理人员进行座谈，主要包括企业领导班子成员、主要部室负责人、骨干二级企业负责人等。访谈的主要内容为：

（1）管理人员结合自身工作，阐述任职期间的履职尽责情况。

（2）企业持续发展面临的主要问题和瓶颈、存在的主要风险，影响企业持续健康发展的主要原因，解决问题的方法、思路。

（3）企业持续发展需要股东给予的支持。

2. 实地审计。对××安装集团核算范围内独立核算的经济单位进行实地审计。

3. 专题汇报。根据审计过程中发现的重大事项，审计组将要求××安装集团进行专题汇报。

（二）工作安排

本次审计工作分为五个阶段。

第一阶段，制定方案。了解××安装集团的组织机构、资产分布、近三年效益情况，确定审计内容、审计方式，安排审计外勤时间。在这期间，股东进行充分沟通，达成一致意见后由联合审计组对××安装集团实施审前调查，预计完成时间为8月下旬。

第二阶段，审计实施。此阶段分成三步。第一步的主要内容：送达审计通知书；召开审计启动会；根据审计方案，联合审计组与公司中层以上管理人员分别进行座谈，对××安装集团进行总体分析，细化对分支机构的审计方案。第二步的主要内容：审计组根据细化方案，分成若干小组，对被投资单位分别进行实地审计，并形成专项材料。第三步的主要内容：汇总分析各审计小组情况，在××安装集团总部进行第二轮深入审计，对关注的专项问题进一步分析核实。本阶段的时间段为9月上旬至11月中旬。

第三阶段，审计沟通。汇总分析审计情况，将核实材料送达被审计单位进行签认，与被审计单位进行初步沟通。

第四阶段，撰写及提交报告。审计组根据审计核实材料，撰写审计报告初稿，并报审计组组长审核。审计组组长与××安装集团进一步沟通，由审计组对审计报告进行修订，并将正式审计报告提交双方股东批准。

第五阶段，审计反馈。审计组将审计报告及双方股东的批示意见反馈给××安装集团，××安装集团根据反馈意见进行整改，并将整改方案和整改报告按期上报给双方股东。

六、审计组组成

由于××安装集团资产金额大、分支机构多、经营业务跨度大且复杂，本次对××安装集团审计，由××电气工程（集团）有限公司、××建工集团有限责任公司分别派出成员组成联合审计组。

组长：×××、×××，副组长：×××、×××。组长负责全面协调，主持审计进驻见面会，与领导班子进行座谈，审核审计报告；副组长负责与领导班子座谈，组织实施具体工作。

组员由××电气工程（集团）有限公司、××建工集团有限责任公司分别派出，负责实施具体的审计工作，编制审计核实材料，汇总审计结果，撰写审计报告。

七、工作要求

1. 双方股东应重视本次审计，将此项工作作为实现双方利益最大化的有效措施，并予以常态化。

2. 为保证审计组顺利开展工作，本次审计得到了双方股东的理解、支持和充分授权，××安装集团董事会负责本次审计的协调工作，被审计单位应全力配合审计组开展工作，提供必要的工作条件及各项资料，不得以任何理由拒绝审计组的工作要求，不得以任何理由妨碍审计工作的顺利开展，凡是合理的审计主张，双方均应支持。对参股企业调研，××安装集团应与被投资企业做好沟通，保证审计调研工作正常开展。

3. ××安装集团指定专人与审计组进行联系，并提供必要的交通工具，保证审计组能够实现实地审计。

4. 审计组成员应严格遵守被审计单位的各项规章，恪守职业操守，保守被审计单位的商业秘密，严格履行审计程序，认真落实各项审计任务。

5. 审计组在审计过程中应与被审计单位保持有效沟通，遇到特殊情况，应及时向联合审计组领导汇报，必要时可向上级领导汇报，以保障审计工作顺利进行。

××建工集团有限责任公司　　　　　　××电气工程（集团）有限公司
（公章）　　　　　　　　　　　　　（公章）
20　年　月　日　　　　　　　　　　20　年　月　日

2.4　下达审计通知书

审计通知书是指内部审计机构在实施审计前，通知被审计单位或个人接受审计的书面文件。

2.4.1　审计通知书的作用

在审计前，内部审计人员应向被审计单位发出审计通知书，告知审计时间、审计目标和范围，并要求被审计单位准备相关文件、报表和资料，给予相关的配合与支持。

所以，审计通知书最好能明确以下事项。

（1）及时提供审计人员所需的全部资料。

（2）为审计人员的审计提供必要的条件及协助。

（3）审计费用的承担方式。

（4）其他要求事项。

> **提醒您**
>
> 经过授权实施突击审计时，内部审计机构可不预先通知被审计单位。

2.4.2 发出时机

内部审计机构应在实施审计前向被审计单位送达审计通知书，特殊审计业务可在实施审计时送达。审计通知书除了送被审计单位，必要时可抄送组织内部相关部门。

2.4.3 审计通知书的内容

审计通知书应当包括下列内容。

（1）审计项目名称。

（2）被审计单位名称或者被审计人员姓名。

（3）审计范围和审计内容。

（4）审计时间。

（5）需要被审计单位提供的资料及其他必要的协助。

（6）审计组组长及审计组成员名单。

（7）内部审计机构的印章和签发日期。

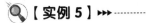 【实例5】▶▶▶ --

关于开展经济运营情况审计的通知

××集团有限公司：

经双方股东协商确定，由××电气工程（集团）有限公司、××建工集团有限责任公司组成联合审计组，对你单位（以下简称××安装集团）开展经济运营审计。审计时间为20××年××月至20××年××月，审计基准日为20××年××月××日。请你单位做好相关准备工作，提供必要的工作条件，保证审计工作依法、有序地进行。

现将有关事项通知如下。

1. 审计目的：通过对××安装集团近三年经济运营情况进行审计，了解××安装集团经济运行状况，促进××安装集团加强管理，提升经营绩效。

2. 审计范围：××安装集团合并报表范围内所有经济独立的核算单位（具体范围见审计方案）。

3. 审计时间：自20××年9月上旬至11月中旬，可根据审计实际进度进行调整。

4. 联合审计组：此次审计工作由××电气工程（集团）有限公司和××建工集团有限责任公司两方人员组成联合审计组。××安装集团及其下属单位应配合审计组完成此次审计工作。

组　长，×××、×××。

副组长，×××、×××。

成员，由双方股东选派的人员组成。

联系人及电话，略。

5. 工作要求：

（1）双方股东应重视本次审计，将此项工作作为实现双方利益最大化的有效措施，并予以常态化。

（2）为保证审计组顺利开展工作，本次审计得到了双方股东的理解、支持和充分授权。××安装集团董事会负责本次审计的协调工作，被审计单位应全力配合，提供必要的工作条件及各项资料，不得以任何理由拒绝审计组的工作要求，不得以任何理由妨碍审计工作的顺利开展，凡是合理的审计主张，双方均应支持。对参股企业调研，××安装集团应与被投资企业做好沟通，保证审计调研工作正常开展。

（3）××安装集团指定专人与审计组进行联系，并提供必要的交通工具，保证审计组能够实现实地审计。

（4）审计组成员应严格遵守被审计单位的各项规章，恪守职业操守，保守被审计单位的商业秘密，严格履行审计程序，认真落实各项审计任务。

（5）审计组在审计过程中应与被审计单位保持有效沟通，遇到特殊情况，应及时向联合审计组领导汇报，必要时可向上级领导汇报，以保障审计工作顺利进行。

（6）××安装集团应提供审计组所需的各项资料（见附件）。

特此通知

××建工集团有限责任公司　　　　　××电气工程（集团）有限公司
（公章）　　　　　　　　　　　　　（公章）
20　年　月　日　　　　　　　　　　20　年　月　日

附件：应提供给审计组的资料清单

应提供给审计组的资料清单

一、会计报告及相关资料

（1）20××年～20××年6月的资产负债表、利润表、现金流量表、会计报表附注、财务情况说明书、科目余额表、财务分析、合并报表抵消分录工作底稿。

（2）20××年～20××年6月的会计总账、明细账、记账凭证。

（3）20××年～20××年6月的会计账套电子数据（用友审计软件采集）。

（4）20××年～20××年6月的银行对账单、余额调节表。

（5）交易性金融资产相关资料。

（6）银行借款合同、银行承兑汇票合同台账以及各借款合同。

（7）应收票据、应付票据台账及相关资料。

（8）对外担保合同台账及担保合同。

（9）近三年纳税情况统计以及欠税情况说明。

（10）审计统计表。

（11）××安装集团在施、已竣未结、已竣已结工程成本统计表。

二、公司治理相关资料

（1）公司董事会、监事会、经理层三套班子成员名单、工作简历、职责分工（提供分工文件）。

（2）20××年至今，股东会、监事会决议及相关会议记录。

（3）20××年至今，董事会会议决议及相关会议记录。

（4）20××年至今，经理办公会会议纪要及相关会议记录。

（5）20××年至今，党委会会议纪要及相关会议记录。

（6）董事会及专业委员会议事规则、监事会议事规则、经理办公会议事规则、党委会议事规则。

（7）总部部门设置、工作职责和部门经理名单。

（8）分支机构（含全资控股子公司）营业执照、负责人、营业范围，20××年12月至20××年6月资产总额、员工结构、主要经营项目。

（9）现有项目名称（在施工程项目名称、合同金额、工期）及项目经理名单。

三、公司管理资料

（1）公司章程、法人营业执照、组织机构代码证、公司资质、银行资信等级、贯标。

（2）××安装集团管理制度汇编。

（3）××安装集团经济运营情况汇报（书面资料）。

（4）"十二五"战略规划指标分解及各年度落实情况、中期分析报告、"十三五"规划。

（5）××安装集团董事会对××安装集团20××年~20××年经营业绩考核的责任书及考核兑现文件。

（6）××安装集团20××年~20××年对各单位经营业绩考核的责任书及考核兑现文件。

（7）20××年~20××年6月经营、生产、新签合同统计表（其中20××年~20××年为全年统计）。

（8）20××年~20××年6月××安装集团从业人员及工资总额统计报表，以及截至20××年6月30日的人员年龄、学历、职称、专业资格等分析。

（9）20××年~20××年法律诉讼台账。

（10）近三年工资支付情况、社会保险交付情况、拖欠职工薪酬情况。

四、对外投资相关资料

（1）对外投资管理制度及投资后评估制度的建立与执行情况。

（2）截至20××年6月，××安装集团对外投资情况，包括投资日期，投资金额，持股比例，核算方式（权益法、成本法），经营范围，20××年~20××年6月的盈亏情况，红利分配情况，各单位派出董事、监事、总经理、财务总监情况。

（3）对各投资单位自20××年~20××年的考核情况。

（4）××电气工程（集团）有限公司入股以来的各项对外投资协议、投资可行性分析报告。

（5）20××年~20××年6月各对外投资项目（包括参股企业）的会计报告、科目余额表、财务情况说明书。

五、资金管理方面

（1）企业全面预算管理制度的建立及执行情况。

（2）资金管理模式。

（3）××安装集团对外借款控制制度的建立及执行情况、对外借款清单（包括所属单位）。

（4）××安装集团对外融资控制制度的建立及执行情况、对外融资清单（包括所属单位）。

六、审计管理资料

（1）20××年~20××年××安装集团的外部审计报告。

（2）20××年~20××年6月的内部审计报告。

（3）历年审计整改报告。

七、××安装集团改制资料

（1）××安装集团改制协议及补充协议。

（2）×× 安装集团预提预留资产情况、相关管理制度，以及资产现状。

（3）改制预留资产使用情况。

八、其他方面

（1）企业重大投资、重大项目安排、重大人事任免和大额度资金使用的决策机制和制度建立情况。

（2）20×× 年至今，企业中层以上人员违反廉洁从业规定的情况及处理结果。

（3）×× 安装集团改制以来土地盘活情况及相关资料。

（4）审计组要求的其他资料。

2.5 现场审计之初步调查

初步调查的步骤如图 2-2 所示。

图 2-2 初步调查的步骤

2.5.1 召开审计座谈会

审计开始前，审计人员应与被审计单位负责人、财务负责人及其他相关人员召开审计座谈会，了解基本情况，说明审计的目标和范围以及审计中需要被审计单位提供的各项资料和协助等。

所谓"相关人员"，不仅指被审计单位的经理或各级管理部门的负责人，还应包括与审计活动直接相关的业务主管人员及具体的工作人员。

在座谈会上，内部审计人员应该向与会者，尤其是那些以后要对报告作出答复的管理人员，阐明审计的目标、工作范围、时间安排、所需的资料和帮助，以及为完成审计任务作出的具体安排和要求。

内部审计人员应了解管理人员所关心的问题，例如，实际工作中存在问题，以及对本次审计工作所持的态度和要求审计人员提供的帮助；同时，还应该就有关经营目标、管理计划、内部控制、财务会计、生产技术、经营方针等方面问题与管理人员广泛地交流意见。在现场调查过程中，内部审计人员所收集的大部分资料和信息都来源于管理人员，因此必须围绕调查表中的重要问题与管理人员进行较为详尽的讨论，广泛听取他们的意见和看法。通过交谈，内部审计人员可以进一步了解经营计划和控制系统、业绩标准的制定和修订、经营管理状况和财务会计等方面的情况，以及管理人员已经发现的问题。

初次见面会是一次非常重要的、必不可少的会议。它是内部审计人员了解被审计单位的一次机会，也是双方建立合作关系的基础。在交谈中，内部审计人员应该提出一些敏感的问题，显示其专业的素质能力和职业风格；同时又必须保持谦虚、勤奋、踏实的作风，显示其客观公正的职业操守，消除被审计人员的抵触情绪，获得他们对审计工作的支持和帮助。所以说，内部审计人员在初次见面会中所表现的态度和作风是取得被审计单位支持的一个重要因素。

【实例6】▶▶▶ ─────────────────────────────

经济运营情况审计启动会（暨汇报会）议程

经双方股东协商确定，由××电气工程（集团）有限公司、××建工集团有限责任公司组成联合审计组，对××设备安装工程集团有限公司（以下简称××安装集团）开展经济运营审计。根据审计工作安排，现需召开审计启动会（暨汇报会），启动会由建工集团×××先生主持，会议议程如下。

一、由主持人介绍参会的双方领导和联合审计组成员，说明此次审计的目的和依据，并宣读审计通知书。

二、由××安装集团××先生向审计组介绍参与本次会议的××安装集团主要领导，并向与会全体人员汇报××安装集团近三年取得的工作业绩、"十二五"规划完成情况、企业目前面临的困难以及所采取的措施。

三、由××建工集团有限责任公司领导×××讲话。

四、由审计组总结发言，并对后续审计工作提出要求。

注：参会人员包括××安装集团董事会成员、监事会成员、党政领导班子全体成员、中层管理人员（机关部室负责人、项目部/分公司经理和书记、投资单位经理和书记）。

联合审计组

20××年××月××日

2.5.2 实地考察

审计人员应实地考察被审计单位的经营地点、设备、职员等情况，对被审计单位的业务活动有一个感性认识。

2.5.2.1　实地考察应关注的问题

（1）业务活动是否遵守了公司的方针、政策、法律、条例以及各种程序和标准。

（2）资源财产的保护和控制情况。

（3）控制措施的运用及效果。

（4）现场工作状况及质量。

（5）资源的筹集和使用情况。

（6）会计信息和业务信息的处理情况及准确程度。

（7）生产现场的秩序和纪律等。

2.5.2.2　实地考察的要求

（1）在实地考察过程中，内部审计人员既要注意"看"，也要认真"听"，还应该适当运用分析判断工具挖掘那些未被考虑而又需要观察的事物，时刻注意那些不正常、不经济、低效率或可能存在问题的迹象。这些迹象可能以工作流程不顺畅、场地脏乱、设备安置和保养不恰当、资产保管不安全、装置泄漏、业务衔接不够等形式表现出来，也可能表现在指挥不当、职员对管理人员有不满或抵触情绪、工作态度不严谨、作风散漫等方面。

> **提醒您**
>
> 　　实地考察必须由熟悉情况的管理人员陪同，内部审计人员可随时向其提出一些具体问题，对考察中发现的不正常现象，应询问原因直到得到满意的回答为止。

（2）内部审计人员要适当听取现场作业人员对目前情况和存在问题的介绍和解释，并进行比较分析，这有助于内部审计人员揭示可能存在的重大问题或需要深入调查的潜在风险区域。

2.5.2.3　实地考察所收集信息的利用

利用实地考察所收集的信息时，内部审计人员应该保持谨慎的态度。因为，实地考察中所观察到的情况可能是随机事件，并不能代表正常条件下的一般现象，这需要内部审计人员在今后的工作中进一步证实。例如，内部审计人员在现场既没有看到工作停顿，也没有发现工作积压，场地也很干净整齐，展现在他们面前的是一条畅通无阻的生产流水线，但是在生产管理部门或生产车间的产品产量统计资料中，他们却发现每个月的产品产量起伏很大，甚至出现产量为零的纪录。这就表明，可能存在停工以致没有完成生产计划，眼前正常运行的生产线是一种假象。由于某些客观原因（例如，被检查人员把内部审计人员看作是对手），内部审计人员所听到的解释可能不是真实情况的反映，甚至与真实情况相背离。

因此，内部审计人员既不能过于信赖被审计单位有关人员提供的信息，也不能被现场观察到的假象所迷惑。当然，更不能对所观察到的低效率、不经济、不正常现象轻易得出一般性的结论。

> **提醒您**
>
> 在实地考察时，内部审计人员必须牢记：所观察到的情况并不一定反映了正常条件下的一般现象，需要进一步去证实。

2.5.3 研究文件资料

审计人员接下来应对被审计单位提供的及实地考察过程中得到的文件资料进行整理归档及分析研究。

文件是储存和传递信息的一种方式，每个被审计单位都会有大量的、名目繁多的文件。在初步准备工作中，内部审计人员就应该知道需要查阅哪些文件，并向被审计单位提出具体要求。

查阅所有的文件是不可能的，也是没有必要的。通常，内部审计人员应将时间和精力集中在与被审计活动相关的重要文件上，这些文件包括：

（1）上级管理部门下达的计划、预算和经营目标。

（2）目标管理方案。

（3）质量控制和业绩报告。

（4）程序流程图。

（5）操作规程。

（6）重要岗位说明。

（7）会计原则和政策。

（8）核算体系。

（9）各项业绩标准。

（10）企业内部和外部往来的重要文件等。

阅读被审计单位近期的文件记录可以使内部审计人员迅速了解该单位当前的状况和潜在的发展趋势。一些分析性报告通常反映了本期某些活动的进展情况和存在的问题；有些文件则记录了被审计单位在生产经营和财务管理等方面发生的重大变化。这些文件资料可以为确定审计重点提供参考，也可以提醒内部审计人员在以后的工作中需要关注的问题。

2.5.4 编写初步调查说明书

初步调查完成后，审计人员应编写简要的初步调查说明书，概括被审计单位的基本情况及初步调查的实施情况。

2.6 现场审计之分析性程序及符合性测试

2.6.1 分析性程序

内部审计人员应根据财务报表和业务数据计算相应的比率、变动趋势，用定量的方法更好地了解被审计单位的经营状况。

2.6.1.1 分析性程序的内容

分析性程序探讨的是信息的合理性，主要内容包括：

（1）当期信息与前期相似信息的比较。

（2）当期财务和经营信息与预测信息的比较。

（3）本部门信息与其他部门相似信息的比较。

（4）财务信息与非财务信息的比较（如工资费用与员工数量比较）。

（5）信息各元素之间的关系比较（如利息支出变化与负债结构变化比较）。

（6）本机构信息与所在行业类似信息的比较。

2.6.1.2 分析性程序的作用

（1）可以确定各数据之间的关系。

（2）能够确认期望的变化是否发生。

（3）能够确认是否存在异常变化。如果发现异常变化，内部审计人员应了解变化的原因，确认是否是错误行为、违法行为、违规行为、不正常交易或事件以及会计核算方法导致的。

（4）能够识别潜在的错误。

（5）能够发现潜在的违规或违法行为。

（6）能够识别其他不经常或不重复发生的交易或事件。

2.6.1.3 分析性程序的关键

分析性程序的关键在于分析与比较，内部审计人员应分析所收集数据之间可能存在的关系，即相关性，而且要保证所收集数据的可靠性，剔除其中的不合理因素。同时，利用自己积累的经验以及收集的合理标准，分析被审计单位提供的资料以及信息，从中发现异常变动、不合理的趋势或者比率。

（1）应考虑数据之间的关系以及比较基准

运用分析性程序的基本前提就是数据之间存在着某种关系，因此，内部审计人员应考虑数据之间的关系以及比较基准，如图2-3所示。

分析所收集数据之间存在的关系

即财务信息各构成要素之间的关系，以及财务信息与非财务信息之间的关系。财务信息各要素之间存在相关性以及内部钩稽关系，例如，应付账款与存货之间通常有稳定的关系；当然，某些财务信息与非财务信息之间也存在内在联系，如通过存货与生产能力之间的关系，可以判断存货总额的合理性

考虑数据信息之间的比较基准

运用分析性程序时，内部审计人员要注意将被审计单位本期的实际数据与上期或者以前期间的数据进行比较，来判断是否存在异常。在使用以前期间的可比会计信息时，内部审计人员要注意被审计单位内部和外部的变化。内部审计人员可以将自己的预期数据与被审计单位财务报表上反映的金额或者比率进行比较，以便发现异常情况

图2-3　考虑数据之间的关系以及比较基准

（2）要合理确定分析性程序的应用方式

分析性程序在所有会计报表审计的计划阶段和报告阶段必须使用，在审计测试阶段可以选择使用，但是内部审计人员在审计过程中要合理确定分析性程序的应用方式，如图2-4所示。

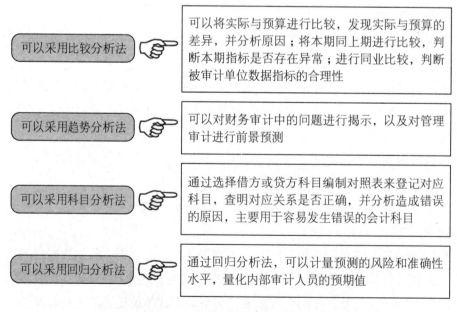

可以采用比较分析法　→　可以将实际与预算进行比较，发现实际与预算的差异，并分析原因；将本期同上期进行比较，判断本期指标是否存在异常；进行同业比较，判断被审计单位数据指标的合理性

可以采用趋势分析法　→　可以对财务审计中的问题进行揭示，以及对管理审计进行前景预测

可以采用科目分析法　→　通过选择借方或贷方科目编制对照表来登记对应科目，查明对应关系是否正确，并分析造成错误的原因，主要用于容易发生错误的会计科目

可以采用回归分析法　→　通过回归分析法，可以计量预测的风险和准确性水平，量化内部审计人员的预期值

图2-4　分析性程序的应用方式

> **提醒您**
>
> 　　内部审计人员可以利用专门的计算机软件进行辅助分析。计算机信息储存量大、计算准确快速、制作图表方便简捷，内部审计人员可以将有关数据输入计算机，对全部对象进行专题性、行业性、综合性分析，并根据审计目标编制各种审计模型，进行指标计算、图表分析、风险评估等一系列复杂的高层次分析。
>
> 　　在现场审计时，内部审计人员使用一般的通用软件，如 Excel、Access 等，可以方便地制作各种表格，计算有关数据，对多个专题内容分别进行筛选分析；也可以根据分析者的要求，对一些项目的数据进行整理加工，生成具有多种特定内容的新表，为多角度、深层次分析提供方便。

2.6.1.4　分析性程序在内部审计各阶段的应用

（1）审计前的准备阶段

在审计前的准备阶段，使用分析性程序的主要目的是使内部审计人员对被审计单位的经营情况有更好的了解，掌握资料间的异常关系和意外波动，找出潜在的风险领域，确定被审计单位的重要会计问题和重点审计领域，制订出具有针对性的审计计划，使接下来的现场审计更有效率和效果。内部审计人员在这一阶段实施分析性程序时，通常需要执行图 2-5 所示的步骤。

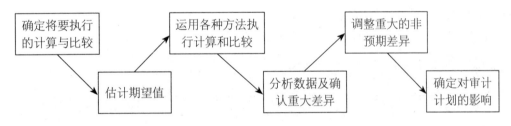

图 2-5　执行分析性程序的步骤

内部审计人员通过收集审计对象的业务数据，编制各种业务数据模型，综合运用各种分析方法，对被审计单位进行连续、全面、逐层、深入的分析，对被审计单位存在的问题、疑点及异常的客户、账户和交易进行定位，可为现场审计提供翔实的线索，为制订审计计划提供支持。

（2）现场审计的取证阶段

分析性程序是一种实质性测试方法，收集与账户余额及各类交易相关的数据作为认定的证据。在测试分析过程中出现差异时，可先询问被审计单位的管理层获得解释和答复；再实施必要的审计程序，确认管理层解释和答复的合理性和可靠性。如果管理层没有作出恰当的解释，则应扩大审计测试范围，执行其他审计程序，进行进一步的审查，确认造成差异的原因，以便得出结论。

> **提醒您**
>
> 在测试阶段，分析性审计程序提供的证据多是一些间接证据，证明力相对较弱，必须与其他证据结合才能实现对某一事项的具体认定，但这并不影响内部审计人员利用这一程序，因为使用分析性审计程序可节省人力和时间。

（3）现场审计取证结束阶段

运用分析性程序可对所有审计问题作出最后的综合分析。各专业审计小组或项目主审对内部审计人员发现的问题进行比较分析，然后对访谈、实地考察了解的信息和审计工作底稿进行综合分析，如果发现相关信息的关系不合理，则要进一步了解情况，必要时考虑追加审计程序。

（4）撰写审计报告阶段

运用分析性程序可以将各项指标与审计发现的问题进行比较，对各专业小组的评价报告进行分析，提高审计总体评价的准确性。

在审计的各阶段实施分析性审计程序，由于所获得的审计证据主要为间接证据，内部审计人员不能仅依赖分析性程序得出审计结论，应充分考虑分析性程序的结果和审计目标的重要性，相关内部控制的健全性和有效性，用于分析性程序的财务资料和相关资料的可获得性、相关性、可比性、可靠性等因素，必要时还应与其他证据相互印证，在综合分析和评价的基础上得出审计结论。

> **提醒您**
>
> 内部审计人员通过比较和分析各项指标可发现异常情况，从而有针对性地采取更详细的审计程序来审查重点领域。

2.6.2 符合性测试

符合性测试是指内部审计人员在对被审计单位内部控制进行初评的基础上，为证实该控制是否在实际工作中得以贯彻执行、贯彻执行的实际效果是否达到控制的目的而进行的测试活动。符合性测试通常采用如下方法。

2.6.2.1 观察法

内部审计人员到现场观察工作人员的工作流程，确定其是否遵守了内部控制制度的要求。

例如，内部审计人员观察仓库材料的收发情况，确定是否与收发料程序相一致；到财务部门观察报销流程是否与规定相符，等等。

2.6.2.2 实验法

内部审计人员选择相关业务进行分析并重新实施，可以判断业务人员是否遵守了内部控制制度。

例如，内部审计人员通过重复执行有关发货手续，可确定仓库管理部门的业务人员是否遵循了清点、计量、记账等程序，各项审核、检查工作是否切实执行，对不合理、不合法的发货、领货行为是否进行了必要的把关。

2.6.2.3 检查证据法

内部审计人员检查与业务有关的凭证和文件，可判断业务处理是否符合内部控制制度的要求。

例如，业务发生后，经办人、审核人和批准人应在凭证上签字，内部审计人员可重点检查凭证上的签字情况，若发现多张凭证上无签字，则可以认为该项内部控制未执行。

2.7 现场审计之实质性测试及详细审查

实质性测试及详细检查是在对内部控制进行初步评价的基础上，利用适当的审计技术详细审查、评价被审计单位的经营活动。

2.7.1 实质性测试

实质性测试是指为审查直接影响财务报表金额正确性的事项或财务报表中的不合法金额所设计的一种审计程序，其目的是取得有关事项的会计处理，找出其中舞弊和差错的证据。实质性测试包括交易实质性测试、分析性测试和余额详细测试三种。

2.7.1.1 交易实质性测试

交易实质性测试是指为判断被审计单位的会计交易在日记账中是否被正确记录和汇总，是否正确过入明细账和总账而设计的一种审计程序。例如，内部审计人员执行交易实质性测试，可以检查已记录的交易是否存在，已发生的交易是否记录；也可以确定销货交易的记录是否正确、是否记入恰当的期间、分类与汇总是否正确、是否过入正确的账户等。如果内部审计人员认为交易在日记账中已正确记录并过账，那么就能判定总账的合计数是正确的。在实际工作中，符合性（控制）测试可以与其他测试分开执行，但为了提高效率，其常常与交易实质性测试同时进行。

2.7.1.2 分析性测试

分析性测试是指通过对财务数据和非财务数据之间可能存在的合理关系进行研究而

形成财务信息评价的一种审计程序。分析性测试实际上是将账面金额同内部审计人员确定的期望值进行比较的过程。分析性测试的目的为：

（1）了解被审计单位的行业或业务。

（2）评价企业持续经营的能力。

（3）显示财务报表中可能存在的错报。

（4）减少余额详细测试。

后两个目的有助于内部审计人员确定其他测试的范围。如果分析性测试表明存在错误，那么内部审计人员需要进行更广泛的调查；如果通过分析性测试没有发现重大差异，则可减少其他测试。

2.7.1.3　余额详细测试

余额详细测试是指为检查账户期末余额的正确性而设计的一种审计程序。直接向顾客函证应收账款、对存货进行实物检查、审查供货单位的对账单以检查应付账款等，都是余额详细测试。在审计过程中，期末余额测试至关重要，因为其证据来源大多独立于被审计单位和个人，通常是质量较高的证据。

2.7.2　详细审查

审计人员应收集充分的、可靠的、相关的和有用的审计证据（包括文件、函证、笔录、复算、询问等），进行分析与研究，并形成审计判断，一般包括以下内容。

（1）加总相关明细账户余额，并核对其与总账余额是否一致。

（2）运用统计抽样的方法抽查会计记录，从凭证到账户。

（3）巡视库房，清点库存物品、器材等，确定存货的保管情况以及存货资产的存在、完整性与计价的准确性。

（4）清查固定资产，确定资产的管理情况以及减值情况。

（5）盘点现金，核对银行存款余额，确定货币资金的安全性及账实核对情况。

（6）函证主要往来账户余额，对无法函证或未取得回函的重要账户实施替代程序，确定往来结算的准确性。

（7）审核收入日报表、销售日报表、现金收入日报表，并与系统进行核对。

（8）审核各类经济合同，对重要合同的签订及执行情况进行审查与评价。

（9）审查工程的预决算资料，复算工程量，确定工程支出的合理性、准确性。

（10）检查采购计划、采购合同与发票、入库单、付款支票是否一致。

（11）采用分析性复核程序，审查成本核算的准确性、折旧计提的正确性等。

（12）检查涉税项目，确定被审计单位是否遵守国家税收法律法规及相关规定，按时、足额缴纳税款。

（13）审核费用的发生情况及审批手续，确定其真实性、合法性、合理性。

（14）其他审计程序。

2.8　现场审计之编写审计工作底稿

审计人员在现场审计中应按规定编写审计工作底稿。审计工作底稿是指内部审计人员在审计过程中形成的审计工作记录。

审计工作底稿不是正式的报告，只是撰写内部审计报告的基础。但是审计底稿非常重要，它是后续审计的重要参考资料，同时也是评价审计人员工作质量的依据。

2.8.1　审计工作底稿的分类

审计工作底稿一般分为综合类工作底稿、业务类工作底稿和备查类工作底稿，如图2-6所示。

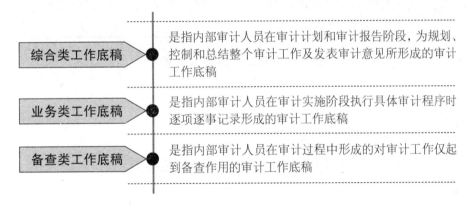

图 2-6　审计工作底稿的分类

2.8.2　审计工作底稿的主要要素

审计工作底稿的主要要素有：

（1）被审计单位名称。

（2）审计项目或审计事项名称。

（3）审计项目或审计事项反映的时点或期间。

（4）编制者的姓名及编制日期。

（5）复核者的姓名及复核日期。

（6）索引号及页次。

（7）审计过程记录。

（8）审计评价及／或审计结论。

（9）其他应说明的事项。

2.8.3　审计工作底稿的编制要求

审计工作底稿的编制要求如图 2-7 所示。

1 审计工作底稿的内容应完整真实、重点突出，如实反映被审计单位的财务收支情况以及审计方案编制和实施情况。不得擅自删减或修改审计工作底稿

2 审计工作底稿应观点明确、条理清楚、用词恰当、字迹清晰、格式规范、标识一致；审计工作底稿中载明的事项、时间、地点、当事人、数据、计量、计算方法和因果关系必须准确无误、前后一致；相关的证明材料如有矛盾，应当予以核对和说明

3 相关的审计工作底稿之间应当具有清晰的钩稽关系，相互引用时均应注明索引编号

图 2-7　审计工作底稿的编制要求

🔍【实例 7】▶▶▶ ┈┈┈

固定资产循环内部审计工作底稿

一、了解内部控制汇总表

被审计单位：＿＿＿＿＿＿＿＿＿＿	索引号：＿＿＿GZL-1＿＿＿
项目：＿＿＿＿＿＿＿＿＿＿＿＿	财务报表截止日／期间：＿＿＿＿
编制：＿＿＿＿＿＿＿＿＿＿＿＿	复核：＿＿＿＿＿＿＿＿＿＿＿＿
日期：＿＿＿＿＿＿＿＿＿＿＿＿	日期：＿＿＿＿＿＿＿＿＿＿＿＿

1. 受本循环影响的相关交易和账户余额

固定资产、累计折旧、在建工程、工程物资、固定资产清理、资产减值损失

2. 主要业务活动

主要业务活动	是否在本循环中进行了解
固定资产投资预算管理与审批	是

主要业务活动	是否在本循环中进行了解
购置	是
记录固定资产	是
固定资产折旧及减值	是
固定资产日常保管、处置及转移	是
……	……

3. 了解交易流程

根据对交易流程的了解，记录如下。

（1）是否委托其他服务机构执行主要业务活动？如果被审计单位委托其他服务机构，那么将对审计计划产生哪些影响？

_____

（2）是否制定了相关政策和程序来保持适当的职责分工？这些政策和程序是否合理？

_____

（3）前一次审计后，被审计单位的业务流程和控制活动是否发生重大变化？如果已发生变化，那么将对审计计划产生哪些影响？

_____

（4）是否识别出本期交易过程中发生的控制偏差？如果已识别出控制偏差，那么产生偏差的原因是什么，将对审计计划产生哪些影响？

_____

（5）是否识别出非常规交易或重大事项？如果已识别出非常规交易或重大事项，那么对审计计划将产生哪些影响？

（注：此处应记录了解内部控制过程中识别出的非常规交易和重大事项以及对审计计划的影响。）

_____

（6）是否进一步识别出其他风险？如果已识别出其他风险，那么对审计计划将产生哪些影响？

（注：此处应记录了解内部控制过程中识别出的其他风险以及对审计计划的影响。）

_____

4. 信息系统

（1）应用软件。

信息系统名称	计算机运行环境	来源	初次安装日期

信息系统名称	计算机运行环境	来源	初次安装日期

（2）初次安装后对信息系统进行的重大修改、开发与维护。

信息系统名称	重大修改、开发与维护	更新日期

（3）拟于将来实施的重大修改、开发与维护计划。

_____

（4）本年度对信息系统进行的重大修改、开发与维护及其影响。

_____

5.初步结论

[注：根据了解本循环控制的设计及评估其执行情况所获取的审计证据，内部审计人员对内部控制的评价结论可能是：（1）内部控制设计合理，并得到执行；（2）内部控制设计合理，未得到执行；（3）内部控制设计无效或缺乏必要的控制。]

_____

6.沟通事项

是否需要就已识别出的内部控制设计或执行方面的重大缺陷，与适当的管理层或治理层进行沟通？

_____

二、了解内部控制设计——控制流程

被审计单位：_____	索引号：_____GZL-2
项目：_____	财务报表截止日／期间：_____
编制：_____	复核：_____
日期：_____	日期：_____

固定资产业务涉及的主要人员

职务	姓名

我们采用询问、观察和检查等方法，了解并记录了固定资产循环的主要控制流程，并与×××、×××等确认了下列所述内容。

1. 有关职责分工的政策和程序

（注：此处应记录被审计单位制定的有关职责分工的政策和程序，并评价其是否有助于建立有效的内部控制。）

_____

2. 主要业务活动介绍

（注：此处应记录对本循环主要业务活动的了解，例如，被审计单位主要固定资产类别、预算管理制度、减值准备、固定资产购置和处置政策的制定和修改程序、职责分工政策的制定和修改程序等。）

_____

（1）固定资产投资预算管理与审批。

（注：此处应记录对被审计单位固定资产投资决策流程的了解，例如，固定资产投资预算的编制、调整、论证、审批、实施，可行性研究报告的保管等，如果被审计单位自行或委托第三方建造固定资产，那么还应包括工程项目概算和预算的编制及审批等。）

_____

（2）购置。

（注：此处应记录对固定资产购置流程的了解，例如，请购及审批、招投标管理、购置合同的授权和签订、购置合同的管理等。）

_____

（3）记录固定资产。

［注：（1）此处应记录对固定资产记录流程的了解，例如，取得固定资产发票、核对及差异处理、单据流转及核对处理、审批程序等，如果被审计单位　　　自行或委托第三方建造固定资产，那么还应包括工程项目竣工决算编制及审计等；（2）将付款、与供应商对账环节的控制活动记录于采购与付款循环的审计工作底稿（CGL）。］

_____

（4）固定资产折旧及减值。

（注：此处应记录对固定资产计提折旧及减值流程的了解，例如，固定资产折旧年限及计提方法

的确定及变更、可回收金额的估计、资产组的认定等。）

（5）固定资产日常保管、处置及转移。

[注：此处应记录对固定资产日常保管、处置及转移流程的了解，例如，固定资产清查盘点、报废/处置的申请及审批（包括审批权限）、租入及租出固定资产的记录等。]

三、评价内部控制设计——控制目标及控制活动

被审计单位：_____	索引号：__GZL-3_____
项目：_____	财务报表截止日/期间：_____
编制：_____	复核：_____
日期：_____	日期：_____

主要业务活动	控制目标	受影响的相关交易和账户余额的认定	常用的控制活动	被审计单位的控制活动	控制活动对实现控制目标是否有效（是/否）
固定资产投资预算管理与审批	固定资产投资预算只有经管理层核准才能执行	固定资产：存在	管理层必须核准所有固定资产的采购预算，超过特定金额的预算应取得较高层次管理层的核准并进行适当记录		
购置	采购合同只有经相关人员核准才能执行	固定资产：存在	管理层必须核准所有采购合同		
	记录的采购订单内容准确	固定资产：计价和分摊	由不负责输入采购订单的人员核对采购订单数据与支持性文件（如请购单）是否相符		
	所有采购订单均已得到处理	固定资产：完整性	采购订单连续编号，采购订单的顺序已被记录		
记录固定资产	记录的固定资产均为公司购置的资产	固定资产：存在、权利和义务	管理层定期复核固定资产登记簿		
	固定资产采购交易均已记录	固定资产：完整性	定期开展固定资产盘点，并调整固定资产登记簿		

主要业务活动	控制目标	受影响的相关交易和账户余额的认定	常用的控制活动	被审计单位的控制活动	控制活动对实现控制目标是否有效（是/否）
记录固定资产	记录的固定资产采购交易计价正确	固定资产：计价和分摊	对发票与验收单不符的事项进行调查；如果付款金额与发票金额不符，则应经适当层次管理层核准		
	所有固定资产采购交易已于适当期间进行记录	固定资产：存在、完整性	定期与供应商对账，如有差异及时进行调查和处理		
固定资产折旧及减值	准确计提折旧费用、资产减值损失	累计折旧：计价和分摊 资产减值损失：准确性、分类	管理层复核折旧费用和资产减值损失		
	折旧费用、资产减值损失已于适当期间进行记录	累计折旧：存在、完整性 资产减值损失：截止、完整性	管理层复核折旧费用和资产减值损失		
	折旧费用、资产减值损失均已进行记录	累计折旧：完整性 资产减值损失：完整性	管理层复核折旧费用和资产减值损失		
	折旧费用、资产减值损失是真实的	累计折旧：存在 资产减值损失：发生	管理层复核折旧费用和资产减值损失		
固定资产日常保管、处置及转移	充分保证固定资产的安全	固定资产：存在、权利和义务、完整性	对固定资产投保商业保险		
	记录的固定资产处置及转移均为实际发生的	固定资产：完整性 累计折旧：完整性 固定资产清理：存在	定期开展固定资产盘点，并调整固定资产登记簿		
	固定资产处置及转移均已记录	固定资产：存在 累计折旧：存在 固定资产清理：完整性	管理层复核固定资产处置的记录		
	固定资产处置及转移均已准确记录	固定资产：计价和分摊 累计折旧：计价和分摊 固定资产清理：计价和分摊	管理层复核固定资产处置的记录		

主要业务活动	控制目标	受影响的相关交易和账户余额的认定	常用的控制活动	被审计单位的控制活动	控制活动对实现控制目标是否有效（是／否）
固定资产日常保管、处置及转移	固定资产处置均已于适当期间进行记录	固定资产：存在、完整性 累计折旧：存在、完整性 固定资产清理：存在、完整性	管理层定期复核固定资产登记簿		

四、确定控制是否得到执行（穿行测试）

被审计单位：＿＿＿＿＿＿＿＿＿＿＿　　　索引号：＿＿＿GZL-4＿＿＿

项目：＿＿＿＿＿＿＿＿＿＿＿＿＿＿　　　财务报表截止日／期间：＿＿＿＿＿＿＿

编制：＿＿＿＿＿＿＿＿＿＿＿＿＿＿　　　复核：＿＿＿＿＿＿＿＿＿＿＿＿＿

日期：＿＿＿＿＿＿＿＿＿＿＿＿＿＿　　　日期：＿＿＿＿＿＿＿＿＿＿＿＿＿

1.固定资产循环穿行测试——与固定资产投资预算管理及审批有关的业务活动的控制

序号	选择的预算编制期间	是否编制投资预算并经资产使用部门经理批准（是／否）	预算管理部门是否复核固定资产投资预算（是／否）	是否经过投资可行性论证并形成论证报告（是／否）	投资预算是否经适当管理层的批准（是／否）

2.固定资产循环穿行测试——与购置固定资产有关的业务活动的控制

主要业务活动	测试内容	测试结果
请购	请购单编号（日期）	
	请购内容	
	请购单是否得到适当的审批（是／否）	
	请购单后是否附经批准的预算（是／否）	
	采购订单编号（日期）	
	采购合同是否经适当审批和签署（是／否）	
记录固定资产	供应商名称	
	验收单编号	
	供应商发票所载内容与采购订单和验收单内容是否相符（是／否）	
	发票上是否盖有"相符"章（是／否）	
	记账凭证编号（日期）	
	是否正确记入固定资产借方（是／否）	

3. 固定资产循环穿行测试——核对采购信息报告与相关文件（请购单）是否相符的有关业务活动的控制

序号	选择的采购信息报告期间	应付账款记账员是否已复核采购信息报告（是／否）	采购订单是否连续编号（是／否）

4. 固定资产循环穿行测试——与分析固定资产及累计折旧变动情况有关的业务活动的控制

序号	选择的期间	固定资产记账员是否编制月度固定资产增减变动情况报告（是／否）	会计主管是否复核月度固定资产增减变动情况报告（是／否）

5. 固定资产循环穿行测试——与固定资产折旧及减值有关的业务活动的控制

主要业务活动	测试内容	测试结果
固定资产折旧及减值	董事会是否制定与固定资产折旧／减值有关的政策（是／否）	
	年末会计主管是否会同其他部门检查固定资产使用及减值情况（是／否）	
	技术部门是否编写固定资产减值分析报告（是／否）	
	如较原先的估计数发生较大变化，会计主管是否编写会计估计变更建议（是／否）	
	如发生减值迹象，会计主管是否进行减值测试并编写调整建议（是／否）	
	财务经理是否复核会计估计变更建议或减值调整建议（是／否）	
	董事会是否审核会计估计变更建议或固定资产减值调整建议（是／否）	
	会计估计变更和资产减值损失是否已进行恰当处理和列报（是／否）	
	记账凭证编号	

6.固定资产循环穿行测试——与固定资产盘点有关的业务活动的控制

主要业务活动	测试内容	测试结果
固定资产盘点	测试期间	
	固定资产使用部门是否已进行固定资产盘点（是／否）	
	财务部门是否已进行固定资产复盘（是／否）	
	是否对盘点差异进行适当处理（是／否）	
	记账凭证编号	

7.固定资产循环穿行测试——与固定资产日常保管、处置及转移有关的业务活动的控制

主要业务活动	测试内容	测试结果
固定资产日常保管、处置及转移	主要固定资产是否办理商业保险（是／否）	
	商业保险单编号	
	固定资产报废单编号	
	固定资产报废是否经适当审批（是／否）	
	固定资产报废是否已经进行恰当会计处理和列报（是／否）	
	内部调拨固定资产是否已编制内部调拨单并进行恰当会计处理（是／否）	
	记账凭证编号	

五、固定资产循环控制执行情况的评价结果

主要业务活动	控制目标	受影响的相关交易和账户余额的认定	被审计单位的控制活动	控制活动对实现控制目标是否有效（是／否）	控制活动是否得到执行（是／否）	是否测试该控制活动运行的有效性（是／否）
固定资产投资预算管理与审批	固定资产投资预算只有经管理层核准才能执行	固定资产：存在				
购置	采购合同只有经相关人员核准才能执行	固定资产：存在				
	记录的采购订单内容准确	固定资产：计价和分摊				
	所有采购订单均已得到处理	固定资产：完整性				
记录固定资产	记录的固定资产均为公司购置的资产	固定资产：存在、权利和义务				

主要业务活动	控制目标	受影响的相关交易和账户余额的认定	被审计单位的控制活动	控制活动对实现控制目标是否有效（是／否）	控制活动是否得到执行（是／否）	是否测试该控制活动运行的有效性（是／否）
记录固定资产	固定资产采购交易均已记录	固定资产：完整性				
	记录的固定资产采购交易计价正确	固定资产：计价和分摊				
	所有固定资产采购交易已于适当期间进行记录	固定资产：存在、完整性				
固定资产折旧及减值	准确计提折旧费用、资产减值损失	累计折旧：计价和分摊 资产减值损失：准确性、分类				
	折旧费用、资产减值损失已于适当期间进行记录	累计折旧：存在、完整性 资产减值损失：截止、完整性				
	折旧费用、资产减值损失均已进行记录	累计折旧：完整性 资产减值损失：完整性				
	折旧费用、资产减值损失是真实的	累计折旧：存在 资产减值损失：发生				
固定资产日常保管、处置及转移	充分保证固定资产的安全	固定资产：存在、权利和义务、完整性				
	记录的固定资产处置及转移均为实际发生的	固定资产：完整性 累计折旧：完整性 固定资产清理：存在				
	固定资产处置及转移均已记录	固定资产：存在 累计折旧：存在 固定资产清理：完整性				
	固定资产处置及转移均已准确记录	固定资产：计价和分摊 累计折旧：计价和分摊 固定资产清理：计价和分摊				

主要业务活动	控制目标	受影响的相关交易和账户余额的认定	被审计单位的控制活动	控制活动对实现控制目标是否有效（是/否）	控制活动是否得到执行（是/否）	是否测试该控制活动运行的有效性（是/否）
固定资产日常保管、处置及转移	固定资产处置均已于适当期间进行记录	固定资产：存在、完整性 累计折旧：存在、完整性 固定资产清理：存在、完整性				

🔍 【实例8】▶▶▶

筹资与投资循环内部审计工作底稿

一、了解内部控制汇总表

了解内部控制汇总表

被审计单位：＿＿＿＿＿＿＿＿	索引号：＿＿＿＿CZL-1＿＿＿＿
项目：＿＿＿＿＿＿＿＿＿＿	财务报表截止日/期间：＿＿＿＿
编制：＿＿＿＿＿＿＿＿＿＿	复核：＿＿＿＿＿＿＿＿＿＿
日期：＿＿＿＿＿＿＿＿＿＿	日期：＿＿＿＿＿＿＿＿＿＿

1. 受本循环影响的相关交易和账户余额

长期股权投资、交易性金融资产、债权投资、短期借款、交易性金融负债、长期借款、投资收益、财务费用……

2. 主要业务活动

主要业务活动	是否在本循环中进行了解
筹资	是
投资	是
衍生金融工具管理	是

（注：通常应在本循环中了解与上述业务活动相关的内部控制，如果内部审计人员计划在其他业务循环中对上述一项或多项业务活动的控制进行了解，那么应在此处说明原因。）

3. 了解交易流程

根据对交易流程的了解，记录如下。

（1）是否委托其他服务机构执行主要业务活动？如果被审计单位委托其他服务机构，那么将对审计计划产生哪些影响？

_____

（2）是否制定了相关政策和程序来保持适当的职责分工？这些政策和程序是否合理？

_____

（3）前一次审计后，被审计单位的业务流程和控制活动是否发生重大变化？如果已发生变化，那么将对审计计划产生哪些影响？

_____

（4）是否识别出本期交易过程中发生的控制偏差？如果已识别出控制偏差，那么产生偏差的原因是什么，将对审计计划产生哪些影响？

_____

（5）是否识别出非常规交易或重大事项？如果已识别出非常规交易或重大事项，那么对审计计划将产生哪些影响？

（注：此处应记录了解内部控制过程中识别出的非常规交易和重大事项以及对审计计划的影响。）

_____

（6）是否进一步识别出其他风险？如果已识别出其他风险，那么对审计计划将产生哪些影响？

（注：此处应记录了解内部控制过程中识别出的其他风险以及对审计计划的影响；同时，还应将这些事项汇总至具体审计计划中，以制定相应的应对措施。）

_____

4. 信息系统

（1）应用软件。

信息系统名称	计算机运行环境	来源	初次安装日期

（2）初次安装后对信息系统进行的重大修改、开发与维护。

信息系统名称	重大修改、开发与维护	更新日期

（3）拟于将来实施的重大修改、开发与维护计划。

_____

（4）本年度对信息系统进行的重大修改、开发与维护及其影响。

_____

5.初步结论

[注：根据了解本循环控制的设计及评估其执行情况所获取的审计证据，内部审计人员对控制的评价结论可能为：（1）控制设计合理，并得到执行；（2）控制设计合理，未得到执行；（3）控制设计无效或缺乏必要的控制。]

_____

6.沟通事项

是否需要就已识别出的内部控制设计或执行方面的重大缺陷，与适当的管理层或治理层进行沟通？

_____

二、了解内部控制设计——控制流程

被审计单位：_____	索引号：_____CZL-2_____
项目：_____	财务报表截止日/期间：_____
编制：_____	复核：_____
日期：_____	日期：_____

筹资与投资业务涉及的主要人员

职务	姓名

我们采用询问、观察和检查等方法，了解并记录了筹资与投资循环的主要控制流程，并与×××、×××等确认了下列所述内容。

1.有关职责分工的政策和程序

（注：此处应记录被审计单位制定的有关职责分工的政策和程序，并评价其是否有助于建立有效的内部控制。）

_____

2. 主要业务活动介绍

（注：此处应记录对本循环主要业务活动的了解，例如，被审计单位的主要筹资方式、投资项目、相关文件记录、筹资与投资政策的制定和修改程序、与公允价值计量相关的决策体系的建立和修改程序、职责分工政策的制定和修改程序等。）

_____

（1）筹资。

（注：此处应记录对被审计单位筹资流程的了解，例如，授权审批、签订合同或协议、取得资金、计算利息或股利、偿还本息或发放股利等。）

_____

（2）投资。

（注：此处应记录对被审计单位投资流程的了解，例如，授权审批、取得证券或其他投资、取得投资收益、转让证券或收回其他投资等。）

_____

（3）衍生金融工具管理。

（注：此处应记录对被审计单位管理衍生金融工具流程的了解，例如，调节程序、初始成交记录、交易记录、持续监督等。）

_____

三、评价内部控制设计——控制目标及控制活动

被审计单位：_____	索引号：_____CZL-3_____
项目：_____	财务报表截止日/期间：_____
编制：_____	复核：_____
日期：_____	日期：_____

主要业务活动	控制目标	受影响的相关交易和账户余额及认定	常用的控制活动	被审计单位的控制活动	控制活动对实现控制目标是否有效（是/否）
筹资	记录的借款均为公司的负债	短期借款：存在、权利和义务	所有筹资交易应经管理层批准		
	借款均已准确记录	短期借款：计价和分摊	借款变动情况与借款合同相一致并经复核，以确保输入准确		
	借款均已记录	短期借款：完整性	借款合同或协议由专人保管，同账务记录核对一致，如发现差异应及时调查和处理		
	借款均于适当期间进行记录	短期借款：存在、完整性	管理层定期复核借款记录并确保及时更新		

主要业务活动	控制目标	受影响的相关交易和账户余额及认定	常用的控制活动	被审计单位的控制活动	控制活动对实现控制目标是否有效（是/否）
筹资	财务费用均已准确计算并于适当的期间进行记录	财务费用：完整性、准确性、分类、截止、发生	管理层复核财务费用的计算		
	记录的偿还的借款均为真实发生的	短期借款：完整性、权利和义务	管理层定期复核借款记录并确保及时更新		
	偿还的借款均已准确记录	短期借款：计价和分摊	借款合同或协议由专人保管，同账务记录核对一致，如发现差异及时调查和处理		
	偿还的借款均已记录	短期借款：存在	借款合同或协议由专人保管，同账务记录核对一致，如发现差异及时调查和处理		
	偿还的借款均已于适当期间进行记录	短期借款：存在、完整性	借款合同或协议由专人保管，同账务记录核对一致，如发现差异及时调查和处理		
投资	记录的投资均为公司的投资	长期股权投资：存在、权利和义务 交易性金融资产：存在、权利和义务	管理层制定政策并确保投资交易符合规定		
	投资交易均已记录	长期股权投资：完整性 交易性金融资产：完整性	管理层复核投资交易记录，如有差异应及时调查和处理		
	投资交易计价准确	长期股权投资：计价和分摊 交易性金融资产：计价和分摊	管理层复核投资交易记录，如有差异应及时调查和处理		
	投资交易均已于适当期间进行记录	交易性金融资产：完整性、存在	管理层复核投资交易记录，如有差异应及时调查和处理		

续表

主要业务活动	控制目标	受影响的相关交易和账户余额及认定	常用的控制活动	被审计单位的控制活动	控制活动对实现控制目标是否有效（是/否）
投资	投资收益均已准确计算并于适当期间进行记录	投资收益：发生、准确性、完整性、截止、分类　长期股权投资：计价和分摊	及时取得被投资单位报表，并确认投资收益　管理层复核投资交易记录，如有差异应及时调查和处理		

四、确定控制是否得到执行（穿行测试）

被审计单位：＿＿＿＿＿＿＿＿＿＿＿＿＿＿　　索引号：＿＿＿CZL-4＿＿＿＿＿＿＿＿

项目：＿＿＿＿＿＿＿＿＿＿＿＿＿＿＿＿＿　　财务报表截止日/期间：＿＿＿＿＿＿＿＿

编制：＿＿＿＿＿＿＿＿＿＿＿＿＿＿＿＿＿　　复核：＿＿＿＿＿＿＿＿＿＿＿＿＿＿＿

日期：＿＿＿＿＿＿＿＿＿＿＿＿＿＿＿＿＿　　日期：＿＿＿＿＿＿＿＿＿＿＿＿＿＿＿

1. 与日常借款有关的业务活动的控制

主要业务活动	测试内容	测试结果
请购	借款申请表编号（日期）	
	借款申请表是否经恰当批准（是/否）	
	借款合同编号（如适用）	
	综合授信协议编号（如适用）	
	综合授信使用申请表编号（日期）	
记录借款	收款凭证编号（日期）	
	借款合同金额、期限等内容是否与借款申请表内容一致（是/否）	
	是否记入短期借款明细账贷方（是/否）	
	是否登记借款备查账（是/否）	
	明细账记录内容是否与借款备查账内容一致（是/否）	
	借款备查账记录内容是否与借款合同一致（是/否）	

2. 与偿还借款有关的业务活动的控制

主要业务活动	测试内容	测试结果
偿还	借款合同编号	
	综合授信协议编号（如适用）	

主要业务活动	测试内容	测试结果
偿还	付款申请表编号（日期）	
	付款申请表是否经恰当批准（是／否）	
	是否与借款合同规定的还款日一致（是／否）	
记录借款	付款凭证编号（日期）	
	还款金额、期限等内容是否与付款申请表内容一致（是／否）	
	是否记入短期借款明细账借方（是／否）	
	是否登记借款备查账（是／否）	
	明细账记录内容是否与借款备查账内容一致（是／否）	
	借款备查账记录内容是否与借款合同一致（是／否）	

3. 与筹资预算有关的业务活动的控制

序号	选择的预算编制期间	预算经理是否编制年度筹资预算（是／否）	财务经理是否复核年度筹资预算（是／否）	年度筹资预算是否经适当管理层批准（是／否）	年度筹资总额是否控制在预算内（是／否）

4. 与信贷情况表有关的业务活动的控制

序号	选择的编制期间	是否编制信贷情况表（是／否）	内容是否完整（是／否）	是否经适当管理层复核（是／否）

5. 与借款差异调节表有关的业务活动的控制

序号	选择的编制期间	借款备查账金额	借款明细账金额	编制人是否签名(是／否)	复核人是否签名(是／否)	是否有调节项目(是／否)	是否与支持性文件相符（是／否）	是否经适当层次审批（是／否）	是否已调节借款（是／否）

6. 与财务费用有关的业务活动的控制

序号	选择的期间	借款利息回单编号	如适用，是否估算借款利息（是／否）	如适用，是否与银行存款余额调节表核对一致（是／否）	记账凭证编号	是否经适当管理层审批（是／否）

7. 与长期股权投资有关的业务活动的控制

主要业务活动	测试内容	测试结果
预算及执行	是否编制投资预算（是／否）	
	投资预算是否经适当管理层批准（是／否）	
	是否编制可行性研究报告（是／否）	
	投资项目是否经适当管理层批准（是／否）	
	是否编写投资计划书（是／否）	
	投资合同是否经适当管理层审核（是／否）	
	投资合同编号	
	长期投资付款申请单编号（日期）	
	投资付款申请单是否经适当管理层审批（是／否）	
记录长期股权投资	付款凭证编号（日期）	
	权属证明名称	
	权属证明是否与投资合同、章程等内容一致（是／否）	
记录投资收益	年度终了后××日是否取得被投资方财务资料（是／否）	
	是否确认投资收益（是／否）	
	投资收益确认是否经适当管理层复核（是／否）	
	转账凭证编号（日期）	

8. 与交易性金融资产有关的业务活动的控制

主要业务活动	测试内容	测试结果
购入／出售	交易流水单号码	
	是否登记投资备查账（是／否）	
记录投资	转款凭证编号（日期）	
	股票名称	
	是否正确记入投资明细账（是／否）	
	是否正确确认投资收益（是／否）	

9. 与交易性金融资产差异核对表有关的业务活动的控制

序号	选择的期间	是否编制核对表（是／否）	投资项目是否一致（是／否）	投资金额是否一致（是／否）	编制人是否签名（是／否）	复核人是否签名（是／否）	是否有调节项目（是／否）	是否与支持性文件相符（是／否）	是否经适当管理层审批（是／否）

10. 与月度交易性金融资产报告有关的业务活动的控制

序号	选择的期间	是否编制月度交易性金融资产报告（是/否）	是否经适当管理层复核（是/否）

11. 与交易性金融资产后续计量有关的业务活动的控制

序号	股票代码	公允价值	是否与支持性文件相符（是/否）	账面价值	记账凭证编号	是否经适当管理层复核（是/否）

五、筹资与投资循环控制执行情况的评价结果

主要业务活动	控制目标	受影响的相关交易和账户余额及认定	被审计单位的控制活动	控制活动对实现控制目标是否有效（是/否）	控制活动是否得到执行（是/否）	是否测试该控制活动运行的有效性（是/否）
筹资	记录的借款均为公司的负债	短期借款：存在、权利和义务				
	借款均已准确记录	短期借款：计价和分摊				
	借款均已记录	短期借款：完整性				
	借款均已于适当期间进行记录	短期借款：存在、完整性				
	财务费用均已准确计算并于适当期间进行记录	财务费用：完整性、准确性、分类、截止、发生				
	记录的偿还的借款均为真实发生的	短期借款：完整性、权利和义务				
	偿还的借款均已准确记录	短期借款：计价和分摊				
	偿还的借款均已记录	短期借款：存在				
	偿还的借款均已于适当期间进行记录	短期借款：存在、完整性				

主要业务活动	控制目标	受影响的相关交易和账户余额及认定	被审计单位的控制活动	控制活动对实现控制目标是否有效（是/否）	控制活动是否得到执行（是/否）	是否测试该控制活动运行的有效性（是/否）
投资	记录的投资均为公司的投资	长期股权投资：存在、权利和义务 交易性金融资产：存在、权利和义务				
	投资交易均已记录	长期股权投资：完整性 交易性金融资产：完整性				
	投资交易计价准确	长期股权投资：计价和分摊 交易性金融资产：计价和分摊				
	投资交易均已于适当期间进行记录	交易性金融资产：完整性、存在				
	投资收益均已准确计算并于适当期间进行记录	投资收益：发生、准确性、完整性、截止、分类 长期股权投资：计价和分摊				

🔍 【实例9】▶▶

销售与收款循环内部审计工作底稿

一、了解内部控制汇总表

被审计单位：_____	索引号：____XSL-1____
项目：_____	财务报表截止日/期间：_____
编制：_____	复核：_____
日期：_____	日期：_____

1. 受本循环影响的相关交易和账户余额

应收账款、营业收入、应交税费……

2. 主要业务活动

主要业务活动	是否在本循环中进行了解
销售	是
记录应收账款	是
记录税金	是
收款	是
维护顾客档案	是

（注：通常应在本循环中了解与上述业务活动相关的内部控制，如果内部审计人员计划在其他业务循环中对上述一项或多项业务活动的控制进行了解，那么应在此处说明原因。）

3. 了解交易流程

根据对交易流程的了解，记录如下。

（1）是否委托其他服务机构执行主要业务活动？如果被审计单位委托其他服务机构，那么将对审计计划产生哪些影响？

_____

（2）是否制定了相关政策和程序来保持适当的职责分工？这些政策和程序是否合理？

_____

（3）前一次审计后，被审计单位的业务流程和控制活动是否发生重大变化？如果发生重大变化，那么将对审计计划产生哪些影响？

_____

（4）是否识别出本期交易过程中发生的控制偏差？如果已识别出控制偏差，那么产生偏差的原因是什么，将对审计计划产生哪些影响？

_____

（5）是否发现任何非正常交易或重大事项？如果已识别出非正常交易或重大事项，那么对审计计划将产生哪些影响？

（注：此处应记录了解内部控制过程中识别出的非常规交易和重大事项以及对审计计划的影响。）

_____

（6）是否进一步识别出其他风险？如果已识别出其他风险，那么对审计计划将产生哪些影响？

（注：此处应记录了解内部控制过程中识别出的其他风险以及对审计计划的影响。）

_____

4. 信息系统

（1）应用软件。

信息系统名称	计算机运行环境	来源	初次安装日期

（2）初次安装后对信息系统进行的重大修改、开发与维护。

信息系统名称	重大修改、开发与维护	更新日期

（3）拟于将来实施的重大修改、开发与维护计划。

_____

（4）本年度对信息系统进行的重大修改、开发与维护及其影响。

_____

5. 初步结论

[注：根据了解本循环控制的设计及评估其执行情况所获取的审计证据，内部审计人员对控制的评价结论可能为：（1）控制设计合理，并得到执行；（2）控制设计合理，未得到执行；（3）控制设计无效或缺乏必要的控制。]

_____

6. 沟通事项

是否需要就已识别出的内部控制设计或执行方面的重大缺陷，与适当的管理层或治理层进行沟通？

_____

二、了解内部控制设计——控制流程

被审计单位：_____	索引号：_____XSL-2_____
项目：_____	财务报表截止日／期间：_____
编制：_____	复核：_____
日期：_____	日期：_____

销售与收款业务涉及的主要人员

职务	姓名

我们采用询问、观察和检查等方法，了解并记录了销售与收款循环的主要控制流程，并与×××、×××等确认了下列所述内容。

1. 有关职责分工的政策和程序

（注：此处应记录被审计单位有关职责分工的政策和程序，并评价其是否有助于建立有效的内部控制。）

_____

2. 主要业务活动介绍

（注：此处应记录对本循环主要业务活动的了解，例如，被审计单位主要销售内容和销售方式、相关文件记录、销售与收款政策的制定和修改程序、职责分工政策的制定和修改程序等。）

_____

（1）销售。

[注：①此处应记录对被审计单位销售流程的了解，例如，订单的接受与审批、赊销申请的处理、销售合同的订立和授权、销售合同管理等；②存货发出环节控制活动记录于生产与仓储循环的审计工作底稿（SCL）。]

_____

（2）记录应收账款。

（注：此处应记录对存货发出后应收账款确认、记录流程的了解，例如，发票的开具和核对、差异处理、单据流转及核对、与顾客对账、应收账款调整及计提坏账准备等。）

_____

（3）记录税金。

（注：此处应记录对税金确认、申报、缴纳流程的了解。）

_____

（4）收款。

（注：此处应记录对收款业务流程的了解，例如，收款的记录、收款方式、应收票据的取得和贴现以及期末对收款情况的监控等。）

_____

（5）维护顾客档案。

（注：①此处应记录对顾客档案维护流程的了解，例如，维护申请、审批、处理以及期末审核等；②顾客档案是指经批准的记录顾客详细信息的文件，包括顾客名称、银行账户、收货地址、邮寄地址、联系方式、赊销信用额度、收款折扣条件、过去期间交易情况等。）

_____

三、评价内部控制设计——控制目标及控制活动

主要业务活动	控制目标	受影响的相关交易和账户余额及认定	常用的控制活动	被审计单位的控制活动	控制活动对实现控制目标是否有效（是/否）
销售	仅接受信用额度内的订单	应收账款：计价和分摊	管理层审核批准信用额度		

主要业务活动	控制目标	受影响的相关交易和账户余额及认定	常用的控制活动	被审计单位的控制活动	控制活动对实现控制目标是否有效（是/否）
销售	管理层核准销售订单的价格、条件	应收账款：存在 主营业务收入：发生	管理层必须审批所有销售订单，超过特定金额或毛利异常的销售订单应取得较高管理层的核准		
	记录的销售订单内容准确	应收账款：计价和分摊 主营业务收入：准确性、分类	由不负责输入销售订单的人员核对销售订单数据与支持性文件是否相符		
	销售订单均已得到处理	应收账款：完整性 主营业务收入：完整性	销售订单、销售发票已连续编号，顺序已被记录		
记录应收账款	记录的销售均已发出货物	应收账款：存在、权利和义务 主营业务收入：发生	销售发票与出库单证核对，如有不符应及时调查和处理		
	记录的销售交易计价准确	应收账款：计价和分摊 主营业务收入：准确性、分类	定期与顾客对账，如有差异应及时进行调查和处理		
	与销售货物相关的权利均已记录至应收账款	应收账款：完整性 主营业务收入：完整性	销售订单、销售发票已连续编号，顺序已被记录		
	销售交易均已于适当期间进行记录	应收账款：存在、完整性 主营业务收入：截止	检查资产负债表日前后发出的货物，以确保记录于适当期间		
	记录的销售退回、折扣与折让均为真实发生的	应收账款：完整性 主营业务收入：完整性	管理层制定有关销售退回、折扣与折让政策和程序，并监督执行		
	发生的销售退回、折扣与折让均已记录	应收账款：存在 主营业务收入：发生	定期与顾客对账，如有差异应及时进行调查和处理		
	发生的销售退回、折扣与折让均于恰当期间进行记录	应收账款：存在、完整性 主营业务收入：截止	用来记录销售退回、折扣与折让事项的表单连续编号，顺序已被记录		

主要业务活动	控制目标	受影响的相关交易和账户余额及认定	常用的控制活动	被审计单位的控制活动	控制活动对实现控制目标是否有效（是/否）
记录应收账款	发生的销售退回、折扣与折让均已准确记录	应收账款：计价和分摊 主营业务收入：准确性、分类	管理层复核和批准对应收账款的调整		
	准确计提坏账准备和核销坏账，并记录于恰当期间	应收账款：存在、完整性、权利和义务 坏账准备：计价和分摊、完整性、存在	管理层复核坏账准备金额，并检查是否记录于适当期间		
收款	收款是真实发生的	应收账款：完整性、权利和义务	管理层复核收款记录		
	准确记录收款	应收账款：计价和分摊	管理层复核收款记录		
	收款均已记录	应收账款：完整性	定期将日记账中的收款记录与银行对账单进行核对		
	收款均已于恰当期间进行记录	应收账款：存在、完整性	定期将日记账中的收款记录与银行对账单进行核对		
	监督应收账款及时收回	应收账款：权利和义务	定期编制与分析应收账款账龄报告		
维护顾客档案	顾客档案变更均为真实有效的	应收账款：完整性、存在 主营业务收入：完整性、发生	变更顾客档案申请应连续编号，编号顺序已被记录		
	顾客档案变更内容准确	应收账款：计价和分摊 主营业务收入：准确性、分类	核对顾客档案变更记录和原始授权文件，确定已正确处理		
	顾客档案变更均已于适当期间进行处理	应收账款：权利和义务、存在、完整性 主营业务收入：完整性、发生	变更顾客档案申请应连续编号，编号顺序已被记录		
	确保顾客档案数据及时更新	应收账款：权利和义务、存在、完整性 主营业务收入：完整性、发生	管理层定期复核顾客档案的正确性，并确保及时更新		

四、确定控制是否得到执行（穿行测试）

被审计单位：_____　　　索引号：_____XSL-4_____

项目：_____　　　财务报表截止日／期间：_____

编制：_____　　　复核：_____

日期：_____　　　日期：_____

1. 与销售有关的业务活动的控制

主要业务活动	测试内容	测试结果
销售	销售订单编号（日期）	
	销售订单内容	
	是否复核顾客信用额度（是／否）	
	销售订单是否得到适当的审批（是／否）	
	销售发票是否经过复核（是／否）	
	销售发票编号（日期）	
	出运通知单编号（日期）	
	销售订单、销售发票、出运通知单、货运提单内容是否一致（是／否）	
	报关单编号（日期）	
	是否取得货运提单（是／否）	
记录应收账款	记录应收账款的凭证编号（日期）	
	发票上是否盖有"相符"章（是／否）	
	是否记入应收账款借方（是／否）	
收款	收款凭证编号（日期）	
	收款凭证是否得到会计主管的适当审批（是／否）	
	有关支持性文件上是否盖有"核销"章（是／否）	
	付款人名称是否与顾客一致（是／否）	
	银行进账单编号／信用证编号（日期）	
	是否正确记入应收账款贷方（是／否）	

2. 与新顾客承接有关的业务活动的控制

序号	是否编制顾客申请表（是／否）	是否编制新顾客基本情况表（是／否）	是否编制新顾客信用等级评定报告（是／否）	是否经信用管理经理审批（是／否）	信用额度是否经适当审批（是／否）	是否根据经适当审批的文件建立新顾客档案（是／否）

3. 与核对销售信息报告和相关文件（销售订单）是否相符的控制活动

序号	选择的销售信息报告期间	应收账款记账员是否已复核销售信息报告（是／否）	销售订单是否连续编号（是／否）

4. 与调整应收账款有关的控制活动

序号	顾客名称	是否编制应收账款账龄报告（是／否）	应收账款调节表编号（日期）	是否与支持性文件相符（是／否）	是否经适当审批（是／否）	是否已调节应收账款（是／否）

5. 与核销坏账或计提坏账准备有关的控制活动

序号	顾客名称	坏账申请表编号（日期）	是否与支持性文件相符（是／否）	是否经适当审批（是／否）	是否已调节应收账款（是／否）

6. 与坏账准备、会计估计有关的控制活动

主要业务活动	测试内容	测试结果
计提坏账准备	董事会是否制定与计提坏账准备有关的会计估计（是／否）	
	年末销售经理是否编写应收账款可回收性分析报告（是／否）	
	如较原先的估计数发生较大变化，会计主管是否编写会计估计变更建议（是／否）	
	财务经理是否复核会计估计变更建议或减值调整建议（是／否）	
会计估计变更	董事会是否审核会计估计变更建议（是／否）	
	会计估计变更是否已进行恰当处理和列报（是／否）	
	记账凭证编号	

7. 与退货、折扣和折让有关的控制活动

序号	顾客名称	顾客投诉处理表编号（日期）	财务部是否注明货款结算情况（是／否）	生产经理是否确定质量责任（是／否）	技术经理是否确定质量责任（是／否）	是否经适当审批（是／否）	是否已调节应收账款（是／否）

8. 与顾客档案变更有关的控制活动的测试

序号	更改申请表号码	更改申请表是否经适当审批（是／否）	是否包含在月度供应商信息更改报告中（是／否）	月度供应商信息变更报告是否经适当复核（是／否）	变更申请表号码是否包含在编号记录表中（是／否）	编号记录表是否经适当复核（是／否）

9. 与顾客档案及时维护有关的控制活动的测试

序号	顾客名称	档案编号	最近一次与公司发生交易的时间	是否已按照规定对顾客档案进行维护（是／否）

10. 与银行存款余额调节表有关的控制活动

序号	月份	银行对账单金额（人民币）	银行存款日记账金额（人民币）	编制人是否签名（是／否）	复核人是否签名（是／否）	调节项目是否真实（是／否）

五、销售与收款循环控制执行情况的评价结果

主要业务活动	控制目标	受影响的相关交易和账户余额及认定	被审计单位的控制活动	控制活动对实现控制目标是否有效（是／否）	控制活动是否得到执行（是／否）	是否测试该控制活动运行的有效性（是／否）
销售	仅接受信用额度内的订单	应收账款：计价和分摊				
	管理层核准销售订单的价格、条件	应收账款：存在 主营业务收入：发生				
	记录的销售订单内容准确	应收账款：计价和分摊 主营业务收入：准确性、分类				
	销售订单均已得到处理	应收账款：完整性 主营业务收入：完整性				

主要业务活动	控制目标	受影响的相关交易和账户余额及认定	被审计单位的控制活动	控制活动对实现控制目标是否有效（是／否）	控制活动是否得到执行（是／否）	是否测试该控制活动运行的有效性（是／否）
记录应收账款	记录的销售均已发出货物	应收账款：存在、权利和义务 主营业务收入：发生				
	与销售货物相关的权利均已记录至应收账款	应收账款：完整性 主营业务收入：完整性				
	销售交易均已于适当期间进行记录	应收账款：存在、完整性 主营业务收入：截止				
	记录的销售退回、折扣与折让均为真实发生的	应收账款：完整性 主营业务收入：完整性				
	发生的销售退回、折扣与折让均已记录	应收账款：存在 主营业务收入：发生				
	发生的销售退回、折扣与折让均于恰当期间进行记录	应收账款：存在、完整性 主营业务收入：截止				
	发生的销售退回、折扣与折让均已准确记录	应收账款：计价和分摊 主营业务收入：准确性、分类				
	准确计提坏账准备和核销坏账，并记录于恰当期间	应收账款：存在、完整性、权利和义务 坏账准备：计价和分摊、完整性、存在				
收款	收款是真实发生的	应收账款：完整性、权利和义务				
	准确记录收款	应收账款：计价和分摊				
	收款均已记录	应收账款：完整性				
	收款均已于恰当期间进行记录	应收账款：存在、完整性				
	监督应收账款及时收回	应收账款：权利和义务				

续表

主要业务活动	控制目标	受影响的相关交易和账户余额及认定	被审计单位的控制活动	控制活动对实现控制目标是否有效（是／否）	控制活动是否得到执行（是／否）	是否测试该控制活动运行的有效性（是／否）
维护顾客档案	顾客档案变更均为真实有效的	应收账款：完整性、存在 主营业务收入：完整性、发生				
	顾客档案变更内容准确	应收账款：计价和分摊 主营业务收入：准确性、分类				
	顾客档案变更均已于适当期间进行处理	应收账款：权利和义务、存在、完整性 主营业务收入：完整性、发生				
	确保顾客档案数据及时更新	应收账款：权利和义务、存在、完整性 主营业务收入：完整性、发生				

【实例 10】▶▶▶

采购与付款循环内部审计工作底稿

一、了解内部控制汇总表

被审计单位：＿＿＿＿＿＿＿＿＿＿　　索引号：＿＿＿CGL-1＿＿＿＿＿
项目：＿＿＿＿＿＿＿＿＿＿　　财务报表截止日／期间：＿＿＿＿＿＿
编制：＿＿＿＿＿＿＿＿＿＿　　复核：＿＿＿＿＿＿＿＿＿＿
日期：＿＿＿＿＿＿＿＿＿＿　　日期：＿＿＿＿＿＿＿＿＿＿

1. 受本循环影响的相关交易和账户余额

应付账款、管理费用、销售费用……

2. 主要业务活动

主要业务活动	是否在本循环中进行了解
采购	是
记录应付账款	是

主要业务活动	是否在本循环中进行了解
付款	是
维护供应商档案	是

3. 了解交易流程

根据对交易流程的了解，记录如下。

（1）是否委托其他服务机构执行主要业务活动？如果被审计单位委托其他服务机构，那么将对审计计划产生哪些影响？

_____

（2）是否制定了相关政策和程序来保持适当的职责分工？这些政策和程序是否合理？

_____

（3）前一次审计后，被审计单位的业务流程和控制活动是否发生重大变化？如果已发生变化，那么将对审计计划产生哪些影响？

_____

（4）是否识别出本期交易过程中发生的控制偏差？如果已识别出控制偏差，那么产生偏差的原因是什么，将对审计计划产生哪些影响？

_____

（5）是否识别出非常规交易或重大事项？如果已识别出非常规交易或重大事项，那么对审计计划将产生哪些影响？

（注：此处应记录了解内部控制过程中识别出的非常规交易和重大事项以及对审计计划的影响。）

_____

（6）是否进一步识别出其他风险？如果已识别出其他风险，那么对审计计划将产生哪些影响？

（注：此处应记录了解内部控制过程中识别出的其他风险以及对审计计划的影响。）

_____

4. 信息系统

（1）应用软件。

信息系统名称	计算机运行环境	来源	初次安装日期

（2）初次安装后对信息系统进行的重大修改、开发与维护。

信息系统名称	重大修改、开发与维护	更新日期

（3）拟于将来实施的重大修改、开发与维护计划。

（4）本年度对信息系统进行的重大修改、开发与维护及其影响。

5. 初步结论

[注：根据了解本循环控制的设计及评估其执行情况所获取的审计证据，内部审计人员对内部控制的评价结论可能为：（1）内部控制设计合理，并得到执行；（2）内部控制设计合理，未得到执行；（3）内部控制设计无效或缺乏必要的控制。]

6. 沟通事项

是否需要就已识别出的内部控制设计或执行方面的重大缺陷，与适当的管理层或治理层进行沟通？

二、了解内部控制设计——控制流程

被审计单位：＿＿＿＿＿＿＿＿	索引号：＿＿＿CGL-2＿＿＿
项　目：＿＿＿＿＿＿＿＿	财务报表截止日 / 期间：＿＿＿＿＿＿
编　制：＿＿＿＿＿＿＿＿	复核：＿＿＿＿＿＿＿＿＿＿＿
日　期：＿＿＿＿＿＿＿＿	日期：＿＿＿＿＿＿＿＿＿＿＿

采购与付款业务涉及的主要人员

职务	姓名

我们采用询问、观察和检查等方法，了解并记录了采购与付款循环的主要控制流程，并与 ×××、××× 等确认了下列所述内容。

1. 有关职责分工的政策和程序

（注：此处应记录被审计单位制定的有关职责分工的政策和程序，并评价其是否有助于建立有效的内部控制。）

2. 主要业务活动介绍

（注：此处应记录对本循环主要业务活动的了解，例如，被审计单位主要采购内容和采购方式、相关文件记录、采购与付款政策的制定和修改程序、职责分工政策的制定和修改程序等。）

（1）采购。

[注：①此处应记录对被审计单位请购、审批、采购流程的了解，例如，请购与审批、询价、采购合同的订立和审批、采购合同管理等；②验收环节的控制活动记录于生产与仓储循环的审计工作底稿（SCL）。]

（2）记录应付账款。

（注：此处应记录对存货验收后应付账款确认流程的了解，例如，取得供应商发票、退货及折扣、单据流转及核对、处理及审批程序、与供应商对账及对不符事项的调查和处理等。）

（3）付款。

（注：此处应记录对付款业务流程的了解，例如，付款申请及审批、支付办理、付款方式以及期末对付款情况的监控等。）

（4）维护供应商档案。

（注：①此处应记录对供应商档案维护流程的了解，例如，维护申请、审批、处理以及期末审核等；②供应商档案是指经批准的记录供应商详细信息的文件，包括供应商名称、银行账户、发货地址、邮寄地址、联系方式、赊销信用额度、付款折扣条件、过去期间的交易情况等。）

三、评价内部控制设计——控制目标及控制活动

主要业务活动	控制目标	受影响的相关交易和账户余额及认定	常用的控制活动	被审计单位的控制活动	控制活动对实现控制目标是否有效（是/否）
采购	只有经过核准的采购订单才能发给供应商	应付账款：存在 管理费用：发生 销售费用：发生	管理层必须核准所有采购订单，对非经常性和超过特定金额的采购以及其他特殊的采购事项，应取得较高层次管理层的核准，并适当记录		

续表

主要业务活动	控制目标	受影响的相关交易和账户余额及认定	常用的控制活动	被审计单位的控制活动	控制活动对实现控制目标是否有效（是/否）
采购	记录的采购订单内容准确	应付账款：计价和分摊 管理费用：准确性、分类 销售费用：准确性、分类	由不负责输入采购订单的人员核对采购订单数据与支持性文件（如请购单）是否相符		
	采购订单均已得到处理	应付账款：完整性	采购订单连续编号，采购订单的顺序已被记录		
记录应付账款	记录的采购均已收到物品	应付账款：存在、权利和义务	对采购发票与验收单不符的情况进行调查；如果付款金额与采购发票金额不符，则应经适当管理层核准		
	记录的采购均已接受了劳务	应付账款：存在、权利和义务 管理费用：发生 销售费用：发生	对接受劳务的发票进行授权并附有适当的支持性文件		
	记录的采购交易计价正确	应付账款：计价和分摊 管理费用：准确性、分类 销售费用：准确性、分类	定期与供应商对账，如有差异应及时进行调查和处理		
	与采购物品相关的义务均已记录至应付账款	应付账款：完整性 管理费用：完整性 销售费用：完整性	定期与供应商对账，如有差异应及时进行调查和处理		
	与接受劳务相关的义务均已记录至应付账款	应付账款：完整性 管理费用：完整性 销售费用：完整性	定期与供应商对账，如有差异及时进行调查和处理		
	采购物品的交易均于适当期间进行记录	应付账款：存在、完整性	定期与供应商对账，如有差异及时进行调查和处理		
	接受劳务的交易均于适当期间进行记录	应付账款：存在、完整性 管理费用：截止 销售费用：截止	检查资产负债表日前后已接受的劳务，确保其完整并记录于适当期间		

主要业务活动	控制目标	受影响的相关交易和账户余额及认定	常用的控制活动	被审计单位的控制活动	控制活动对实现控制目标是否有效（是/否）
付款	仅对记录的应付账款办理支付	应付账款：完整性	管理层在核准付款前复核支持性文件，在签发支票后注销相关文件		
	准确记录付款	应付账款：计价和分摊	管理层在核准付款前复核支持性文件，在签发支票后注销相关文件		
	付款均已记录	应付账款：存在	定期将日记账中的付款记录与银行对账单进行核对		
	付款均于恰当期间进行记录	应付账款：存在、完整性	定期将日记账中的付款记录与银行对账单进行核对		
维护供应商档案	供应商档案的变更均为真实和有效的	应付账款：存在、完整性 管理费用：发生、完整性 销售费用：发生、完整性	核对供应商档案变更记录和原始授权文件，确定已正确处理		
	供应商档案变更均已处理	应付账款：完整性 管理费用：完整性 销售费用：完整性	供应商档案变更应连续编号，顺序已被记录		
	供应商档案变更内容准确	应付账款：计价和分摊 管理费用：准确性、分类 销售费用：准确性、分类	核对供应商档案变更记录和原始授权文件，确定已正确处理		
	供应商档案变更均已于适当期间进行处理	应付账款：权利和义务、存在、完整性 管理费用：完整性、发生 销售费用：完整性、发生	供应商档案变更应连续编号，顺序已被记录		
	确保供应商档案数据及时更新	应付账款：权利和义务、存在、完整性 管理费用：完整性、发生 销售费用：完整性、发生	管理层定期复核供应商档案的正确性，并确保及时更新		

四、确定控制是否得到执行（穿行测试）

被审计单位：_____	索引号：_____CGL-4_____
项目：_____	财务报表截止日／期间：_____
编制：_____	复核：_____
日期：_____	日期：_____

1. 与采购材料有关的业务活动的控制

主要业务活动	测试内容	测试结果
采购	请购单编号（日期）	
	请购内容	
	请购单是否得到适当审批（是／否）	
	采购订单编号（日期）	
记录应付账款	供应商发票编号（日期）	
	验收单编号	
	供应商发票所载内容与采购订单、验收单的内容是否相符（是／否）	
	发票上是否加盖"相符"章（是／否）	
	转账凭证编号（日期）	
	是否记入应付账款贷方（是／否）	
付款	付款凭证编号（日期）	
	付款凭证是否得到会计主管的适当审批（是／否）	
	有关支持性文件上是否加盖"核销"章（是／否）	
	支票编号／信用证编号（日期）	
	收款人名称	
	支票／信用证是否已支付给恰当的供应商（是／否）	

2. 与费用有关的业务活动的控制

主要业务活动	测试内容	测试结果
申请	费用申请单编号（日期）	
	申请内容	
	费用申请单是否得到适当审批（是／否）	
	供应商名称	
记录应付账款	发票编号（日期）	
	发票是否得到适当审批（是／否）	

主要业务活动	测试内容	测试结果
记录应付账款	费用申请单、发票与其他支持性文件所载内容是否相符（是／否）	
	发票上是否加盖"相符"章（是／否）	
	转账凭证编号（日期）	
	是否记入应付账款贷方（是／否）	
付款	付款凭证编号（日期）	
	付款凭证是否得到会计主管的适当审批（是／否）	
	有关支持性文件上是否加盖"核销"章（是／否）	
	支票编号／信用证编号（日期）	
	收款人名称	
	支票／信用证是否已支付给恰当的供应商（是／否）	

3. 核对采购信息报告与相关文件（请购单）是否相符的业务活动的控制

序号	选择的采购信息报告期间	应付账款记账员是否复核采购信息报告（是／否）	采购订单是否连续编号（是／否）	如有不符，是否已进行调查（是／否）	对不符事项是否进行处理（是／否）

4. 与应付账款调节表有关的业务活动的控制

序号	供应商名称	应付账款调节表编号（日期）	是否与支持文件相符（是／否）	是否经过适当审批（是／否）	是否已调节应付账款（是／否）

5. 与银行存款余额调节表有关的业务活动的控制

序号	月份	银行对账单金额	银行存款日记账金额	编制人是否签名（是／否）	复核人是否签名（是／否）	调节项目是否真实（是／否）

6. 与供应商档案变更有关的业务活动的控制

序号	变更申请表号码	变更申请表是否经适当审批（是/否）	是否包含在月度供应商信息变更报告中（是/否）	月度供应商信息变更报告是否经适当复核（是/否）	变更申请表号码是否包含在编号记录表中（是/否）	编号记录表是否经适当复核（是/否）

7. 与供应商档案及时更新有关的业务活动的控制

序号	供应商名称	档案编号	最近一次与公司发生交易的时间	是否已按照规定对供应商档案进行维护（是/否）

五、采购与付款循环控制执行情况的评价结果

主要业务活动	控制目标	受影响的相关交易和账户余额及认定	被审计单位的控制活动	控制活动对实现控制目标是否有效（是/否）	控制活动是否得到执行（是/否）	是否测试该控制活动运行的有效性（是/否）
采购	只有经过核准的采购订单才能发给供应商	应付账款：存在 管理费用：发生 销售费用：发生				
	记录的采购订单内容准确	应付账款：计价和分摊 管理费用：准确性、分类 销售费用：准确性、分类				
	采购订单均已得到处理	应付账款：完整性				
记录应付账款	记录的采购均已收到物品	应付账款：存在、权利和义务				
	记录的采购均已接受了劳务	应付账款：存在、权利和义务 管理费用：发生 销售费用：发生				
	记录的采购交易计价正确	应付账款：计价和分摊 管理费用：准确性、分类 销售费用：准确性、分类				

主要业务活动	控制目标	受影响的相关交易和账户余额及认定	被审计单位的控制活动	控制活动对实现控制目标是否有效（是/否）	控制活动是否得到执行（是/否）	是否测试该控制活动运行的有效性（是/否）
记录应付账款	与采购物品相关的义务均已记录至应付账款	应付账款：完整性 管理费用：完整性 销售费用：完整性				
	与接受劳务相关的义务均已记录至应付账款	应付账款：完整性 管理费用：完整性 销售费用：完整性				
	采购物品的交易均于适当期间进行记录	应付账款：存在、完整性				
	接受劳务的交易均于适当期间进行记录	应付账款：存在、完整性 管理费用：截止 销售费用：截止				
付款	仅对记录的应付账款办理支付	应付账款：完整性				
	准确记录付款	应付账款：计价和分摊				
	付款均已记录	应付账款：存在				
	付款均于恰当期间进行记录	应付账款：存在、完整性				
维护供应商档案	供应商档案的变更均为真实和有效的	应付账款：存在、完整性 管理费用：发生、完整性 销售费用：发生、完整性				
	供应商档案变更均已处理	应付账款：完整性 管理费用：完整性 销售费用：完整性				
	供应商档案变更内容准确	应付账款：计价和分摊 管理费用：准确性、分类 销售费用：准确性、分类				
	供应商档案变更均已于适当期间进行处理	应付账款：权利和义务、存在、完整性 管理费用：完整性、发生 销售费用：完整性、发生				
	确保供应商档案数据及时更新	应付账款：权利和义务、存在、完整性 管理费用：完整性、发生 销售费用：完整性、发生				

【实例11】▶▶▶ --

生产与仓储循环内部审计工作底稿

一、了解内部控制汇总表

被审计单位：＿＿＿＿＿＿＿＿＿	索引号：＿＿＿SCL-1＿＿＿
项目：＿＿＿＿＿＿＿＿＿＿	财务报表截止日／期间：＿＿＿＿
编制：＿＿＿＿＿＿＿＿＿＿	复核：＿＿＿＿＿＿＿＿＿＿
日期：＿＿＿＿＿＿＿＿＿＿	日期：＿＿＿＿＿＿＿＿＿＿

1. 受本循环影响的相关交易和账户余额

存货、主营业务成本……

2. 主要业务活动

主要业务活动	是否在本循环中进行了解
材料验收和仓储	是
制订计划和安排生产	是
生产与发运	是
存货管理	是

（注：审计人员通常应在本循环中了解与上述业务活动相关的内部控制，如果计划在其他业务循环中对上述一项或多项业务活动的控制进行了解，应在此处说明原因。）

3. 了解交易流程

根据对交易流程的了解，记录如下。

（1）是否委托其他服务机构执行主要业务活动？如果被审计单位委托其他服务机构，那么将对审计计划产生哪些影响？

_____

（2）是否制定了相关政策和程序来保持适当的职责分工？这些政策和程序是否合理？

_____

（3）前一次审计后，被审计单位的业务流程和控制活动是否发生重大变化？如果已发生变化，那么将对审计计划产生哪些影响？

_____

（4）是否识别出本期交易过程中发生的控制偏差？如果已识别出控制偏差，那么产生偏差的原因是什么，对审计计划将产生哪些影响？

_____

（5）是否识别出非常规交易或重大事项？如果已识别出非常规交易或重大事项，那么对审计计划将产生哪些影响？

（注：此处应记录了解内部控制过程中识别出的非常规交易和重大事项以及对审计计划的影响。）

（6）是否进一步识别出其他风险？如果已识别出其他风险，那么将对审计计划产生哪些影响？

（注：此处应记录了解内部控制过程中识别出的其他风险以及对审计计划的影响。）

4.采用的应用系统

（1）应用软件。

信息系统名称	计算机运行环境	来源	初次安装日期

（2）初次安装后对信息系统进行的重大修改、开发与维护。

信息系统名称	重大修改、开发与维护	更新日期

（3）拟于将来实施的重大修改、开发与维护计划。

（4）本年度对信息系统进行的重大修改、开发与维护及其影响。

5.初步结论

[注：根据了解本循环控制的设计及评估其执行情况所获取的审计证据，内部审计人员对内部控制的评价结论可能是：（1）内部控制设计合理，并得到执行；（2）内部控制设计合理，未得到执行；（3）内部控制设计无效或缺乏必要的控制。]

6.沟通事项

是否需要就已识别出的内部控制设计或执行方面的重大缺陷，与适当的管理层或治理层进行沟通？

_____

二、了解内部控制设计——控制流程

被审计单位：_____	索引号：_____SCL-2_____
项目：_____	财务报表截止日／期间：_____
编制：_____	复核：_____
日期：_____	日期：_____

生产与仓储业务涉及的主要人员

职务	姓名

我们采用询问、观察和检查等方法，了解并记录了生产与仓储循环的主要控制流程，并与×××、×××等确认了下列所述内容。

1.有关职责分工的政策和程序

（注：此处应记录被审计单位制定的有关职责分工的政策和程序，并评价其是否有助于建立有效的内部控制。）

_____

2.主要业务活动介绍

（注：此处应记录对本循环主要业务活动的了解，例如，被审计单位生产成本的归集及分配方法、相关文件记录、公司库存材料/商品管理制度的制定和修改程序、职责分工政策的制定和修改程序等。）

_____

（1）材料验收与仓储。

（注：此处应记录对被审计单位材料验收和仓储管理流程的了解，例如，与采购订单核对、签发验收单据、材料入库、单据流转及核对等。）

_____

（2）制订计划与安排生产。

（注：此处应记录对被审计单位制订计划和安排生产流程的了解，例如，生产计划的审批、生产通知单的签发、单据流转及核对等。）

_____

（3）生产与发运。

（注：此处应记录对被审计单位生产成本归集和分配流程的了解，例如，材料领用与出库、产成品验收与出库、单据流转及核对，以及材料、人工和间接费用的分配与归集等。）

_____

（4）存货管理。

（注：此处应记录对被审计单位存货管理流程的了解，例如，存货跌价准备的计提，存货盘点控制，单据在不同部门之间的传递、处理和审批程序，账实核对及差异的调查和处理等。）

_____

三、评价内部控制设计——控制目标及控制活动

被审计单位：_____	索引号：_____SCL-3_____
项目：_____	财务报表截止日／期间：_____
编制：_____	复核：_____
日期：_____	日期：_____

主要业务活动	控制目标	受影响的相关交易和账户余额及认定	常用的控制活动	被审计单位的控制活动	控制活动对实现控制目标是否有效（是／否）
材料验收与仓储	已验收材料均附有有效的采购订单	存货：存在	验收单与采购订单进行核对		
	已验收材料均已准确记录	存货：计价和分摊 主营业务成本：准确性、分类	管理层定期复核，确保记录的准确性		
	已验收材料均已记录	存货：完整性 主营业务成本：完整性	验收单预先连续编号并记录		
	已验收材料均于适当期间进行记录	存货：存在、完整性 主营业务成本：截止	定期由不负责存货日常保管或记录的人员实地盘点存货，如有差异应及时调查和处理		
制订计划与安排生产	管理层授权安排生产	存货：发生	生产指令应经适当管理层批准		
生产与发运	发出材料均已准确记录	存货：计价和分摊 主营业务成本：完整性、分类	管理层定期复核，确保记录的准确性		
	发出材料均于适当期间进行记录	存货：存在、完整性 主营业务成本：截止	定期由不负责存货日常保管或记录的人员实地盘点存货，对发现的差异应予以及时调整		

主要业务活动	控制目标	受影响的相关交易和账户余额及认定	常用的控制活动	被审计单位的控制活动	控制活动对实现控制目标是否有效（是/否）
生产与发运	记录的生产成本均真实发生且与实际成本一致	存货：存在、计价和分摊 主营业务成本：发生、准确性、分类	管理层定期复核，确保生产成本与支持性文件一致		
	发生的生产成本均已记录	存货：完整性、计价和分摊 主营业务成本：完整性	管理层定期复核，确保生产成本与支持性文件一致		
	发生的生产成本均于适当期间进行记录	存货：存在、完整性、计价和分摊 主营业务成本：截止	管理层定期复核，确保生产成本与支持性文件一致		
	存货流转已完整准确地记录于适当期间	存货：计价和分摊、完整性、存在 主营业务成本：截止、准确性	管理层定期复核，确保生产成本与支持性文件一致		
	完工产成品均于适当期间进行准确记录	存货：计价和分摊 主营业务成本：截止、准确性、分类	验收单预先连续编号并记录入账		
	产成品发运均已记录	存货：存在 主营业务成本：发生	出库单预先连续编号并记录入账		
	产成品发运均已准确记录	存货：计价和分摊 主营业务成本：准确性、分类	管理层定期复核，确保记录的准确性		
	已发运产成品均附有有效的销售订单	存货：完整性 主营业务成本：发生	货物发运之前由独立人员核对销售订单和货物		
	产成品发运均已于适当期间进行记录	存货：存在、完整性 主营业务成本：截止	定期由不负责存货日常保管或记录的人员实地盘点存货，对发现的差异应予以及时调整		
存货管理	适当保管存货	存货：存在、权利和义务	适当保管存货并限制无关人员接近		
	准确记录存货价值	存货跌价准备：计价和分摊	对存货货龄进行分析		
	存货价值调整已于适当期间进行记录	存货跌价准备：存在、完整性	管理层复核批准存货价值调整		

主要业务活动	控制目标	受影响的相关交易和账户余额及认定	常用的控制活动	被审计单位的控制活动	控制活动对实现控制目标是否有效（是/否）
存货管理	存货价值调整是真实发生的	存货跌价准备：存在	管理层复核批准存货价值调整		
	存货价值调整均已记录	存货跌价准备：完整性	管理层复核批准存货价值调整		

四、确定控制是否得到执行（穿行测试）

被审计单位：＿＿＿＿＿＿＿＿＿＿　　索引号：＿＿＿SCL-4＿＿＿＿

项目：＿＿＿＿＿＿＿＿＿＿＿＿　　财务报表截止日/期间：＿＿＿＿＿＿

编制：＿＿＿＿＿＿＿＿＿＿＿＿　　复核：＿＿＿＿＿＿＿＿＿＿＿＿

日期：＿＿＿＿＿＿＿＿＿＿＿＿　　日期：＿＿＿＿＿＿＿＿＿＿＿＿

1.与材料验收和仓储有关的业务活动的控制

主要业务活动	测试内容	测试结果
验收	验收单编号（日期）	
	验收内容	
	相对应的采购订单编号（日期）	
	验收单与采购订单是否一致（是/否）	
	单价在人民币××元以上的材料，是否经质检经理签字（是/否，如适用）	
仓储	采购材料信息是否已正确输入系统（是/否）	
	仓储经理是否复核输入信息（是/否）	
	系统是否已更新（是/否）	

2.和制订计划与安排生产有关的业务活动的控制

主要业务活动	测试内容	测试结果
制订计划与安排生产	测试期间	
	是否编制月度生产计划书（是/否）	
	月度生产计划书是否得到适当审批（是/否）	
	生产通知单编号（日期）	
	生产通知单所载内容是否包含在月度生产计划书内（是/否）	

续表

主要业务活动	测试内容	测试结果
制订计划与安排生产	生产加工指令单编号（日期）	
	完工日期	

3. 与存货实物流转有关的业务活动的控制

主要业务活动	测试内容	测试结果
原材料领用	生产通知单编号（日期）	
	生产加工指令单编号（日期）	
	原材料领用申请单编号（日期）	
	原材料领用申请单项目是否与生产加工指令单相符（是／否）	
	原材料领用申请单信息是否得到审批（是／否）	
	原材料出库单编号（日期）	
	原材料出库单是否得到复核确认（是／否）	
	原材料耗用是否与生产记录日报表内容相符（是／否）	
	转账凭证编号（日期）	
	转账凭证是否得到适当复核（是／否）	
	是否正确记入相关明细账（是／否）	
半成品入库	半成品验收单编号（日期）	
	半成品入库单编号（日期）	
	半成品入库单是否与验收单内容相符（是／否）	
	半成品入库单是否得到复核确认（是／否）	
半成品出库	半成品转移单编号（日期）	
	半成品转移单是否得到审批（是／否）	
	半成品出库单编号（日期）	
	半成品出库单是否得到复核确认（是／否）	
	半成品耗用是否与生产记录日报表内容相符（是／否）	
产成品入库	产成品验收单编号（日期）	
	产成品入库单编号（日期）	
	产成品入库单是否得到复核确认（是／否）	
产成品出库	出运通知单编号（日期）	
	产成品出库单编号（日期）	
	产成品出库单、销售订单、出运通知单、送货单内容是否相符（是／否）	

主要业务活动	测试内容	测试结果
产成品出库	送货单编号（日期）	
	送货单是否经适当审核（是 / 否）	

4. 与生产成本归集、分配、结转有关的业务活动的控制

主要业务活动	测试内容	测试结果
生产成本归集	测试期间	
	生产成本计算表中的材料成本是否与当月出库量一致（是 / 否）	
	生产成本结转凭证编号	
	转账凭证是否经适当审核（是 / 否）	
	是否正确记入相关明细账	
生产成本结转	测试期间	
	销售成本结转凭证编号	
	销售数量是否与系统内数据一致	
	转账凭证是否经适当审核（是 / 否）	

[注：（1）对生产成本在完工产品和在产品之间分配以及完工产品成本在不同产品类别之间分配的控制活动进行穿行测试，相关工作底稿见信息系统审计部分（信息系统审计工作底稿略）；（2）对人工费用、制造费用的归集，分别见相关业务循环底稿。]

5. 与存货盘点有关的业务活动的控制

（注：在编制存货监盘计划时，应对被审计单位的盘存制度进行了解，见实质性程序工作底稿。）

6. 与存货跌价准备有关的业务活动的控制

主要业务活动	测试内容	测试结果
计提存货跌价准备	系统是否对存货账龄进行分析（是 / 否）	
	盘点中是否发现不良存货（是 / 否）	
	是否编制不良存货明细表（是 / 否）	
	不良存货明细表是否附有支持性文件（是 / 否）	
	不良存货明细表是否经适当复核（是 / 否）	
	采购经理 / 销售经理是否分析存货可变现净值（是 / 否）	
	如需计提，会计主管是否编写会计估计变更建议（是 / 否）	
	财务经理是否复核会计估计变更建议或减值调整建议（是 / 否）	
	董事会是否审核计提存货跌价准备的建议（是 / 否）	

续表

主要业务活动	测试内容	测试结果
计提存货跌价准备	存货跌价准备的计提已进行恰当处理和列报（是/否）	
	记账凭证编号	

五、生产与仓储循环控制执行情况的评价结果

主要业务活动	控制目标	受影响的相关交易和账户余额及认定	被审计单位的控制活动	控制活动对实现控制目标是否有效（是/否）	控制活动是否得到执行（是/否）	是否测试该控制活动运行的有效性（是/否）
材料验收与仓储	已验收材料均附有有效的采购订单	存货：存在				
	已验收材料均已准确记录	存货：计价和分摊 主营业务成本：准确性、分类				
	已验收材料均已记录	存货：完整性 主营业务成本：完整性				
	已验收材料均于适当期间进行记录	存货：存在、完整性 主营业务成本：截止				
制订计划与安排生产	管理层授权安排生产	存货：发生				
生产与发运	发出材料均已准确记录	存货：计价和分摊 主营业务成本：完整性、分类				
	发出材料均于适当期间进行记录	存货：存在、完整性 主营业务成本：截止				
	记录的生产成本均真实发生且与实际成本一致	存货：存在、计价和分摊 主营业务成本：发生、准确性、分类				
	发生的生产成本均已记录	存货：完整性、计价和分摊 主营业务成本：完整性				
	发生的生产成本均于适当期间进行记录	存货：存在、完整性、计价和分摊 主营业务成本：截止				

主要业务活动	控制目标	受影响的相关交易和账户余额及认定	被审计单位的控制活动	控制活动对实现控制目标是否有效（是/否）	控制活动是否得到执行（是/否）	是否测试该控制活动运行的有效性（是/否）
生产与发运	存货流转已完整准确地记录于适当期间	存货：计价和分摊、完整性、存在 主营业务成本：截止、准确性				
	完工产成品均于适当期间进行准确记录	存货：计价和分摊 主营业务成本：截止、准确性、分类				
	产成品发运均已记录	存货：存在 主营业务成本：发生				
	产成品发运均已准确记录	存货：计价和分摊 主营业务成本：准确性、分类				
	已发运产成品均附有有效的销售订单	存货：完整性 主营业务成本：发生				
	产成品发运均已于适当期间进行记录	存货：存在、完整性 主营业务成本：截止				
存货管理	适当保管存货	存货：存在、权利和义务				
	准确记录存货价值	存货跌价准备：计价和分摊				
	存货价值调整已于适当期间进行记录	存货跌价准备：存在、完整性				
	存货价值调整是真实发生的	存货跌价准备：存在				
	存货价值调整均已记录	存货跌价准备：完整性				

2.9 编制审计报告

2.9.1 审计复核与监督

项目负责人应对审计人员编制的审计工作底稿及收集的相关资料进行详细的复核，

并对审计人员实施相关审计程序进行适当的监督和管理。

2.9.2　整理审计工作底稿及相关资料并编写意见交换稿

2.9.2.1　整理审计工作底稿

审计人员应对审计工作底稿及相关文件、报表、记录等资料及时进行整理与归类。审计人员应根据统一的标准对审计工作底稿及证据资料编制索引号，以便查阅。

2.9.2.2　编写意见交换稿

召开退出会议前，审计项目负责人应编写详细的意见交换稿或者审计报告初稿。意见交换稿应简要说明项目的审计目标、审计范围、实施的审计程序，并对具体的审计发现和初步的审计建议进行详细阐述。

（1）审计发现

审计发现包括事实、标准及期望、原因与结果，如图 2-8 所示。

内容一	事实是指在审计过程中审计人员发现的实际情况与相关问题
内容二	标准及期望是指评价这些问题所依据的相关政策、规范、考核目标、预算指标等
内容三	原因是审计人员分析实际情况与相关标准产生差异的原因
内容四	结果是指实际情况与标准存在差异所造成的影响及相关风险

图 2-8　审计发现的内容

审计人员应用书面文字、相关图表等详细阐述相关的审计发现，并用相关的审计证据来支持。

（2）审计建议

审计人员应根据具体的内部控制情况及相关的审计发现，提出具体的、适当的审计建议，以便于被审计单位完善内部控制、降低经营风险。

2.9.3　与被审计单位交换意见

与被审计单位交换意见包括重大问题的沟通及退出会议上的意见交换。

2.9.3.1　重大问题的沟通

重大问题主要是指在审计过程中发现的正在进行的重大违规活动或对集团利益造成严重损害的问题。这种情况下，需要被审计单位马上采取相关的措施。审计人员应根据所发现问题的实质及影响，确定沟通的对象，并报集团总裁批准。

2.9.3.2 退出会议上的意见交换

内审工作结束前，审计人员应与被审计单位负责人及相关责任人召开退出会议，就意见交换稿中的相关问题听取被审计单位的解释与意见，并详细记录。双方应在意见交换稿上签名确认。在有关问题上存在不同意见时，可由被审计单位出具书面陈述，审计人员将其与审计发现和建议一并归档，以便查阅、分析。

【实例 12】▶▶▶ --

关于××店资产验收专项审计报告的征求意见书

编号：（审）字（20　）第　号

收文单位	建店部	收件人	×××	日期	20××.8.14
发文单位	审计部	发件人	×××	日期	20××.8.14
征求意见 事项概述	审计部于20××年6月17日至6月22日对××市××会员店非商品资产的验收、管理情况进行了专项审计。本次审计的范围为总部采购的××店非商品资产（××万元），占总部采购的××店非商品资产总额××万元的××%（门店自采及调拨资产暂未考虑） 现将审计报告初稿发给贵部，请贵部将反馈意见填写在"反馈意见及说明"栏，签字确认后扫描回传，如到期未回复，则视同贵部对该审计报告无异议				
	编制人	×××		审核人	×××
反馈意见 及说明	无异议				
	负责人签名	×××		日期	20××.8.18

说明：

1. 审计报告回复分两种，（1）同意审计报告，无异议；（2）不同意审计报告（请将不同意见或建议填入表中）。

2. 自收到该征求意见书之日起，3个工作日内进行书面回复，超过3个工作日未回复的，视为同意审计报告。

2.9.4　编制正式的审计报告

审计工作结束后，审计项目负责人应及时编制正式的审计报告。正式的审计报告是在意见交换稿的基础上，根据与被审计单位沟通的结果正式编制而成的。审计报告应用简明扼要的文字阐述审计目标、审计范围、审计程序以及审计结论，并适当地表明审计人员的意见。被审计单位对审计结论的看法，也可根据需要列入审计报告中。

2.9.4.1　审计报告的基本要素

审计报告应当包括下列基本要素。

（1）报告字号。

（2）标题，即"×××审计报告"。

（3）主送部门，即集团董事会／副总经理、运营总监办公会议／副总经理、运营总监／副总经理、运营总监等。

（4）审计报告的内容。

（5）审计部主管签名。

（6）审计部印章。

（7）报告日期。

（8）抄送部门等。

2.9.4.2　审计报告正文的内容

审计报告正文的内容应根据审计目标和被审计单位的具体情况而定。审计目标、审计种类和被审计单位的具体情况不同，审计报告的内容也不尽相同，通常包括以下几个方面。

（1）审计的范围、内容、方式、时间。

（2）会计责任与审计责任。

（3）审计依据，即企业的内部审计办法和与审计范围、内容相关的各种管理制度。

（4）已实施的主要审计程序。

（5）被审计单位的基本情况。

（6）存在的问题，详细列出审计过程中发现的问题，揭示违反集团规定的财务收支或经营活动，并分析这些问题造成的影响及危害。

（7）审计意见，对已审计的财务收支或经营活动及相关资料，结合审计方案确定的重点及审计中发现的重大问题，围绕财务收支和经营活动的真实性、合法性、合规性、效益性以及被审计单位应负的经济责任等，作出评价性意见。

（8）审计处理建议，对违反集团规定的财务收支行为或经营活动进行定性分析，并提出处理、处罚建议。

（9）改进建议，对经营管理、财务管理、资产管理中的薄弱环节提出改进措施。

（10）审计附件，原始记录、调查记录等审计中发现的重大证据，如有必要，可作为审计报告的附件。

2.9.4.3　审计报告撰写的步骤

内部审计人员撰写审计报告的过程主要分为六个步骤，如图 2-9 所示。

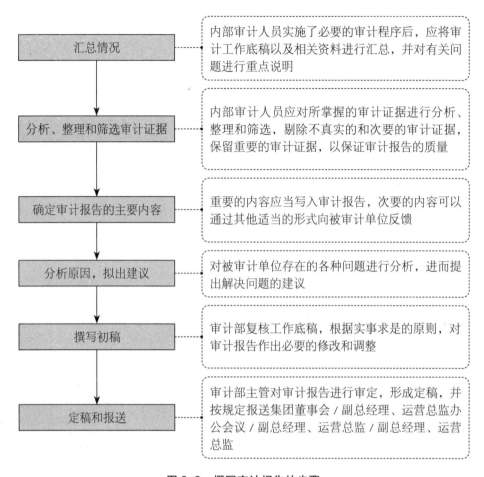

| 汇总情况 | 内部审计人员实施了必要的审计程序后，应将审计工作底稿以及相关资料进行汇总，并对有关问题进行重点说明 |

图 2-9　撰写审计报告的步骤

2.9.5　审核并报送审计报告

审计部负责人应对审计报告及相关的审计资料进行详细的审核，确认后正式报送给集团总裁及审计委员会，并对审计结果向其进行简要的口头汇报。审计部门还应将经批准的审计报告送达被审计单位。

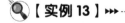 【实例 13】▶▶▶

内部控制审计报告

××有限责任公司董事会：

集团监察审计部根据核准的××××年审计计划，于××××年×月×日至×

日对 ×× 有限责任公司实施了内部控制审计。本次审计的主要目的是检查和评价采购及付款、销售及收款、存货管理及成本核算等业务流程、相关制度的有效性和日常执行的遵守情况。我们审阅了相关制度，与采购、销售、仓储、财务等部门人员进行了面谈，并抽查了相关业务的处理文件。现将审计情况报告如下。

一、财务收支管理

公司财务核算总体来说比较规范，能够按《企业会计准则》执行，公司财务部制定了财务管理条例作为日常财务管理、核算的标准。目前突出的问题是财务总监如何直接参与公司的业务管理，对重大的资本性支出、费用性支出如何加强事前审核和监督。

本次审计，我们抽查了公司部分收付款凭证，发现部分收付款业务中相关单证及审批手续并不完备，财务总监没有在重要财务收支中履行审批责任。

（1）编号 03426 的付款凭证上没有财务总监的签名。

（2）……

审计建议：

公司虽然制定了完备的财务管理制度，但没有对各项支出的审批程序、审批权限作出清晰的规定。任何一项财务收支均应由财务部填制单证，并经授权批准，如提现、资金划拨等业务。公司应制定相关单证及授权审批程序。

二、采购及付款

公司采购业务有较为完备的作业管理标准。供应商质量审查、采购物资入库的质量检查及验收、付款审批等环节有适当的控制；公司采购部及相关岗位对采购业务和岗位职责较为熟悉。

采购环节存在下列问题。

（1）供应商相对集中，对主要原料的供应商缺少年度复审程序，供应商名录基本维持不变，新供应商开拓力度较弱。

审计建议：

①实施供应商复审制度，年底对供应商的供货质量、履约情况以及生产现场等方面进行系统复查，选择有利于公司生产或成本较低的供应商。

②密切关注供应商的竞争环境及市场出现的新供应商，逐步引进新的供应商……

③有些原料如需维持独家供应情形……

（2）采购业务缺乏系统且严格的价格核定程序，采购价格的合理性缺乏证据支持。

通过对主要原料本年和上年采购价格的分析，我们发现公司主要原料采购价格本年较上年均有较大幅度的增长。

部分主要原料不含税进价对照表

单位：元

品名	单位	本年进价	上年进价	同比增长 %

目前公司所有的采购工作都没有询价、比价资料，经了解，公司采购价格以采购人员的询价为基础，价格变动不大的，由供应部负责人予以核定；变动较大的，采购人员口头上报主管厂长和总经理核定。由于这种做法缺乏系统且严格的价格核定程序和书面文件，我们担心采购价格的合理性不能得到保障。

审计建议：

①对于固定供应商，公司应制定价格审核机制，可根据采购料件的特点，采用定期独立询价、议价，收集公开市场成交价格等方式来控制价格。

②采购部门应密切关注主要材料、物资市场供求、价格变动情况，并进行趋势预测，提出有利的采购时机和合理的交易价格，为管理层采购决策提供支持。

③询价、比价资料是采购人员谨慎勤勉的直接证明，也是保证采购人员谨慎勤勉的重要控制手段。对于大宗物资采购，公司应该建立询价、比价制度，并制定统一的询价表和规范的比价规则，采购人员应留有询价、比价资料，为管理层决策提供依据，也为未来采购提供参考。

（3）采购合同的签订缺乏必要的核准程序。

我们抽查了公司本年与供应商签订的采购合同，并没有看到公司管理层同意订立合同的核准资料。

审计建议：

采购合同的签订应有相应的核准程序，且核准程序有书面记录。公司可设计合同会签单，按分层授权原则核准采购合同。所有合同的生效，必须以签核完整的合同会签单为基础。

三、存货管理

公司已制定存货管理制度，对岗位设置、存货分类、出入库单据及流转、存货计量以及存货储存等控制环节作出明确说明，在日常操作中，原材料和产成品仓库由采购部负责管理，实际控制较好，主要不足之处如下所述。

（1）公司仓储部隶属于采购部，违背了不相容岗位必须分离的原则。

在公司管理体系中，仓储部负责检查供应商所提供物资的数量、外观、质量等是否与采购订单相符，以及评估供应商的售后服务质量。仓储部隶属于采购部，客观上会削弱仓储部对采购业务的监督。

审计建议：

按目前公司的组织体系和生产规模，仓储部最好直接隶属于财务部。这样做，一方面可以解决岗位冲突问题；另一方面，可以更好地保证库存信息质量。

（2）公司存货中存在一定比例的残次冷背，并且没有计提足够的减值准备。

通过对存货库龄以及生产领用、销售出库等进行调查分析，我们发现，截至审计基准日，公司材料中一年以上的冷背物料为××万元，产成品中呆滞品为××万元，二者占存货总成本的××%，而且公司未计提任何减值准备。

审计建议：

① 加强市场开发，加大冷背存货的消化力度，以减少资金占用，并计提相应的减值准备。

② 对于存货减值损失考核相关责任人。

（3）公司存货管理方面的表单存在填写不规范的情况，对业务的完整性有不利影响。

审计建议：

① 检查所有表单，对没有编号的表单进行重新设计，同时完善表单之间的引用设计，并根据需要制定编号规则，最好以月度为单位连续编号，个别业务量较少的单据可以年度为单位连续编号。

② 规范入库单的填写，目前由采购人员填写入库单，由库管人员将实际点收数量填入进货单的实收数量栏内；也可改由库管人员按实际点收数量填写入库单，并由库管人员和采购人员共同签字确认。

四、销售及收款

1. 合同的审核为事后控制

公司首先授权业务员在购销合同上签字盖章，然后业务员将双方签字盖章的购销合同交财务部开票，开票前由财务部信用审核员对购销合同进行审核。如果审核未通过则退回重签，这样会使已签订的购销合同无法履行，可能造成违约，也可能使财务部和市场营销部之间以及公司和客户之间产生矛盾。

审计建议：

在合同签字盖章以前，公司各职能部门应对合同进行事前审核，对产品品种、质量、价格、交货期、信用额度、结算方式、外汇损益、运输方式、运保费承担方式、法律诉讼等内容进行逐一审核、把关，审核通过后方可授权市场营销部签署合同。

2. 信用期和信用额度的标准制定不合理

公司在购销合同中给予客户的信用期一般为90天、60天、30天、现款等，且信用期的长短是根据客户距离公司的远近而定的，公司给予客户的信用额度统一为该年销售额的 10%，信用期和信用额度的确定不科学，没有考虑客户的信誉度、还款能力、应收账款的金额等因素。

审计建议：

公司应充分考虑各种因素，对相关客户进行信用评定，确定可行的、差别化的客户信用期和信用额度。

3. 现金收款

问题略。

审计建议：

严格执行银行的现金管理条例，减少现金交易，货款可通过银行结算方式直接汇入公司账户。

4. 应收账款的管理

问题略。

审计建议略。

五、成本核算管理（略）

本次内控审计得到了公司各部门及相关人员的配合与协助，使审计工作顺利完成，特此致谢！

受审计重点所限，审计工作无法触及所有方面；而审计方法以抽样为原则，在报告中未能揭示所有问题。

根据公司内部审计手册的规定，被审计单位及其相关责任人员，不因业务审计而代替、减轻或解除其应有的管理责任。

附件：××公司主要内控流程图（略）

> ××有限责任公司审计部
> ××年×月×日

【实例 14】▶▶▶

某物流集团内部控制审计报告

一、审计期间物流集团重点业务总体经营情况

20××年，物流集团主要构建基础物流、新流通、供应链金融三大业务板块；20××年，重点布局生鲜业务。

本次审计，采取人员面谈、资料查阅、数据分析、抽查测试、实地走访、现场检查等方式，基于业务量发生频率、金额情况以及最初的市场预判、盈利模式，重点关注基础物流中云仓、大龙虾、冻品肉类，以及生鲜等业务经营情况。

物流集团主要经营指标完成情况

单位：亿元

指标	20××年度			20××年第一度		
	目标	实际	差异率	目标	实际	差异率
收入	××	××	××	××	××	××
毛利	××	××	××	××	××	××
净利	××	××	××	××	××	××

重点业务毛利率目标达成情况

项目名称	立项目标毛利率	实际达成率	差异率	备注
云仓	××	××	××	6个运营云仓的出租面积为××万平方米，出租率为××（未包含××、××2个云仓，因其主要用于自身供应链金融、零售仓储），毛利××万元
大龙虾	××	××	××	
冻品肉类	××	××	××	本表中实际达成的毛利数据为对内销售给零售集团的毛利数据，最终数据取决于零售集团对外销售的毛利

物流集团20××年重点聚焦生鲜项目，截至20××年4月，共开仓27个，每月仓库租赁成本为××万元，仓库租赁面积（未包含办公面积、公摊面积）为××××平方米，冷藏/冷冻仓、干仓、恒温仓面积占比分别为××%、××%、××%。

二、审计发现的问题及建议

（一）项目立项管理存在较大漏洞。立项决策时依据的财务测算数据不可靠，财务测算变更管控制度、执行偏差分析管理机制缺失；云仓项目出现执行偏差，经营能力不足，造成损失××万元。

1.部分云仓立项决策所依据的财务测算数据不可靠，影响公司领导决策。

本次审计抽查了××云仓立项审批资料（BPM编号××××××），立项依据的财务测算数据为综合毛利率××%，其中，仓租××%、操作××%、运输××%。立项审批时，业务审核部门表示项目毛利率较高，同意立项。但是通过与物流集团财务沟通，此立项所附财务测算数据不是最终版本，最终版本为20××年××月××日的数据，综合毛利率为××%，而合同审批时未附最新版财务测算数据。根据财务管理报表，20××年1~3月份实际毛利率为××%，立项审批时的毛利率与20××年1~3月的实际毛利率偏差较大，差异率为××%。立项依据不合理，影响了公司领导的决策。

2.财务测算变更管控制度缺失，缺乏财务测算变更审批机制、实际执行与立项偏差分析管理机制，亏损项目存在未及时止损的风险。

（1）缺乏财务测算变更审批机制。经了解，物流集团无财务测算数据变更机制，缺乏审批形式与权限、立项变更等方面的制度规定。实际执行时是通过微信群或线下会议汇报至物流集团总裁，但是审计过程中并无相关审批文件或会议决议等记录资料，且财务测算数据变更并未进行进一步立项变更。例如，××龙虾项目在20××年12月立项时制定的目标为毛利率××%，实际执行过程中，根据实际情况进行了目标调整，20××年5～6月的财务测算毛利率为××%，20××年6月28日的财务测算毛利率为××%，但没有变更审批过程记录、立项变更记录。

（2）缺乏实际执行与立项偏差分析管理机制。物流集团项目财务测算是业务开展的重要依据，当实际情况发生变化而与财务测算目标产生偏差时，物流集团并未对偏差进行分析，找出管理问题，及时改进；也未明确终止情形的设定，如设置盈亏平衡点、经营安全线等相应管理指标。以上偏差分析管理机制缺失，使亏损项目存在未及时止损的风险。

（3）云仓项目经营能力不足，实际经营情况与立项目标存在明显偏差，截至4月，空仓损失为××万元。

物流集团20××年起开展云仓业务，主要经营模式为租入仓库后转租给有需要的客户而赚取差价，同时提供装卸、运输等增值服务赚取利润。目前共运营云仓6个，根据相关业务资料，部分云仓的经营情况与立项时的财务测算存在明显偏差，说明物流集团的云仓业务在立项时项目评估、立项后招商等方面经营能力不足，具体如下（略）。

审计建议：

（1）立项时提交经财务审批的真实准确的测算数据，为业务决策提供全面客观的支持。

（2）完善现有的立项管理制度；将项目立项设定的经营指标，作为实际经营过程中定价的合理区间；建立定期财务测算复盘机制，同步制定合理的行动方案，以保证业务目标达成。当发生重大经营偏离时，应启动相应的审批程序。

（3）业务部门加强立项时项目评估、立项后招商等方面的经营能力，对业务部门增加利润考核指标。

（二）冻肉项目（采购额××亿元）在立项、采购、合同、商品管理等环节管理混乱。立项及合同环节没有审批；采购关键过程记录严重缺失，货权不清晰；商品进销存管理薄弱，存在内控失控、重大权属纠纷等风险。

1.错误提交BPM立项金额，导致××亿元资金需求的冻肉项目立项规避了审批。且目前累计签约合同金额已超立项金额，无相关超预算审批。

根据物流集团提供的审批流程及权限表，贸易类年度收入超过××亿元的立项申请（不含平行进口车）需由董事长终审。审计发现，20××年××月××日"关于紧急启动采购冻品现货的申请"显示立项金额××万元，但是内容表述的实际资金需求为××亿元，所以实际立项金额应填写××亿元。错误提交BPM立项金额，导致项目仅审批至××物流集团总裁，系统并未自动流转至董事长审批，存在规避审批的情况。另外，截至审计日，累计签约的合同金额约为××亿元，已超出立项金额，但无相关超预算审批。

2.××万元的冻肉合同存在拆单情况，规避了审批。

审计人员查看合同资料发现，物流集团与"北京××"签订了采购合同，由同一业务人员负责，20××年××月××日第一批合同共计金额××万元，分××份合同签订。按照物流集团审批流程及权限表，××万元以内的合同签订只需审批至物流集团总裁。但是以上合同，均符合拆单特征。

（1）目的相同或业务相似。

（2）日期相同或相差10个自然日内。

（3）负责人为同一人。

（4）同一个供应商。

若未拆单，以上合同需审批至物流集团董事长。

3.采购内控存在重大缺陷，无相应管控制度，采购申请、供应商寻源、询比价流程、审批记录等关键环节的资料缺失，存在内控失控的风险。

截至审计日，冻肉项目采购金额达××亿元人民币，其中从"北京××"的采购量最大，金额××亿元，占××%，供应商集中度极高。通过重点抽查北京××的采购相关资料发现：

（1）内控制度缺失。在项目实施前期，物流集团未针对商品采购制定采购制度，20××年4月下发的"明确肉类等商贸业务SOP工作分工、责权、流程要求的通知"规定，根据公司战略及销售部门的客户需求，优化采购方案，未明确细化商品采购重要环节的操作细则。

（2）过程资料缺失。经了解，对冻肉项目的供应商主要根据海关备案的进货量情况，同时结合物流集团的品种需求、对方销售意愿等因素进行寻源，业务员在微信群进行询比价、线上会议审批，并提交采购申请表、还盘成本测算表，进一步说明市场预判、采购数量、合理采购价格区间、选择供应商的原因以及价格优势的分析等。但是，微信群已删除，供应商评估资料、询比价过程记录、线上会议审批记录、采购申请表、还盘成本测算表均未保存，关键过程资料严重缺失，存在内控失控风险。

4.金额××万元的冻肉交易货权不清晰，存在重大权属纠纷风险。

通过抽查报关单、入库单等资料发现，报关单上显示的消费使用单位并非合同的签订主体，缺少相关的货权转移确认函，仅有第三方仓库出具并盖章的入库单，入库单中无物流集团与合同供货方、报关单主体的三方确认，下表中项目货权不清晰，存在重大权属纠纷风险。

合同供货方	采购金额（万元）	报关单显示主体
××	167.00	×× 有限公司
××	2495.33	×× 物流有限公司
		×× 食品国际贸易有限公司
		×× 贸易（上海）有限公司
		×× 国际贸易有限公司
××	1044.25	×× 食品国际贸易有限公司
合计	3706.58	

5. 商品进销存管理薄弱，存在库存商品短缺的风险。

通过查看从业务部门获取的存货进销存表发现，无出库信息与库存信息。经了解，财务部正核对业务库存信息，截至审计日，并无完整的业务进销存数据。

查看 20×× 年 4 月的肉类库存盘点报告发现，商品信息未显示总箱数下具体存货的编码、位置、有效期、包装情况，账实未一一对应，从而影响盘点有效性。例如，×× 仓库存放商品"猪前肘"，只显示账面 ×× 件，抽盘 ×× 件，没有显示 ×× 件对应的编码位置等信息，以此认定该商品真实完整是不合理的，此次部分仓库的盘点结果无效。

6. 合同管理存在必要条款缺失、合同编号重复、合同时间错误等情况。

（1）个别合同未体现生产日期和保质期等重要条款，存在商品质量安全风险。审计发现，×× 国际供应链（天津）有限公司与 ×× 国 ×× 公司于 20×× 年 ×× 月份签订采购协议 × 份，其中 × 份协议存在无生产日期或质保期等重要条款，涉及金额 ×× 万元。合同缺乏相关约束条款，存在质量安全风险。

（2）合同编号重复。审计发现，20×× 年 ×× 月 ×× 日，物流集团与 ×× 食品有限公司、×× 食品有限公司分别签订采购合同，合同编号均为 ×××××005。

（3）合同时间错误。物流集团与 ×× 百汇签订的 ××608 号采购合同，签订日期为 20×× 年 ×× 月 ×× 日，而合同正文约定"货款按实际数量于 20×× 年 ×× 月 ×× 日 16 点前一次性付清"，时间上存在明显错误。

审计建议：

（1）物流集团应根据业务风险程度以及新的业务发展规划，对审批权限进行梳理。对于现有业务中未按经济事项审批权限审批的，应汇总后报集团董事长补审批。后续新增业务，应严格按权限表审批至相关层级。

（2）建立健全商品采购制度，完善 SOP 采购业务流程，在后续工作中严格按制度执行。

（3）针对报关单上显示的消费使用单位非合同签订主体这一问题，应单独出具有效的货权转移确认函；第三方仓库出具的入库单应由三方签字确认。

（4）商品进销存进行 ERP 系统管控，将采购、销售、仓库管理权限分离，并对现有库存进行清查，财务、业务、仓库三方应定期对账及开展有效的库存盘点，确定冻品损耗率，明确各方责任。

（三）生鲜业务在仓库选址协调、面积验收、临时运力采购等方面存在问题，造成直接损失 ×× 万元，潜在租赁损失约 ×× 万元（如管理问题持续存在，按大物流集团开仓 100 城计划测算得出）。

1. 物流集团与零售集团在仓库选址的协调上存在较大问题，仓储布局中成本高的三温仓比例较高，出现坪效远低于立项目标、高配低用等情况，造成临时租赁期成本浪费 ×× 万元。

（1）中心仓租赁坪效低于立项目标，审计抽样了 ×× 个中心仓，临时租赁期成本浪费约 ×× 万元。

20×× 年，集团重点发展生鲜项目，由零售集团负责运营，物流集团负责中心仓的选址工作。截至 ×× 月，已开 ×× 个城市中心仓，单个仓库平均租赁面积（未包含办公面积、公摊面积）×××× 平方米。

审计发现，在明确目前仓储类型且签订临时合同（3 个月租期）的情况下，在业务量不足的发展初期，仓储布局中成本高的三温仓比例较高，未结合实际业务量制定与不同发展阶段相匹配的仓储类型选择策略。审计计算分析所抽样城市中心仓的业务数据，与"投资项目财务模型——生鲜仓二线"对比发现，实际情况与立项偏差很大，财务测算数据表明二线城市每平方米租赁面积的经营效率为 ×× 单。审计抽样 ×× 个二线城市中心仓，计算出每平方米租赁面积平均经营效率为 ×× 单，坪效差异率为 ××%，差异倍数达 ×× 倍。经了解，生鲜仓财务测算模型根据经营目标倒推出日订单数为 ××，与目前实际每日平均订单数（×× 单）存在巨大差异，差异倍数达 ×。

实地检查中心仓时发现，抽样城市中心仓目前使用面积仅是租赁面积的 ××%；与现场工作人员沟通了解到，活动推广期峰值只有 ××%；测算抽样的 ×× 个仓，临时租赁期存在仓储浪费，约 ×× 万元。

（2）三温仓选择比例未按建设方案执行，存在高配低用的情况（成本高的冷藏或冷冻仓按干仓使用），造成临时租赁期成本浪费 ×× 万元。

①中心仓中三温仓比例未按建设方案执行，造成运营成本加大，测算损失 ×× 万元。

经了解，×× 物流为配合 ×× 零售中心仓选址工作，制定了生鲜到家项目中心仓建设方案，方案中明确建议干仓、冷藏仓与冷冻仓的比例为 × ：× ：×。由此可以看出，干仓比例最大，用于分拣操作、生鲜暂存等。但是在实际执行过程中，存在未按比例选定仓库的情况，特别是××、××中心仓，并无干仓，全部为恒温仓、冷冻或冷藏仓，存在浪费。××中心仓，××××平方米全部为冷冻与冷藏仓；××中心仓，有××平方米恒温仓、××平方米冷冻仓、××平方米冷藏仓。如果按照干仓××元/平方米·天、××个月租赁期、×：×：×比例进行测算，未按比例选仓造成的损失为××万元。

②部分城市中心仓存在高配低用的情况（成本高的冷藏或冷冻仓按干仓使用），造成成本浪费××万元。

经了解，××物流按照××零售的仓库需求寻找中心仓（生鲜仓），××零售的需求基本为三温仓。但是通过对部分城市中心仓进行现场查看发现，目前零售过程中存在无须或少量使用冷冻和冷藏仓的情况，造成功能浪费和成本损失。比如，××中心仓，合同要求：冷冻库××平方米、冷藏库××平方米、常温库××平方米；冷藏库、冷冻库价格为人民币××元/平方米·天，常温库单价为人民币××元/平方米·天；期限××个月。通过现场查看，在满足生鲜保存需求的情况下，冷冻库、冷藏库使用面积为×××平方米，其他冷冻与冷藏区域已关闭制冷设备，当作常温库使用，面积为××××平方米。由此测算出合同期间的成本损失×万元，具体如下表（具体数据略）所示。

项目	合同面积（平方米）	实际使用面积（平方米）	单位	天数	合同金额（元）	实际使用金额（元）	差异
冷冻库							
冷藏库							
常温库							
合同							

另外，××中心仓、××中心仓也存在类似情况，××中心仓××平方米的冷藏仓当作恒温仓使用，合同期间成本损失为××万元；××中心仓实际使用平台及办公室按冷冻价格付款，合同期间成本损失约××万元。

审计建议：合理规划仓库面积与类型，按照目前的生鲜业务量以及最近一段时间的业务预算，改善中心仓需求，适度降低成本。

2.业务部门履职不力，存在仓库租赁面积与实际面积不符的情况，造成的经济损失约为××万元；如管理问题持续存在，按大物流集团开仓××城计划测算，将产生约××万元的潜在损失。

经了解，××零售委托××物流进行中心仓的选址工作，仓库为零售生鲜业务的实际使用人。在仓库确定后，业务部门履职不力，××物流与出租方，以及与××零售在仓库交接过程中没有进行实际面积的测量，且部分中心仓无租赁区域的平面图。审计抽取××个中心仓进行实际测量，其中××个仓库存在租赁面积与实际不相符的情况，占比××%。在抽取的中心仓中，2~3个月租赁期内，因面积不符造成的经济损失约××万元。根据生鲜20××年战略规划，拟对中心仓签订长期合约，并发展××城，若上述管理问题持续存在，将产生约××万元的潜在损失，具体测算如下表所示（具体数据略）。

仓库	类别	合同建筑面积（平方米）	合同使用面积（平方米）	实际测量面积（平方米）	建筑面积差异（平方米）	使用面积差异（平方米）	合同期限（年）	合同单价（元）	价格差（元）	备注
××	恒温库									15%公摊
	常温库									
××	冷藏库									合同未明确是否为建筑面积
	冷冻库									
	恒温库									
××	常温库									合同未明确是否为建筑面积
××	冷冻库									明确为建筑面积
	常温库									
××	恒温库									
合计										

审计建议：××物流应加强仓库交接管理，增加实际面积测量环节，并由交接双方共同确认。如面积不符，应继续与业主方进行价格谈判，降低运营成本。同时在合同签订时，明确租赁面积是建筑面积还是使用面积，避免产生租赁面积、租赁总价的争议。

3.临时运力采购未按照物流集团的采购制度执行，服务商的选择、定价程序等由业务部门独自完成，存在严重不合规。

根据物流集团集中招采管理制度，采购范围包括综合物流服务，采购方式包括邀请招标、竞争性谈判、询价采购、单一采购、战略合作采购、零星采购六种。

临时运力属于综合物流服务范畴，但是通过查看临时运力服务商选定过程的单据，未发现供应商入围、询价或招标等过程资料，只是在BPM直接发起运力合同审批流程，20××年××月至审计期间，共有××家临时运力服务商选择，涉及运费××万元。

经了解，物流集团由主管运力业务的部门负责人制定标底价，选择临时运力服务商，直接单独与服务商进行价格谈判，确定服务商，并在BPM系统中发起合同签批流程。此过程均由业务部门负责，未按照制度交采购部门进行操作，存在严重的不合规情况。

4.××中心仓立项申请说明与实际情况不符，仓库选址工作流于形式。

20××年××月××日，物流集团提报了编号××××××的关于生鲜到家项目××中心仓（临时仓）立项申请，经现场考察，对7处备选场地进行综合评估，选定了××国际物流园，主要因为其具备冷冻、恒温、干仓三温库，冷冻库面积为××平方米、恒温库为××平方米、干仓为××平方米。

审计人员现场了解发现，出租仓库自身并不具备三温库，需进行改造，但该物流园建筑结构改造后无法获得消防合格证。在仓库现场已发现有改造痕迹，后期因无法获得消防合格证而暂停改造，故只能以干仓＋冷柜租赁。虽然合同签订时，物流集团对仓库类型进行修改并重新提报审批，但××中心仓前期寻源仍未按实际情况进行立项申请，事后发现与物流集团要求不符，也未进行重新寻源，使仓库选址工作流于形式。

审计建议：加强后续仓库选址流程的规范化管理，避免工作流于形式。

5.审计抽样的中心仓基本是二手以上房源，且部分合同未见可转租条款或单独出具的可转租说明，存在租赁成本偏高以及转租带来的法律风险。

经了解，物流集团未明确规定中心仓来源，但是业务管理部要求与一手房东签订合同，以降低租赁成本。通过对抽样的××份中心仓合同进行统计发现，二手房源租赁××个，三手房源租赁××个，合计××个，占比××%。一手合同约定不可转租、未单独出具可转租说明的中心仓有6个，包括××、××、××、××、××、××，存在转租带来的法律风险。

××大物流（生鲜）规划及设置中的仓储价格为平库平均租金××元/平方米·月，高台库平均租金××元/平方米·月。审计发现，存在二手房源租赁成本偏高的情况。例如，××个中心仓中平库的冷库平均租金为××元/平方米·月、高台库的冷库平均租金为××元/平方米·月，物流集团不同类型仓库的冷库平均租金高于全国市场水平，平库高××%、高台库高××%（平库为单层设计，库内高度一般为7米；高台库拥有卸货平台）。

审计建议：按照选址原则，尽量与一手房东签订合同，降低仓库租赁成本。

6.××物流与××零售在选定仓库环节衔接管理不完善，缺少××零售的确认单据，后续发生争议时存在无据可查的风险。

通过访谈了解到，目前由××物流按照××零售的需求寻找一定数量的中心仓，然后由××物流及××零售主要领导对中心仓资源共同进行评估，通过地理位置、仓库规模、价格等维度确定拟选用的中心仓，××物流针对拟选用的中心仓在BPM中发起立项审批。但是在此环节中，缺少××零售对拟选用中心仓的确认，包括会议纪要、相关单据、BPM会签均无××零售的确认。后续如果因选定仓库产生争议，则无据可查，不利于责任界定和相关管理。

审计建议：后续再进行中心仓选定时，应制定确认单据，或通过IT手段，在BPM中增加××零售审核节点，体现××零售对选仓的意见。

（四）采购金额××××万元的冻肉项目和龙虾项目存在合同流、资金流、货物流、发票流主体不一致的情况，会产生法律纠纷、税务风险。

通过抽查冻肉项目、龙虾项目的合同、付款凭证、发票、入库单等资料发现，以下项目存在四流主体不一致的情况，其中：

（1）部分龙虾项目销售回款方与合同不一致，且无订单以及代付款协议，存在退款等法律风险；同时，发票方、回款方与合同方不一致，存在税务风险。

（2）冻肉项目的供货方与合同不一致，存在货权风险，具体情况略。

审计建议：

（1）正确签订采购合同，即采购合同中必须有发货人条款，或者采用单独委托发货函的形式明确发货人。

（2）完善销售管理制度，明确第三方回款审批流程，通过事中审批，防范相关风险。

（3）加大客户开发力度，提升客户群的销货能力以及价格竞争性。

（五）客户信用管理存在重大漏洞，引入了资质较差的客户，导致客户欠款××××万元（含利息），存在坏账损失风险。

根据访谈以及物流集团提供的制度清单，目前物流集团未建立客户资质审核制度，在业务操作过程中，对于赊销客户的引入仅凭员工的推荐，未进行充分的客户信用评估。以大龙虾下游客户××国际贸易有限公司为例，该公司成立于20××年××月××日，实缴注册资本仅为××万元，20××年××月××日，该公司向物流集团采购结算金额为××万元，截至20××年××月××日，该客户逾期还款×××万元，协商设定的还款截止点为20××年12月31日，尽管该项欠款系因××引起，但同时也反映了该客户抗风险及偿债能力较弱。审计人员电话咨询了国际采购中心相关人员，发现该客户为内部员工以前任职单位的合作客户，直接引入到公司，公司无客户资质审核制度，也无相关评估记录。

审计建议：建立客户信用管理制度，明确客户信用评估流程、评估模型、催收机制等，在与客户合作过程中持续关注该客户的经营情况。

（六）组织管理违背内控基本原则，部分不相容岗位与职责未有效分离。

（1）财务部门负责人兼管非商招采部门，不相容职责未分离。

通过查阅BPM审批流程及与管理人员访谈发现，物流集团计划财务中心负责人同时管理财务部门和非商招采部门。按照职责划分，非商招采属于采购业务执行部门，而财务属于账务记录、采购业务（包括立项、合同签订、付款）审核部门。按照企业内部控制规定，执行与记录、执行与审核属于不相容职责，应予以分离。如未分离，则不能起到有效监督、复核的作用，存在经营风险。

（2）人力资源部门负责人兼管营销中心部门，既影响员工考核、晋升、薪酬等方面管理的独立性，也不利于公司业务开展。

通过查阅 BPM 审批流程及与管理人员访谈发现，物流集团人力资源部门负责人同时兼管营销中心部门。营销中心部门在业务审批过程中具有审核职责，而人力资源部门则具有干部员工考核、薪酬、晋升等方面的管理权限。如果人力资源部门负责人同时兼任业务审核职责，则不能在干部员工特别是业务人员的考核、薪酬、晋升方面保持独立；同时，在业务审批过程中，由于业务审核负责人监管考核、薪酬、晋升，则会增加业务人员的工作顾虑，不利于业务开展。

审计建议：调整计划财务中心负责人、人力资源中心负责人的管理权限，将财务与采购、人事与业务审核的职务予以分离，同时强化内部控制，避免经营风险。

（七）部分员工录用审批不合规，背调及档案管理不到位。

1.部分 A 级人员录用审批不合规，未按规定审批至集团人力资源部门及分管集团领导。

根据物流集团人力资源审批流程及权限表规定，A 级的部门第一负责人需审批至集团人力资源中心负责人与分管领导，A 级的其他人员需审批至集团人力资源中心负责人，且 A 级人员均需集团人力资源中心负责人终审。

通过抽样 ×× 名 A 级人员的录用资料发现，共有 ×× 人在面试环节无集团人力资源中心负责人复试，占抽样比重的 ××%；共有 ×× 人在录用环节无集团人力分管领导审批签字，占抽样比重的 ××%。另外，生鲜事业部副总经理 ××× 因学历为高中暂时未达到公司录用要求，虽附文件处理卡进行解释说明，但该文件处理卡未经相关领导签批。

审计建议：人员录用、审批应严格遵守人事制度，集团下属板块录用 A 级人员时需经集团人力资源领导复试、集团人力资源分管领导签字审批，复试、签批的相关资料应在人员档案中留底保存。

2.对个别人员未按公司制度开展背调，且员工背调制度不完善，未明确背调原则、数量、途径等内容。

通过抽查人员档案发现，对个别人员未按公司制度开展背调，如 ×× 区域副总经理兼 ×× 市项目总经理 ×××，因物流集团领导推荐而未对其开展背调，违背了公司制度。

审计人员进一步审查物流集团目前适用的招聘与雇佣管理制度，发现未按照集团招聘管理制度，明确不同岗位人员的背调原则、数量、途径。

（1）集团规定对基层岗位员工调查最近任职的两家工作单位，对中高层岗位视实际情况确定调查的单位数量。

（2）对于仍在职的候选人，不方便进行背调，则应在入职后的 10 个工作日内补充进行背景调查，以保证其工作履历的真实性。

（3）应通过相关公司官网或委托第三方背调公司进行调查，不建议通过应聘者提供的联系方式进行调查。

审计建议：在人员招聘过程中应该严格执行人事制度的规定，保证拟聘人员背调的准确性、完整性。拟聘人员仍在职的，应在其正式入职后及时将背调信息补充完整。同时，参照集团招聘管理制度，对背调原则、数量、途径等内容予以完善。

3. 员工花名册信息登记错误，与员工应聘信息表、拟聘调查表信息不符，员工档案质量有待提高。

审计人员抽样了××名人员档案，与人力资源部门提供的员工花名册信息进行匹配，发现存在以下情况。

（1）台账记录未存档。审计发现，部分管理人员存在学历未验证或验证材料可信度低，入职人员主要业绩无证明材料、薪酬资料不全、定薪依据不完整等情况。例如，××区域副总经理的×××大专学历在学信网显示的学习形式为"业余"，××大学工商管理学历未在学信网查到；××区域高级招商经理×××的录用审批表、拟聘调查表、应聘信息表缺失。

（2）员工花名册台账登记错误。审计人员抽样××%的员工花名册，发现登记的第一次、第二次就业信息为同一家公司，且登记的最近任职的两家公司信息与档案资料信息不一致，未明确花名册就业信息登记要求；个别员工管理台账登记的就业时间信息与拟聘调查表、应聘人员信息表记录的入职时间、离职时间不一致。

审计建议：台账管理信息应与有效档案资料相一致，应准确记录人员相关信息，避免重复。针对就业记录，应按统一的标准登记，如有多次就业记录，应按时间顺序登记备案。物流集团应提高员工档案管理质量，为物流集团的业务经营提供可靠的人力保障。

××集团审计监察中心

××物流集团内部控制审计项目组

20××年××月××日

2.10 审计资料整理、归档

审计档案是指内部审计机构在各项审计活动中直接形成和取得的具有保存价值的各种文字、图表及电子形态的信息资料，是以实物形态存在的证据。

2.10.1 应归入审计档案的文件和材料

下列文件和材料应当归入审计档案。

（1）审计通知书、审计意见书、审计决定、领导的审批意见，以及审计建议书和移送处理书等资料。

（2）审计报告、审计报告征求意见书、被审计单位的书面意见和审计组的书面说明、审计报告的审定记录、审计取证记录、审计工作底稿及相关资料。

（3）审计工作方案、审计意见书的落实与回访情况，后续审计及审计执行情况的报告、领导批示和记录。

（4）与审计项目有关的群众来信和来访记录。

（5）与审计项目有关的请示、报告和会议记录。

（6）其他应归入审计档案的文件和材料。

2.10.2 分类排序

审计材料的整理与归档，应遵循审计档案制度，并保证材料之间的有机联系，按照结论类、证明类、立项类、备查类四个单元分类，并按照"正件在前、附件在后，定稿在前、修改稿在后"的原则排序，如表2-2所示。

表2-2 审计材料的分类与排序

单元	类别	排序
第一单元	结论类文件材料（凡带★号的条目均为必备文件材料）	1.上级机关（领导）对审计报告、审计决定、审计移送及审计要情、专题报告等审计信息的批示、签报 2.审计情况报告及审计情况报告代拟稿 （1）审计结果报告及审计结果报告代拟稿 （2）审计综合报告及审计综合报告代拟稿 3.审计报告★ （1）审计报告代拟稿 （2）审计报告送达回证★ （3）业务部门复核意见书★ （4）审计组对被审计对象反馈意见的说明 （5）被审计单位对审计报告（征求意见稿）的答复 （6）审计报告征求意见书、审计报告征求意见稿及送达回证★ （7）审计组审计报告 4.审计决定书★ （1）审计决定书代拟稿 （2）审计决定书送达回证★ 5.审计移送处理书 （1）审计移送处理书代拟稿 （2）审计移送处理书送达回证 6.审计移送处理书、审理意见书 （1）审计项目审理意见书★ （2）审理意见采纳情况说明书 7.审计业务会议纪要★ 8.审计组会议记录★ 9.重要事项管理记录

单元	类别	排序
第二单元	证明类文件材料	1. 被审计单位承诺书★ 2. 汇总工作底稿★ 3. 审计工作底稿及审计证据★ 4. 审计移送处理书附件及原始取证单 5. 审计要情、专题报告所涉及问题的证据材料 6. 举报问题的核实材料或取证材料 7. 查询被审计单位银行存款、账户等有关资料
第三单元	立项类文件资料	1. 上级审计机关或本级政府的指令性文件 （1）举报材料及领导批示 （2）审计工作方案 （3）审计工作方案调整及相关材料 （4）审计报告模板 2. 调查了解记录★ 调查了解记录及相关的取证资料 3. 审计实施方案★ 审计实施方案调整说明及相关材料 4. 审计通知书及送达回证★ （1）审计通知书代拟稿 （2）授权审计通知书
第四单元	备查类文件资料	1. 审计结果公告 2. 审计整改情况报告，审计整改取证资料、被审单位整改情况报告 3. 审计宣传信息 4. 审计工作报告 5. 相关部门出台的管理制度、办法 6. 审计移送案件的受理、立案、起诉及判决、处理材料 7. 审计评估表、测算表 8. 被审计单位自查报告或自查表

2.10.3　加工整理

整理资料时首先应检查档案资料是否留有充分的装订线；其次对纸张破损、幅面不规则或字迹模糊的档案材料进行加工处理。具体应注意以下几项工作。

（1）确定每份审计工作底稿及附件取证材料的顺序，不要把资料放错位置，同时撤出冗余资料。

（2）对纸张破损或字迹模糊的档案材料，应采用复印、扫描、拍摄等方法进行复制，同时将复制件附在原件后面并注明复制原因。

（3）对幅面过大的档案材料应进行折叠或剪裁，以保证每页最终都为相同大小。折叠后的档案材料要保持平整，不得损坏文字、照片，并便于展开阅读。剪裁时不得损坏档案材料上的文字、印章、图形等内容。

（4）对幅面过小的材料应进行托举。有些材料幅面太小，无法装订，应当在材料的底部托上一层质量较好的纸张。

（5）装订边线过窄或装订线内有文字的材料应加边。档案材料一般应留有2厘米的装订边。

（6）拆除档案材料上的订书钉、曲别针、大头针等金属装订物。

2.10.4　编写目录

编写目录包括分卷、编页、编目三个过程。

2.10.4.1　分卷

当所有资料都已经齐全并且符合归档要求时，就可以分卷了。同类档案如果太厚，应该分成多卷装订，并于编目时在文件标题或备注中注明分卷顺序。分卷装订时，必须保证同一份材料分在同一卷中。每卷厚薄以恰好能装进档案卷夹为宜，卷夹背脊应不凹不凸。

2.10.4.2　编页

每卷材料应独立编页，以便于查阅；编写页码时要用铅笔，以便于修改。页码应标记在材料的正面右上角、背面左上角，字体不能过大或者过小，过大影响美观，过小则可能在扫描后的电子档案中显示不清晰。

2.10.4.3　编目

档案材料应按照顺序逐份逐项编写目录，做到目录清楚，填写准确。目录包括顺序号、文件作者、收发文号、页码、文件标题、文件日期、备注等。

（1）"顺序号"用阿拉伯数字填写。

（2）"文件作者"填写单位、科室或审计组名称。

（3）有"收发文号"的应填写，没有的则不填。

（4）"页码"按照编好的页数如实填写。

（5）"文件标题"根据材料的主要内容填写，必须确切反映材料的主要特点。

（6）"文件时间"填写材料的落款时间。

（7）"备注"填写需要说明的情况。

2.10.5　装订成册

装订时应将档案目录置于卷首，卷内材料按目录顺序排列，左边与下边对齐，置于档案卷夹，并在左侧打孔装订。应严格按照"牢固、整齐、美观、不丢页、不错页、不倒页、不压字、不订反、不损坏文件、不妨碍使用"的要求进行装订。

2.11　后续审计

后续审计是指内部审计机构在对被审计单位作出审计处理后相隔一定的时间，为检查被审计单位对审计处理决定和建议的落实情况而实施的跟踪审计。后续审计对于帮助被审计单位整改、提高企业管理水平、维护审计权威和提高审计工作质量等具有重要的意义。

2.11.1　后续审计的范围

一般情况下，后续审计主要针对审计中发现的问题和审计结论所涉及的范围，无须重新进行详尽的检查。例如，审计中发现被审计单位未按时足额上缴税金，在后续审计时则应检查其补交情况。

具体内容包括：

（1）检查审计决定的执行情况。

（2）了解审计意见的采纳情况，并考察审计效果。

（3）发现审计决定执行过程中的问题，并采取相应措施。

（4）当审计意见和审计决定不当时，进行复查，重新作出审计决定，弥补原来审计的不足。

（5）根据新的情况提出建议和措施，不断提升审计效果。

提醒您

为高效有序地开展工作，最好将后续审计列入年度重点工作或项目计划，一方面可引起管理者或决策层的重视；另一方面可以加强其法律效力，排除来自各个方面的阻力。

2.11.2　后续审计的时间

后续审计的时间视具体情况而定，但以不超过作出审计决定后的两年为宜。后续审计的间隔时间不宜太长，如太长，会使管理者缺乏紧迫感，消极对待审计意见和审计决定；而审计意见和审计决定易受当时情况的限制，时间一长，生产经营活动可能会发生重大变化，使审计结论失去应有的作用。

如果未进行后续审计，而在下一次审计时，首先检查上次审计结论和意见的执行情况，也具有后续审计的功效。

2.11.3　后续审计方案

内部审计机构负责人应根据被审计单位反馈的意见，确定后续审计的时间和人员安排，并编制审计方案。

编制后续审计方案时应考虑以下基本因素。

（1）审计决定和建议的重要性。

（2）纠正措施的复杂性。

（3）落实纠正措施所需要的期限和成本。

（4）纠正措施失败可能产生的影响。

（5）被审计单位的业务安排和时间要求。

2.11.4　后续审计报告

内部审计人员应根据后续审计的执行过程和结果，向被审计单位及适当管理层提交后续审计报告。

 学习笔记

请对本章的学习做一个小结，将你认为的重点事项和不懂事项分别列出来，以便于自己进一步学习与提升。

本章重点事项
1.
2.
3.
4.
5.
本章不懂事项
1.
2.
3.
4.
5.
个人心得
1.
2.
3.
4.
5.

第3章

销售与收款业务内控审计实务

 学习目标：

1.了解销售与收款业务的特点及处理程序。

2.掌握销售与收款业务内部控制审计的准备工作——确定内部审计项目、制定销售与收款业务调查问卷，为内部审计打下良好的基础。

3.掌握销售与收款业务内部控制的审计事项及审计程序，具体包括销售政策、价格的订立和审批，客户信用金额的订立、审批、复核和修改，销售合同的订立和审批，订单处理和开票，产成品发运，销售入账和应收账款，销售退回，售后服务和客户关系，客户档案的建立、更新和复核。

3.1　销售与收款业务的特点

销售与收款业务主要是指企业销售商品并取得货款的行为，在这个环节中，企业的主要目的是销售产品，取得销售收入。销售与收款业务包括接受客户订单、批准销售折扣和赊销信用、填制销货发票、发运商品、核算销售收入与应收账款、办理和记录销售退回及销售折让、处理坏账等内容。

3.1.1　销售与收款业务的过程较为复杂

企业的销售与收款业务并不是一手交钱、一手交货的简单过程，其一方面是分步骤的交易行为，即从收到对方订购单，到洽谈交易事宜，到交接货物，再到支付货款，甚至会发生销售退回和销售折让。在此过程中，企业不仅需要调查客户的信用，与客户展开价格谈判，准备客户需要的货物，还需要灵活地处理销售退回和销售折让；另一方面，其不仅涉及企业内部的多个部门，如销售部门、信用管理部门、仓储保管部门和财务部门等，还涉及企业外部的供应商、运输商等，运行环节多、风险因素多、控制难度大，极易产生舞弊和降低效率。

3.1.2　销售与收款业务存在较大的风险

销售与收款是一个相当复杂的过程，它不仅将商品交给客户，还要收回款项，实现销售的最终目标。但是，在现实交易中，由于受各种因素的影响，企业发出商品后可能无法收回相应的货款。如果企业的应收账款平均占用额过大、回收期过长、周转速度过慢，就有可能产生坏账，造成资金周转不灵。

3.1.3　销售与收款业务的会计处理繁杂

由于销售频繁发生，销售与收款业务的会计处理工作量相当大，销售收入的确认也相对复杂。根据《企业会计准则第14号——收入》的规定，销售商品的收入同时满足图3-1所列条件，才能予以确认。

条件一	企业已将商品所有权上的主要风险和报酬转移给购货方
条件二	企业既没有保留与所有权相联系的继续管理权，也没有对已售出的商品实施有效控制
条件三	收入的金额能够可靠地计量
条件四	已发生或将发生的成本能够可靠地计量
条件五	相关的经济利益很可能流入企业

图 3-1　销售商品收入的确认条件

3.2　销售与收款业务的处理程序

3.2.1　合同发货制销售与收款业务处理程序

3.2.1.1　合同发货制销售与收款业务处理程序的要点

合同发货制销售与收款业务处理程序如图 3-2 所示。

第一步	销售部门根据销售合同编制发货通知单，然后通知仓库备货、内部运输部门办理发货
第二步	货物发出后，销售部门根据仓库签收的发货通知单开具销售发票，登记产成品明细账
第三步	运输部门在办理托运手续后，将提货单和运单送交销售部门，销售部门将其与销售发票一并送交会计部门
第四步	会计部门审核无误后，开具代垫运费清单，并通知出纳人员办理货款结算，同时进行账务处理

图 3-2　合同发货制销售与收款业务处理程序

3.2.1.2　合同发货制销售与收款业务流程控制的要点

（1）销售开票、发货、收款和记账分开管理。

（2）严格按合同发运商品，结算货款。

（3）定期进行账账、账实核对。

3.2.2　非合同发货制销售与收款业务处理程序

3.2.2.1　非合同发货制销售与收款业务处理程序的要点

非合同发货制销售与收款业务处理程序如图 3-3 所示。

第一步	销售部门根据客户要求和产品价格目录开具销售发票
第二步	销售部门主管（可以授权销售人员）和会计部门主管审核后，授权出纳人员收款
第三步	仓库根据已经付款的销售发票发货，并登记产成品保管账簿
第四步	销售部门和会计部门分别登记销售与收款业务的相关账簿

图 3-3　非合同发货制销售与收款业务处理程序

3.2.2.2　非合同发货制销售与收款业务流程控制的要点

（1）销售开票、发货、收款和记账分开管理。

（2）按有关标准（如价目表）确定销售价格并审核。

（3）一般情况下先收款后提货，减少坏账损失。

（4）定期进行账账、账实核对。

3.3　收入与收款业务内控审计准备

3.3.1　确定内部审计项目

收入与收款业务内部控制审计包括图 3-4 所示的审计子项。

| 销售政策和销售价格的订立和审批 |
| 客户信用金额的订立、审批、复核及修改 |
| 销售合同订立和审批的控制 |
| 销售程序的控制（销售订单、价格、信用控制及开票） |
| 产成品发运 |
| 销售入账和应收账款 |
| 销售退回 |
| 售后服务和客户关系 |
| 客户档案的建立、更新和复核 |

图 3-4　收入与收款业务内部控制审计包含的审计子项

3.3.2　制定销售收入业务调查问卷

内部审计人员在对企业的收入业务进行内部控制审计前,应制定调查问卷(如表 3-1 所示)并开展调查。

表 3-1　收入业务调查问卷

问题	回答记录
1. 企业的销售方式有哪几种? 各销售方式的比重如何? 是否存在现销	
2. 企业的主要产品有哪几种	
3. 请介绍一下企业销售部门的组织结构	
4. 企业是否有书面的销售政策(包括定价、信用、销售折扣、销售操作流程等政策),现在执行的情况如何	
5. 产品的市场定价策略和审批方式是怎样的? 是否有一个指导价格体系	
6. 销售管理是手工还是电脑控制? 若是电脑系统控制,那么使用何种方式控制销售价格: a. 与产品相关联的系统价格表 b. 与产品相关联的系统价格表,并附以折扣率 c. 基于规则的定价体系	
7. 不符合价格体系的销售合同是否有审批程序	
8. 是否有统一的信用政策,该政策是否适用于企业所有的客户? 信用政策的判断标准是: a. 信用额度 b. 信用周期 c. 以上两种方式的结合	
9. 信用政策是否有定期复核程序	
10. 是否有负责信用政策审核的岗位? 该岗位是否独立于销售部和应收账款岗位	
11. 企业信用确定、分级审批及复核的流程是怎样的	
12. 合同签订前的复核程序: a. 是否有信用控制人员的复核 b. 是否有价格控制方面的复核 c. 是否需要法律顾问的复核	
13. 由谁在销售合同上签字? 若非法定代表人,是否有法定代表人的书面授权	
14. 销售合同的归档和保管程序如何,是否连续编号	
15. 销售订单和合同的审批程序是怎样的	
16. 是否有核对订单、合同、发票和发货单数量和金额一致性的程序	
17. 发票开立、作废的控制程序是怎样的	

问题	回答记录
18. 请介绍仓库的发货流程以及发货单据的复核流程	
19. 运输的方式是：（可以多选） a. 客户自提 b. 企业运输到客户处 c. 委托承运人	
20. 出库单、发运单据是否事先连续编号，并有专人对归档单据的连续性进行检查	
21. 公司确认销售和应收账款的流程是怎样的	
22. 能否保证应收账款及销售的确认和相应成本的确认在同一个会计期间	
23. 管理层人员是否定期复核所有的销售资料，如毛利率分析等，并对异常的变化进行追踪调查	
24. 如果使用系统的销售模块，是否有定期核对的流程，以保证每笔应收账款的销售信息准确地传递到财务模块	
25. 是否有应收账款调整复核和坏账准备提取或冲销的流程	
26. 每月是否制作应收账款账龄分析，并对逾期账款采取相应的措施	
27. 对于预收和客户退回的金额是否使用有别于应收账款的账户进行记录	
28. 销售退回和售后服务政策是怎样的？是否有独立的机构或人员，如客户服务部或者客户服务经理	
29. 销售退回和客户服务的流程是怎样的？相关操作人员是否熟悉该流程并按此操作	
30. 企业是否有对外的可量化的服务和保修承诺，该承诺的审核和确认程序如何	
31. 对于企业的客户服务、保修承诺，财务部是否了解？预提相关费用的操作流程是怎样的	
32. 企业是否有客户的数据库： a. 如果是手工管理，是否有专人管理所有客户的数据 b. 若使用系统，系统中是否建立了客户信息的主文件 c. 数据库中包含客户的哪些主要信息	
33. 企业限制人员接触客户数据库的政策以及相关审批和复核流程是怎样的	
34. 企业客户信息的更新流程是怎样的	
35. 如果使用销售管理系统，是否有接口向仓库和财务部门传递信息	
36. 在现在的工作中，您最担心或最关心的事是什么	

3.4　销售与收款业务内控审计要点

3.4.1　销售政策、价格订立和审批的内部控制审计要点

销售政策、价格订立和审批的内部控制审计要点如表 3-2 所示。

表 3-2　销售政策、价格订立和审批的内部控制审计要点

序号	控制目标	控制活动	审计程序
1	公司有符合战略目标的书面销售政策，该销售政策符合管理层的意志，并在公司内部贯彻执行	（1）有关部门制定的销售政策有相关部门领导的会签，经高级管理层审批后下发到相关部门 （2）销售政策的执行部门了解公司的销售政策，并将该政策运用于实际销售活动中 （3）销售政策定期更新	①与市场部门、销售部门、财务部门或其他相关人员进行访谈，了解销售政策制定的依据、相关的市场经济信息和市场策略，以及参与销售政策制定的人员和销售政策的下达情况等 ②获得书面的销售政策范本 ③对档案进行检查，查看是否有高级管理层的签字或确认 ④询问执行部门的操作人员，了解其对销售政策的执行程度 ⑤查看销售政策是否得到及时更新
2	公司有体现管理层意志的价格体系表，且价格体系表符合销售政策	（1）价格体系表的制定需财务部门、市场部门、销售部门等多方配合，制定的价格体系表符合公司的销售政策，由公司高级管理层审核其合理性并签字确认	①通过交叉性询问，了解价格体系制定的步骤，确定相关部门是否参与其中 ②评估价格体系表与销售政策的符合程度 ③获得 × 张最近颁布的价格体系表，检查相关文件，确定是否有公司高级管理层的签字确认 ④查看近期的毛利率分析表，就异常情况（如销售负利润）进行追踪
		（2）公司使用的系统软件有标准价格的设定，并且只有管理层有权限在系统中放行该价格体系	①在IT部门的协助下，了解价格体系的建立、更正和放行情况 ②在IT部门的协助下，获得可以修改价格体系的人员名单，并进行认真调查，以保证名单上的人员都有管理层的授权 ③在IT部门的协助下，获得可以放行价格体系（即授权系统使用该标准价格）的人员名单，并进行调查，以保证名单上的人员均得到高级管理层的授权
3	只有正确有效的信息才可以录入到价格体系表中	（1）价格体系表的更新必须填写正式的书面申请，并归档备查	①与价格体系表的制定人员进行访谈，了解价格体系表的建立和更新流程 ②对照销售政策，评估价格体系表更新流程与政策的符合程度 ③采用抽样的方法从归档文件中抽取 × 份最近的销售定价修改申请表，查看是否有相应管理人员的审批签字

序号	控制目标	控制活动	审计程序
3	只有正确有效的信息才可以录入到价格体系表中	（2）价格体系表的建立和单据修改都应由适当管理层按照销售政策进行审批	④追踪最近的一张价格体系表，查看是否根据授权的销售定价修改申请表进行了更新
4	所有成熟的、可以提供给客户的产品信息均在价格体系表上得以反映	（1）加入新产品价格信息，需要填写价格变更申请表，且该申请表连续编号	①交叉询问新产品价格信息录入价格体系表的流程 ②检查销售定价修改申请表是否连续编号 ③采用抽样的方法抽取×张价格体系表，查看新产品录入是否有相关审批流程
4		（2）管理层定期复核价格体系表中所包含信息的准确性、相关性和完整性	①询问管理层关于定期复核价格体系表的事项，评估其对于该控制点的认知情况 ②获取价格体系表复核报告，检查管理层的复核签字情况 ③检查复核报告的日期，判断管理层的复核频率，并与销售政策对照 ④询问管理层如何确保价格体系表的完整，并就询问结果做进一步抽样测试
5	价格体系表可以在需要时为使用者提供关键的信息	（1）价格体系表的制定过程有使用者的参与，以保证该表符合使用者的要求	①与价格体系表的制定部门及使用部门进行访谈，了解使用者在价格体系表制定中的参与程度
5		（2）价格体系表下发到具体的使用者	②与价格体系表的使用者进行访谈，评估价格体系表是否符合使用者的要求 ③了解价格体系表是否下发到使用者，且该使用者是得到恰当的授权
5		（3）价格体系表由专人负责维护，并有完善的备份制度	①与价格体系表的盘存部门进行访谈，了解是否有价格体系表的维护规定，并查看保管情况 ②若使用系统中的价格体系，是否有日常的备份计划
5		（4）价格体系表定期更新，反映最新的市场情况	①与销售部门和市场部门的管理层进行访谈，询问是否有定期更新的制度 ②获得最近3个月的价格体系表，检查更新与管理层的签字确认情况
6	只有经过授权的人员才能够接触价格体系表	（1）系统为价格体系表的使用者设立了不同的权限	①与IT部门相关人员进行访谈，了解权限设置 ②获得所有可以访问或修改价格体系表的人员清单 ③基于"按需分配"的原则，评估清单上的人员是否被恰当地分配了权限 ④检查相应的授权申请单据，查看是否有管理层的签字确认

续表

序号	控制目标	控制活动	审计程序
6	只有经过授权的人员才能够接触价格体系表	（2）价格体系表的使用和修改经过管理层适当授权	同 3
7	销售情况被准确地预测，并体现管理层的意图	（1）销售部门基于科学方法预测销售	①与销售部门的相关人员进行访谈，了解销售预测的全过程，以及使用的方法和参考的信息 ②获得销售预测的文件样本，复核其合理性 ③采用抽样的方法，从销售预测文件中抽取 × 份预测文件，查看是否有适当管理层的签字确认
		（2）销售预测定期滚动更新，并经管理层的批准	①与市场部门、销售部门、财务部门或其他相关人员进行访谈，了解销售预测定期更新的情况，判断其是否作为一项制度被执行 ②获得预测更新的书面文件，如更新后的预测、更新的批示、电子邮件等，复核其更新的频率和相关管理层的审批确认
		（3）管理层审核并认可销售预测	同 7 中的（1）

3.4.2 客户信用金额订立、审批、复核和修改的内部控制审计要点

客户信用金额订立、审批、复核和修改的内部控制审计要点如表 3-3 所示。

表 3-3 客户信用金额订立、审批、复核和修改的内部控制审计要点

序号	控制目标	控制活动	审计程序
1	信用政策反映了公司所处的市场经济环境，并符合公司管理层的意图和整体战略目标	（1）信用政策由独立于销售部门的其他部门根据市场经济情况、公司政策和市场战略进行制定	①向管理层询问是否设有独立的岗位负责信用管理 ②与市场部门、销售部门、财务部门的相关人员进行访谈，了解信用政策制定的依据、相关的市场经济信息和市场策略，以及参与制定政策的人员和政策下达的情况等 ③获得书面的信用政策范本，查看是否有高级管理层的签字确认 ④了解政策下达的部门，并询问该部门操作人员对政策的了解情况 ⑤评估信用政策在相关部门贯彻执行的程度
		（2）信用政策经过高级管理层的审批，并下发到相关部门	

序号	控制目标	控制活动	审计程序
2	信用额度的确定和修改符合管理层的意图和公司的信用政策	（1）信用额度的申请必须填写正式的书面表格，并归档备查	①与信用政策执行部门的相关人员进行访谈，了解信用额度的申请流程 ②对照信用政策，评估信用额度申请流程与政策的符合程度 ③采用抽样的方法从归档文件中抽取 × 份信用额度申请单样本，查看是否有相应管理人员的审批签字 ④追踪这些申请单关联的信用额度客户档案，查看档案是否被同步更新
		（2）信用额度申请和修改的单据由适当管理层按照信用政策进行审批	同上
3	信用额度能够真实、及时地反映客户的实际情况	（1）管理层定期复核客户的信用额度	①询问管理层关于定期复核信用额度的事项，评估其对于该控制点的认知情况 ②获取信用复核报告以及相关的支持文件，如客户最近的财务报表或历史还款记录等，并检查有无管理层的复核签字 ③检查信用复核报告的日期，判断复核的频率，并与信用政策对照
		（2）对于客户的突发情况，销售部门应及时将信息提供给信用管理部门，并提交变更申请	①与信用管理部门的相关人员进行访谈，询问修改信用额度的流程 ②检查信用额度修改的流程是否符合信用政策 ③与销售部门的相关人员进行访谈，询问销售人员是否及时将客户突发情况反映给信用管理部门 ④采用抽样的方法从全部信用额度修改单中抽取 × 张近期因客户情况变更而产生的信用额度修改单，并追踪信用额度客户档案，查看档案是否被同步更新
		（3）信用管理部门统计信用额度的占用比率和出现超过额度特批情况的频率，同时出具信用额度分析意见，并由管理层复核	①与信用管理部门相关人员进行访谈，询问信用额度分析报表的有关情况 ②获得最近 3 个月的信用额度分析报表，检查是否有管理层签署的意见 ③复核信用特批情况出现的频率，确认信用额度是否合理和正确
		（4）客户档案中有关信用额度的支持文件，如客户财务报表、还款记录等，管理层应定期复核	同 3 中的（1）

续表

序号	控制目标	控制活动	审计程序
4	接触信用额度资料的人员均经过授权	（1）销售系统采用了信用额度控制，并在客户档案文件中有单独的字段予以记录	①与 IT 部门管理销售系统的人员进行访谈，了解系统主文件的相关信息 ②上线检查系统主文件的设置，查看是否包含信用额度字段，且该字段是否被启动 ③在 IT 人员的协助下，取得可以访问客户档案的人员清单，并确认其是否经过授权 ④对于未经授权而又出现在清单上的人员，查明原因
		（2）只有经过授权的人员才可以接触信用额度的相关信息	①与信用管理部门或客户数据管理部门的相关人员进行访谈，询问客户数据包括的内容和保管方式，以及哪些人可以查看信用额度信息 ②从相关文档中，如信用政策，查看接触信用额度信息的限制规定，并了解操作人员和信用信息管理者的认知度

3.4.3 销售合同订立和审批的内部控制审计要点

销售合同订立和审批的内部控制审计要点如表 3-4 所示。

表 3-4 销售合同订立和审批的内部控制审计要点

序号	控制目标	控制活动	审计程序
1	确保销售合同的合法性与完整性	（1）公司法律顾问在相关部门协助下制定标准化的合同模板，并由总经理签字批准 （2）法律顾问定期根据国家相关法律法规对标准合同模板进行复核	①与营销人员进行访谈，了解公司是否有标准化的合同模板 ②取得标准化的合同模板，检查是否有总经理的签字确认 ③了解标准化的合同模板是否定期由法律顾问审核，并检查书面的审核轨迹
		（3）销售合同根据标准化的合同模板制定，法律顾问审核合同的合法性并签字确认	①与合同控制部门相关人员进行访谈，了解销售合同的审批是否使用了合同评审单，并检查合同评审单与合同一起流转的过程，以及合同的制定依据 ②采用抽样的方法抽取 × 张合同评审单，检查上面是否有各评审部门、总经理和法律顾问的签字确认 ③是否有仓库部门或生产部门对生产能力或交货期的确认

序号	控制目标	控制活动	审计程序
2	销售合同经过适当审批，符合公司的各项政策及规定	（1）公司在合同审批过程中使用合同评审单，由价格控制、信用控制等部门审核并在合同评审单上签字	同1中的（3）
		（2）公司有合同审批制度，明确了各部门审批的方式、权限、程序、责任和相关控制措施，并经高级管理层核准后执行	①与公司领导层进行访谈，了解公司是否有合同审批制度 ②了解补充合同签订的流程是否与新合同签订流程一致 ③获得公司的审批制度，检查是否有管理层的签字确认
3	确保公司所签订的销售合同按时履行，避免出现交货违约风险	（1）销售合同在审批过程中由生产部门进行交货期审核，审核通过后由生产部门在合同评审单上签字确认	同1中的（3）
		（2）公司有交货期确认程序，合同签订前销售人员与生产部门分析合同交货期是否超出生产能力	①与销售人员进行访谈，了解合同签订前是否有交货期确认过程或者交货期限制 ②获得书面的审计轨迹，如电话记录、电子邮件等，并检查相关人员执行情况
		（3）有专人对销售合同的执行情况进行登记管理	③了解销售部门或者其他部门有无登记或统计销售合同完成情况的流程，并获得相关的文件，如销售合同登记表等，以确认销售合同的签订日期、内容和管理层的复核情况
4	销售合同签章人是管理层授权的合法的公司代表人	（1）公司有经管理层批准的分级授权制度，明确了相应人员的签字权限 （2）代表公司签订合同的人员有公司高级管理层签发的书面授权书	①与公司管理层进行访谈，了解公司领导授权哪些人代表公司在合同上签字 ②获得被授权人员的名单，检查每个人被授权的额度 ③获得并检查书面的授权书是否有高级管理层的签字 ④采用抽样的方法，抽取×份合同，对照签字人授权制度，检查是否有签字人超过授权范围的现象

序号	控制目标	控制活动	审计程序
5	签订的销售合同均得到妥善保管	（1）销售合同连续编号	①与销售合同保管人员进行访谈，了解销售合同是否连续编号 ②查阅归档的销售合同，检查编号情况
		（2）销售合同的保管由专人负责，销售合同的借出有相应的审批及登记程序	①与营销部门相关人员进行访谈，了解销售合同是否由专人保管 ②与销售合同保管人员进行访谈，了解销售合同借阅的程序 ③获得合同出借记录，检查上面是否有出借人的签名、时间和归还期限
		（3）销售合同存放地点有充分的物理安全保障	①实地观察合同保管场所，检查是否有足够的安全措施 ②询问合同保管人员合同遗失的补偿性措施

3.4.4　订单处理和开票的内部控制审计要点

订单处理和开票的内部控制审计要点如表 3-5 所示。

表 3-5　订单处理和开票的内部控制审计要点

序号	控制目标	控制活动	审计程序
1	销售订单只处理管理层授权的成熟公司产品或服务	（1）管理层审核的公司标准产品名录和价格体系表下达到销售部门和市场部门，并由其执行	①与销售部门员工进行访谈，了解操作人员对公司标准产品名录和价格体系表的认知程度，交叉询问不同的员工，了解其在实际工作中执行产品名录和价格体系表的程度 ②根据交叉询问的结果评估产品名录和价格体系表在相关部门贯彻执行的程度
		（2）销售订单发给客户前经销售部门管理层审核	①与销售部门管理层进行访谈，询问销售订单的核准过程和审核内容，确认是否包括了对产品名称和销售单价、折扣的确认 ②取得销售订单的文件，采用判断抽样的方法，抽取 × 张销售订单，查看是否有销售部管理人员的签字确认 ③将审计程序②中所选样本的产品对照标准产品名录，查找是否有名录之外的项目，并调查原因

序号	控制目标	控制活动	审计程序
1	销售订单只处理管理层授权的成熟公司产品或服务	（2）销售订单发给客户前经销售部门管理层审核	④将审计程序②中所选样本的产品与价格体系表对照，查看销售单价和折扣比率是否均能够在体系表上找到，若非如此，则需调查原因
		（3）偏离价格体系表的销售订单均经销售部门高级管理层特别审批	①与销售部门管理层进行访谈，询问是否经常有偏离价格体系表的销售订单，以及相应的处理程序 ②取得此类销售订单的文件，采用判断抽样的方法从中抽取 × 张销售订单，查看是否有销售部门高级管理层的签字确认或者批示意见 ③寻找没有书面特别批准的例外情况，调查其原因 ④取得并查看价格审批的分级授权表
		（4）分级授权审批销售价格	
2	销售订单遵循公司的价格体系或标准	（1）经管理层审核的公司标准产品名录和价格体系表下达到销售部门和市场部门，并由其执行	同1中的（1）
		（2）销售订单在发给客户前经销售部门管理层审核	同1中的（2）
3	所有销售订单和销售合同均及时地得到处理，并递交到发货和服务部门	（1）公司业务操作流程明确了销售订单处理的时间标准，并下达经办人员执行	①与销售部门、市场部门、信用控制部门等订单执行部门相关人员进行访谈，了解是否有销售订单处理的流程文件、时间间隔是否符合要求 ②对照订单处理的流程文件及时间要求，评估经办人员执行流程的情况和执行效率 ③采用判断抽样的方法从归档的销售订单列表中抽取 × 张销售订单，追踪样本的发货单据，查看日期的变化，以评价销售订单的处理时间是否符合要求
		（2）使用内部文件，记录并追踪所有的销售订单处理情况，对较长时间未处理的订单及时调查原因	①询问销售订单处理部门的人员，了解其使用内部控制文件追踪销售订单处理的情况 ②获得最近3个月的销售订单控制文件，查找尚未关闭的销售订单，确认是否已有相关人员适当跟进 ③对于未及时跟进的销售订单，调查其原因，并提交审计发现与建议书
		（3）管理层定期复核系统中的销售订单列表，查看异常销售订单状态，并及时调查原因	①交叉询问销售订单处理部门人员，了解其定期提交给管理层未完销售订单报告的情况；交叉询问相关管理层人员，了解其定期复核该报告的情况 ②获得最近3个月的未完销售订单报告，查看管理层复核留下的签字确认和日期，评估定期复核制度的有效性 ③对于未及时予以复核的未完销售订单报告，向管理层询问原因以及采取的替代定期复核的措施

序号	控制目标	控制活动	审计程序
3	所有销售订单和销售合同均及时地得到处理，并递交到发货和服务部门	（4）使用电子接口传送经批准放行的销售订单到仓库	①与IT部门相关人员进行访谈，询问其是否了解系统中销售订单的处理流程，包括输入、授权、信用检查、放行以及传输到仓库的过程，以及该过程所需的时间 ②实地观察操作人员输入销售订单的过程，以及仓库接收经授权放行的销售订单的过程 ③交叉询问IT部门和业务部门人员，了解未通过信用检查的销售订单情况 ④在IT人员的协助下，寻找一个超过信用额度的客户，在系统中输入一个测试销售订单，观察其是否被系统实时挂起，测试结束后由IT人员将该销售订单关闭 ⑤在IT人员的协助下，采取判断抽样的方法从系统的日志文件或放行列表中抽取最近的×笔被手动放行的挂起的销售订单记录，追踪相应的书面审批文件，如信用额度宽限申请书、管理层审批意见等，查看管理层的签署意见和签字确认
		（5）所有的销售订单在合同签订前都按经管理层批准的信用政策进行了信用检查	①与销售部门管理层进行访谈，询问合同签订前信用检查的流程和相关信息 ②采用判断抽样的方法从归档的合同审批表中抽取×张合同审批表，查看是否有信用控制经理签署的意见和签字确认
		（6）所有未通过信用检查的销售订单均须管理层分级授权后才可以放行	①与处理销售订单业务的相关部门进行访谈，了解销售订单授权放行的流程和相关信息 ②获得销售订单内部控制文件的历史记录，对于手动放行的销售订单，使用判断抽样的方法从中抽取×笔记录，追踪书面的授权记录，如信用额度宽限申请书、管理层审批意见等，查看管理层签署的意见和签字确认 ③取得信用审批的分级授权表
		（7）系统中自动挂起无法通过信用检查的销售订单，等待管理层授权放行	同3中的（4）
4	销售业务中不兼容岗位之间具备必要的职责分工	（1）销售订单的填制人员、发货人员和销售记录人员是不同部门的不同员工	①交叉询问管理层和业务部门的操作人员，是否了解销售订单处理和发货业务的职责分工 ②若无法满足职责分工的要求，则询问管理层是否有定期复核业务报告的制度，如复核销售订单列表、发货记录等 ③查看相关文件，确认管理层定期复核业务报告的书面证据，如签字、批注等

序号	控制目标	控制活动	审计程序
4	销售业务中不兼容岗位之间具备必要的职责分工	（2）管理层定期复核销售订单列表和发货记录	同4中的（1）
5	开立的销售发票准确地反映了交易的相关信息	（1）经办人员核对销售订单/合同、出库单及经管理层批准的价格体系表后开具销售发票	①与财务部门开票人员进行访谈，了解开票前相关单据的核对流程，包括订单、合同、出库单、价格体系表等；了解是否有独立于经办人员的其他人对发票的准确性进行再确认 ②实地观察发票开立的过程，确认发票开立之前相关单据是否已经过核对，发票在送交客户之前是否由第三人对信息进行复核 ③检查发票信息核对的书面轨迹，采用判断抽样的方法抽取×张发票复核单据，检查是否有复核人的签章 ④采用判断抽样的方法抽取×套订单、出库单和发票，核对金额和数量
		（2）由独立于经办人员的其他人员核对发票上的客户名称、地址、银行账号、纳税人识别号等信息	
6	开立的销售发票及时交给客户	（1）公司发票开立后，立即使用邮递挂号信的方式寄给客户	①交叉询问销售部门和财务部门的开票人员，了解发票递交给客户的方式和时间要求 ②实地观察发票邮寄或递交销售人员的过程，确认发票是否被及时地送出和处理 ③检查销售人员签收发票的控制档案，确认是否有销售人员的签字确认
		（2）开立的发票通过销售人员交给客户，销售人员应在发票的控制档案上签字	
		（3）公司要求客户收到发票后给出确认	①交叉询问销售部门和财务部门人员，了解发票交给客户后公司是否要求客户进行确认，以及确认的方式 ②检查书面的审计轨迹，如客户确认的电子邮件、传真或电话记录、对账单等，检查客户的签章确认和日期
7	发票的开立和作废得到管理层的监控，符合国家发票管理的相关法规	（1）有内部文件记录所有发票的开立和作废情况，该档案由管理层定期审核	①与财务部门相关人员进行访谈，了解发票开立和作废的控制过程、使用的控制档案、管理层的审核要求等信息 ②检查发票登记簿，查看作废和跳号记录，向经办人询问原因 ③采用判断抽样的方法抽取×笔作废发票的记录，并追踪作废发票，确认发票与记录是否匹配，发票上是否注明了"作废"字样 ④检查发票登记簿上管理层复核的签字确认
		（2）作废的发票单独存放，并进行登记	

序号	控制目标	控制活动	审计程序
7	发票的开立和作废得到管理层的监控，符合国家发票管理的相关法规	（3）公司增值税发票使用机器开立	①与财务部门相关人员进行访谈，了解增值税发票开立的方式和流程、开票用计算机和磁卡设备的安全措施，以及系统接口的情况 ②询问系统权限的设置 ③实地检查开票用计算机和磁卡设备的环境，确认是否有物理上的安全措施和防病毒软件的保护 ④实地检查开票用磁卡的保管情况，确认是否有防火、防盗、防磁、防止未经授权人接触等措施
8	出口退税申报及时	出口货物的销售订单开立以后，需尽快申报出口退税	采用判断抽样的方法抽取 × 张出口退税申报表，查核其日期与销售订单的日期是否相差很大，发票是否出现在出口退税申报表上

3.4.5　产成品发运内部控制审计要点

产成品发运内部控制审计要点如表 3-6 所示。

表 3-6　产成品发运内部控制审计要点

序号	控制目标	控制活动	审计程序
1	产成品的发出符合经批准的销售订单	（1）仓库人员应检查销售订单或指令是否有符合公司政策的审批手续	①与仓库或其他相关人员进行访谈，询问发货控制流程 ②采用判断抽样的方法抽取 × 份样本，检查是否有管理层的复核签字，并追踪相应的销售订单，查看内容是否相符 ③采用判断抽样的方法抽取 × 份销售人员核对出库情况的报告样本，查看销售部门核对销售订单的情况
		（2）应由独立于备货岗位的人员核对实际备货是否符合经批准的销售订单，并批准产成品出库	
		（3）仓库人员应定期将产成品出库情况报告给销售部门，销售部门定期检查销售订单的执行情况	
2	产成品的发出有合理的手续	（1）所有装载产成品的交通工具发运，都应由安全人员检查其放行手续是否完备	①询问相关部门如保安部门和仓库等，了解货物出库的放行程序 ②采用判断抽样的方法从书面放行记录中抽取 × 份样本，检查产品发运的放行记录 ③如无书面放行记录，则实地观察产成品发运的放行情况
		（2）所有出库的产成品均应有适当的签收	①询问仓库人员，发货后收货人或货物承运人的签收情况

序号	控制目标	控制活动	审计程序
2	产成品的发出有合理的手续	（3）承运合同应由管理层签字，并经法律部门审核	②采用判断抽样的方法从归档的出库单或装箱单中抽取 × 份样本，检查是否有收货签收记录 ③询问管理层有关承运合同的制定审核流程 ④采用判断抽样的方法抽取 × 份承运合同，查核相关条款是否维护公司利益，并查看管理层和法律顾问的签字
3	所有发运的产成品都已正确、及时地记录并开出发票	（1）对所有产成品的发运记录进行必要的复核并核对原始出库单据	①与仓库或其他相关人员进行访谈，询问有关发货与开票的控制流程 ②检查入库单或发运单，确认单据是否连续编号 ③采用判断抽样的方法从发货记录中抽取 × 份样本，并追踪出库单等原始单据，检查记录是否与原始单据内容一致，检查样本的复核签字情况 ④采用判断抽样的方法从原始出库单据中抽取 × 份样本，并追踪发货登记本，检查其内容是否一致 ⑤确认登记本上是否有已开发票的记录，并追踪发票，检查发票开出时间是否与发运时间一致
		（2）对所有的发货，包括销售发货、内部领用等，均在专门的登记本／台账上登记，并有专门人员检查是否所有的销售发货都已开出发票	
		（3）出库单或发运单据是连续编号的，应对其连续使用情况进行检查	
4	所有发运产成品的成本已正确、及时地（在恰当的会计期内）转入销售成本账户	（1）同3中的（1）	同3
		（2）成本转账凭证制作及过账经过相关管理层的复核	①采用判断抽样的方法从销售成本结转凭证中抽取 × 份样本，检查制作人和复核人的签字情况 ②跟踪明细账，检查样本中的金额是否已经入账
		（3）定期复核销售成本、应收账款、存货等管理报表，对重大的波动进行分析	①询问管理层关于销售成本报表复核的事项 ②采用判断抽样的方法抽取3～4个月的复核与分析书面记录（以审计范围为12个月为例），查看是否有管理层复核的签字确认

3.4.6 销售入账和应收账款内部控制审计要点

销售入账和应收账款内部控制审计要点如表3-7所示。

表 3-7 销售入账和应收账款内部控制审计要点

序号	控制目标	控制活动	审计程序
1	所有产品的销售收入及应收账款都被正确、完整、及时地（在恰当的会计期内）记录	（1）销售收入及应收账款的操作流程符合公司财务政策和会计手册的要求	①与财务部门或其他相关人员进行访谈，了解销售收入及应收账款控制的操作流程 ②对照公司财务政策和会计手册的要求，评估销售收入所反映账款的符合性 ③采用判断抽样方法从应收账款借方转账凭证中抽取 × 份样本，检查凭证制作人及复核人的签字情况，并追踪相应的出库单、发运单、发票等原始单据，检查入账时间是否正确，单据内容是否与凭证相符
		（2）对于应收账款及销售收入的凭证，应由制作人以外的财务人员核对相应的出库单、发运单等原始单据	
		（3）将所有的发货登记在专门的登记本上，并由专人检查所有应确认的应收账款及销售收入的记录情况	①检查发货登记本，确定已登记的项目是否进行了账务处理 ②采用判断抽样的方法从发货登记本的发货栏中抽取 × 份样本，检查出库单或送货单，并追踪凭证及应收账款明细账，查看入账时间与入账内容是否相符
		（4）对在会计期前后发生的发运进行追踪和必要的调节，以确保销售产品的应收账款及销售收入记录于正确的会计期	①抽取会计期末前 × 天至会计期末后 × 天的所有出库单 ②追踪相应的发票、凭证和会计账目，检查单据内容是否一致，入账会计期是否正确
		（5）定期复核销售成本、应收账款、存货等管理报表，对重大的波动进行分析	①询问管理层关于销售成本报表复核的事项 ②采用判断抽样的方法抽取 3 ~ 4 个月的复核与分析书面记录（以审计时间范围为 12 个月为例），查看是否有管理层的复核确认
		（6）定期向代销商发函证，取得代销数量及产品余额，并及时确认销售收入及应收账款	①采用判断抽样的方法从代销商名录中抽取 × 份样本，检查审计期间内的函证是否按公司要求的间隔进行 ②调查回函的差异，并追踪调节表、相应的调整凭证和明细账，检查账务处理是否及时、内容是否正确
		（7）定期检查分期付款销售清单，及时确认相应的销售收入及应收账款	①采用判断抽样的方法从分期付款销售合同中抽取 × 份样本 ②追踪分期付款销售清单，并按照合同确认的时间追踪相应的明细账及凭证，检查入账时间及内容是否准确
		（8）定期与客户进行函证，确认应收账款余额	①采用判断抽样的方法从应收账款明细账中抽取年交易量最高的 × 份客户样本，检查其函证是否按公司要求的间隔进行 ②检查回函的余额与相应期间明细账的余额是否一致，函证余额与客户确认的余额是否一致

序号	控制目标	控制活动	审计程序
1	所有产品的销售收入及应收账款都被正确、完整、及时地（在恰当的会计期内）记录	（8）定期与客户进行函证，确认应收账款余额	③如果回函余额与客户确认的余额不一致，则应追踪调节表，并调查原因
		（9）现销中不相容岗位职责应分离	①与财务部门和销售部门相关人员进行访谈，了解现销中不相容岗位职责是否分离，若无，则询问相关补偿性控制 ②询问相关部门销售退回的流程
2	所有销售退回引起的应收账款冲回均被正确、完整、及时地（在恰当的会计期内）记录	（1）对于应收账款冲回的凭证，应由凭证制作人以外的财务人员核对相应的销售退回单、入库单等原始单据	①询问财务部门相关人员销售退回所引起的应收账款冲回的操作流程 ②采用判断抽样的方法从应收账款贷方的转账凭证中抽取×份样本，检查凭证制作人及复核人签字情况 ③追踪相应的销售退回单、入库单等原始单据，检查入账时间是否正确、单据内容是否与凭证相符
		（2）将所有的销售退回在专门的登记本上登记，并设置专门人员检查是否所有的应收账款均已冲回	①检查销售退回登记表，查看是否对已进行账务处理的项目进行登记 ②采用判断抽样的方法从销售退回单中抽取×份样本，并追踪销售退回登记本的记录情况 ③检查销售退回单，确认其是否连续编号 ④追踪入库单、凭证及应收账款明细账，检查入账时间和入账内容是否相符
		（3）销售退回单是事先连续编号的，检查其是否连续使用	
		（4）对会计期前后发生的销售退回进行追踪和必要的调节，以确保销售退回记录于正确的会计期	①抽取会计期末前×天至会计期末后×天的所有销售退回单 ②追踪相应的入库单、凭证及会计账目，检查单据内容是否一致、入账会计期是否正确
		（5）同1中的（8）	同1中的（8）
		（6）退货后应及时取得红字发票或取回原来的发票	采用判断抽样的方法从已经归档的销售退回文档中抽取×份文本，通过日期追踪相关的红字发票或原来的发票，查核是否及时取得；若无红字发票或原来的发票，则查核原因
3	所有的收款均被正确、完整、及时地（在恰当的会计期内）记录	（1）对于应收账款的收款凭证，应由凭证制作人以外的财务人员核对相应的收款单据	①询问财务人员关于收款凭证的制作过程 ②采用判断抽样的方法从应收账款贷方的收入凭证中抽取×份样本，检查凭证制作人和复核人的签字情况 ③追踪相应的银行单据，检查入账时间是否正确、单据内容是否与凭证相符
		（2）对于现金折扣，应有相应的复核审批手续	①与销售部门和财务部门相关人员进行访谈，了解现金折扣的审批程序 ②采用判断抽样的方法从财务费用的现金折扣明细账中抽取×份样本，检查现金折扣的审批手续是否齐全

续表

序号	控制目标	控制活动	审计程序
3	所有的收款均被正确、完整、及时地（在恰当的会计期内）记录	（2）对于现金折扣，应有相应的复核审批手续	③查看现金折扣的计算是否正确，并追踪对应的应收账款明细账和银行账，检查入账金额是否正确
		（3）同1中的（8）	同1中的（8）
4	保证应收账款的安全	（1）应收账款的操作应与收款、销售、仓库等岗位职责分离	同1中的（1）
		（2）公司建立应收账款催收程序，定期制作已超信用条款的客户清单，并由专人进行催收	①询问相关部门，了解应收账款的催收程序 ②检查超过信用条款的客户清单，是否有制作人和相关管理人员的签字 ③采用判断抽样的方法从超过信用条款的客户清单中抽取 × 份样本，追踪相应的催收信件或其他催收措施
		（3）定期复核应收账款清单，检查清单上的客户是否是经过管理层信用批准的有效客户	①从系统中或管理层处获得经过信用批准的客户清单 ②采用判断抽样的方法从应收账款明细清单中抽取 × 份客户样本，对照审计程序①中取得的客户清单，检查客户是否属于该清单范围
		（4）财务人员定期制作应收账款账龄分析表，并经适当管理层复核	①询问财务部门是否每月制作应收账款账龄分析表 ②检查最近 3 个月的应收账款账龄分析表，查看是否有制作人和复核人的签字
		（5）所有坏账的核销或应收账款的调整均应经管理层批准	①了解坏账核销的流程和审批程序，对已核销坏账有无追溯的制度 ②检查所有坏账核销凭证，并追踪相应的审批单，检查审批手续是否齐全
		（6）同1中的（8）	同1中的（8）
5	应收账款被正确地披露	在会计期末制作应收账款清单，由专人检查应收账款余额为负数的客户，并在制作报表时进行必要的重分类调整	①询问财务部门相关人员，了解其对应收账款为负数的调整流程 ②检查年末应收账款明细账，检查对所有负数余额进行的调查，并跟踪年末报表，确认是否已进行必要的重分类调整

3.4.7 销售退回内部控制审计要点

销售退回内部控制审计要点如表 3-8 所示。

表 3-8　销售退回内部控制审计要点

序号	控制目标	控制活动	审计程序
1	销售退回政策根据市场和竞争者的情况制定，符合国家法律的规定，反映了管理层的意图	（1）销售退回政策由相关部门如市场部，参考行业标准和国家法律法规进行制定 （2）销售退回政策经过高级管理层的审批，并且下发到销售部门、仓库和财务部门执行 （3）销售退回政策经过公司法律顾问的复核，确保不和国家法规相违背	①与市场部门、销售部门、财务部门或其他相关人员进行访谈，了解销售退回政策制定的依据和相关的行业标准、国家规定，以及参与制定政策的人员和政策下达的部门等情况 ②获得书面的政策范本 ③检查档案是否有高级管理层的签字确认 ④查看是否有法律顾问审核的书面轨迹，如签字等 ⑤根据政策下达的部门，询问该部门操作人员对政策的了解程度，评估退货政策在相关部门贯彻执行的有效程度
2	仓库接受经适当审批的销售退回货物	（1）由独立于销售部的部门根据销售退回政策接受和处理退回申请	①与销售退回执行部门的相关人员进行访谈，了解退货处理的流程、是否按照政策执行退货、不相容岗位职责分离的控制 ②采用判断抽样的方法抽取 × 张退货的入库单，追踪相关支持文件，比照政策判断其接受退货的合理性 ③查看入库单或其他档案上是否有退货客户/承运人的签字确认 ④追踪相应的发票或红字发票，查看其信息和入库单是否一致 ⑤查看管理层是否定期对销售退回进行分析性复核，包括频率、金额，以及跟进措施等
		（2）公司有书面的销售退货申请单，管理层签字授权后仓库才会接受和处理货物退回	①与销售退回执行部门的相关人员进行访谈，了解退货处理的流程，是否使用销售退货申请单 ②采用判断抽样的方法抽取 × 张销售退货申请单，追踪相关支持文件，如入库单和管理层批示意见等，查看是否有管理层的签字确认 ③查看入库单或其他档案上是否有退货客户/承运人的签字确认 ④追踪相应的发票或红字发票，查看其信息和入库单是否一致 ⑤询问管理层销售退回的分级授权流程，并审核该流程是否被执行
3	减少销售退回的损失	管理层定期复核销售退回的货物，并分析退回原因	同 2 中的（1）
4	销售退回符合公司的政策	（1）销售退回的货物只有经过质量检验才能办理退库	①与仓库和质检部门相关人员进行访谈，了解退回货物清点和质量检验的情况，以及毁损货物的管理

序号	控制目标	控制活动	审计程序
4	销售退回符合公司的政策	（2）仓库人员办理退库时，应进行数量清点，并与申请退库的数量相核对	②进一步复核是否有质量检验/品质保证部门的签字确认 ③查看入库单上仓库人员的签收数量是否与退货申请一致

3.4.8　售后服务和客户关系内部控制审计要点

售后服务和客户关系内部控制审计要点如表3-9所示。

表 3-9　售后服务和客户关系内部控制审计要点

序号	控制目标	控制活动	审计程序
1	公司的售后服务政策参考了市场情况和行业标准，符合国家法律的规定，体现了管理层的意图	（1）售后服务政策由各相关部门参考行业标准和国家法律法规进行制定	①与售后服务政策制定部门的相关人员进行访谈，了解政策制定的过程、参与的人员，以及所考虑的主要因素 ②获得书面的政策档案，查看是否有高级管理层的复核意见和签字确认 ③与客户服务部门进行访谈，评估其了解和执行政策的程度
		（2）售后服务政策经过高级管理层的审批，并且下发到销售部门、客户服务部门和财务部门执行	
2	售后服务满足客户的需要，可促进销售目标的实现	（1）客户服务部门的员工了解市场部门、销售部门和客户服务部门的总体目标	①与客户服务部门的客户代表进行访谈，评估其了解公司销售总体目标的程度 ②对照所获得的最新价格体系表，询问客户代表，了解其对公司产品和价格的了解程度，是否能够获得公司最新的价格和产品信息
		（2）定期进行客户满意度调查，并采取改进措施	①与市场部门和客户服务部门相关人员进行访谈，了解其进行市场调查、客户满意度调查等的流程 ②检查相关的文件，如调查报告、记录、政策、授权和审批档案等，确认是否经管理层复核，记录是否完整而有效
3	迅速而有效地处理客户的询问、建议和投诉	（1）公司对产品和客户的信息进行维护，并及时将其提供给客户服务部门	同2中的（1）
		（2）有一个独立的售后服务部门对外服务于客户	①与客户服务部门管理层和基层员工进行访谈，了解组织结构的设置方式和依据 ②获得书面的档案，如部门的组织结构图、客户服务部门的管理报表等，进行复核

序号	控制目标	控制活动	审计程序
3	迅速而有效地处理客户的询问、建议和投诉	（2）有一个独立的售后服务部门对外服务于客户	③评价该部门运作管理模式对于处理客户询问的有效性 ④询问客户服务部门的管理层，是否了解客户特殊投诉的审批流程 ⑤获得客户投诉记录以及客户服务部门对此类情况的分析资料
		（3）向客户服务部门的员工提供定期的客户服务培训	①与客户服务部门的客户代表进行访谈，了解公司提供培训和业务指导的情况 ②获得书面的档案，如培训的考勤记录、培训日志、培训数据等，进行复核
		（4）客户服务部门的员工对产品应有所了解	同2中的（1）
		（5）客户服务部的设置考虑了产品线和地理位置等因素，以较为有效的方式运作	同3中的（2）
		（6）对于不符合一般售后服务政策的，设有后续处理流程，如相关的审批等	
		（7）对客户投诉进行记录并定期加以分析	
4	客户服务部门使用最新的定价和产品信息	（1）客户服务部门有最新的产品价格体系表，并下发给员工	同2中的（1）
		（2）客户服务部门的代表有权限访问系统中最新的产品价格	①询问IT人员，了解系统中产品价格访问权限的控制 ②获得可以访问系统产品价格主文件的人员清单，复核是否包含客户服务部门的人员
5	识别潜在的和现存的客户，制定符合客户要求的市场策略和客户关系策略	（1）进行市场调查	同2中的（1）
		（2）市场部门评估定价策略，并与相近的竞争对手进行产品和定价比较	①与市场部门相关人员和高级管理层进行访谈，了解市场策略、定价策略和客户关系策略，以及市场部门达成策略采取的相关措施 ②复核相关文件，如书面的策略文件、高级管理层会议纪要、市场调查报告、对手的研究比较分析报告等 ③查看相关的策略文件是否有高级管理层的签核，会议纪要是否有大多数高级管理层的参与
		（3）高级管理层讨论并就市场策略和客户关系策略达成一致	

3.4.9　客户档案建立、更新和复核的内部控制审计要点

客户档案建立、更新和复核的内部控制审计要点如表 3-10 所示。

表 3-10　客户档案建立、更新和复核的内部控制审计要点

序号	控制目标	控制活动	审计程序
1	保证客户档案及时、准确、完整地反映客户信息数据	（1）管理层定期复核客户档案中所包含信息的准确性和相关性	①获得书面的管理层定期复核客户档案的政策和程序说明 ②与客户档案复核人员进行访谈，了解他们对政策的遵循程度，以及如何定义及发现过时的或不寻常的信息 ③采用判断抽样的方法从复核报告中抽取 × 份样本，查看其时效性和是否有相应管理人员的签字
		（2）销售部门或其他客户信息的来源部门及时把客户信息的变化反馈给档案维护人员	①获得客户档案更新的有关规定，查看是否有更新时限的相关要求 ②与信息来源部门（如销售部门）的相关人员进行访谈，了解规定的执行情况 ③采用判断抽样的方法从客户档案变更申请单中抽取 × 份样本，并追踪原始的凭据档案，确认变更申请单上的时间和原始单据上的时间是否有差异
2	只有正确有效的信息才可以被录入到客户档案中	（1）所有客户档案的修改都必须填写正式的变更申请表，并归档备查	①与客户档案修改执行部门的相关人员进行访谈，了解客户档案的修改流程，以及是否有与客户进行直接确认的过程 ②对照客户档案修改政策，评估修改流程与政策的符合程度 ③采用判断抽样的方法从归档的文件中抽取最近的 × 份客户档案变更申请表样本，查看是否有相应管理人员的审批签字 ④追踪客户档案，查看档案是否被同步更新
		（2）由专人对客户档案变更申请表进行核对或直接与客户确认，以保证其正确性	
		（3）在管理层批准客户档案变更申请表后，再进行客户档案的更新	
3	所有正确有效的修改都被及时、准确地记录到客户档案中	（1）客户档案变更申请表应连续编号	①与相关人员进行访谈，了解公司为保证客户档案变更申请表不被遗漏所采取的控制措施 ②检查客户档案变更申请表，确认其是否连续编号或测试其说明的完整性
		（2）管理层定期审核客户档案，以保证其完整性	同1中的（1）
4	客户档案可以在需要时为使用者提供相关信息	（1）基于"工作需要"，客户档案被授权给使用者	①与客户档案使用部门（如销售部门）的相关人员进行访谈，了解其是否有权限接触客户档案，以及授权的过程

151

续表

序号	控制目标	控制活动	审计程序
4	客户档案可以在需要时为使用者提供相关信息	（1）基于"工作需要"，客户档案被授权给使用者	②获取有权接触客户档案的人员名单，了解名单上人员是否基于"工作需要"的原则 ③调查所有例外的情况
		（2）客户档案由专人负责维护，并有完善的备份制度	①与客户档案存档部门的相关人员进行访谈，了解是否有管理维护的相关规定，以及档案实际保管情况 ②若使用计算机系统进行客户档案的管理，则检查该系统中的文件是否纳入了日常的备份计划
		（3）管理层定期审核客户档案，以保证其可以反映客户的真实情况	同1中的（1）
5	只有经过适当授权的人员才能使用或修改客户档案	（1）同4中的（1）	同4中的（1）
		（2）只有经过管理层授权的人员才能接触系统中的客户主档案	①在IT部门的协助下，了解接触客户档案的有关权限规定 ②在IT部门的协助下，获得可以接触系统客户主档案的人员名单 ③确定名单上的人员是否都得到必要的授权，并判断名单上的人员是否都有必要接触客户主档案 ④对名单上的人员进行判断抽样，选取×名人员，追踪书面的授权申请书，检查是否有管理层的签字确认

3.5　销售与收款循环常见的审计风险

销售与收款循环是由同客户交换商品或劳务以及收取现金等有关业务活动组成的。它是企业的基本循环，基本上每个行业的审计都会涉及这一循环。表3-11以一般制造业的赊销销售为例，说明销售与收款循环常见的审计风险。

表3-11　销售与收款循环常见的审计风险

序号	风险类别	说明
1	收入确认存在的舞弊风险	有的企业为达到粉饰报表的目的而采用虚增或隐瞒收入的方式实施舞弊。审计人员可以从实施舞弊的动机出发，比如某公司想要上市，基于这一动机，管理层很有可能虚增收入来粉饰财务报表
2	收入的复杂性可能导致的舞弊	收入确认涉及的方法越复杂，其重大错报风险水平越高，比如可变对价安排、特殊的退货约定、特殊的服务期限安排等
3	发生的收入未能得到准确记录	发生的收入未能得到准确记录与应收账款的准确性认定相关。审计人员应当查明收入未能得到准确记录的原因，并考虑是否存在潜在的重大错报风险

续表

序号	风险类别	说明
4	收入未被记录在正确的会计期间	期末收入交易和收款交易可能未记录在正确的会计期间，包括销售退回交易的截止错误，与截止认定相关。审计人员应当关注企业年尾年初的交易是否记录于正确的会计期间，是否会对本年的营业收入产生重人影响
5	收入未被记录在正确的账户	收款未及时入账或记录到不正确账户，导致应收账款、应收票据和银行存款的错报，多数情况下属于分类错报。审计人员应当考虑报表项目的性质，有的时候即使金额重大也不构成重大错报。比如，被审计单位有一项500万元的应收票据被记录到应收账款，由于这两个账户同属于资产类账户，即使记录到了错误的账户，也不会对年度利润或损益产生影响，这种情况下就不构成重大错报

以上就是审计销售与收款循环常见的风险类型，值得说明的一点是，收入确认存在舞弊风险的假定，不是假定所有账户都存在收入舞弊的风险，而是要求审计人员利用职业判断，分析其是否适用于具体的业务情况。

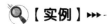 【实例】 ▶▶▶ --

关于销售与收款循环内部控制情况的审计报告

××审〔××××〕第××号

根据年度审计计划及总裁的安排，审计部于××××年×月××日起对公司所属销售部门（营销中心、××业务部及国贸部，以下简称"被审部门"）的内部控制情况进行了审计。根据审计需要，我们将审计范围延伸至其他相关部门，如财务部、物控部等。现将具体情况报告如下。

一、审计目标及范围

本次审计涉及销售部门管理制度的建立与有效执行、相关表单的运用、业务流程的执行等。审计依据主要是被审部门提供的制度、单据、报表、报告以及用友 ERP 的相关数据等。

二、审计程序

此次审计对被审部门相关制度的建立进行了检查，对内部控制执行的有效性进行了测试。经过问卷调查、询问、观察、检查、重新计算等审计程序，我们获取了必要的审计依据。

三、审计内容及建议

（一）业务流程控制方面

1. 销售预测制度

审计发现：当前公司未建立有效的市场预测机制；销售计划的制订、分解、依据等方面无制度要求。营销中心编制的"产品月销量预测管理规定"至今未得到更新修改，同时该预测主要针对经销商，不是很全面。

风险及影响：缺乏制度要求，市场预测及销售计划的制订存在一定的随意性，往往会出现严重偏离实际的情况，从而影响公司推行预算管理，甚至造成半途而废的结果。

审计建议：建立销售预测及销售计划的作业管理制度，对市场研究与销售计划的确立及分解、修订及考核进行明确。业务预算是全面预算的起点，公司应制订科学、合理的销售计划，为实行预算管理奠定基础。

2. 客户信用管理制度

审计发现：公司信用制度未有效建立起来，赊销（或分期付款）客户的背景调查文档不够全面，合同执行前并无信用条款（赊销额度、分期次数或账期时间、折扣折让等）的检查确认环节。部分业务未进行任何信用评估即采用公司格式合同来确定信用条款（如规定的预付款、分次付款额等）也是不合适的。

风险及影响：可能会产生违约风险，给公司造成坏账损失；或者因无任何信用销售丧失部分市场。

审计建议：公司当前赊销业务较少，但如果想扩大销量，应考虑采用赊销手段；如果今后公司采取三方能源合同的形式来促进内销市场的发展，则宜建立健全信用评估机制。对于赊销方面，信用制度的内容至少应包括：

（1）客户信用政策及等级。可由财务部拟定企业信用政策及信用等级标准，销售部门提供建议及客户的有关资料作为政策制定的参考。公司可对规模大、信誉高、资金雄厚的客户进行适当的赊销（如果能够凭此手段获取竞争优势）；而对一般的小客户、新客户、信誉不太好的客户，则实行现款现货。

（2）客户信用调查。主要由销售部门按规定的期限进行客户信用调查，并及时更新客户档案资料，财务部负责评定信用等级。信用等级的评定需综合考虑各方因素，包括征求相关部门及人员意见。

（3）特殊情况下的信用处理。对于能源合同对象的选择，也应综合考虑信用评估，有针对性地选择客户。当然，信用制度的建立也依赖于档案管理制度的建立与健全。

3. 订单报价

审计发现：

（1）对外报价，内销部门没有制定书面的利润估算表，也就没有财务部的复核确认。根据我们了解，国际业务部已实行此制度。

（2）每个月，财务部并未对订单执行的盈亏异常情况进行原因调查。

风险及影响：

（1）不利于对订单实际执行的差异进行调查。

（2）不能发现实际报价执行及成本方面的误差。

审计建议：

（1）订单的对外报价要制成内部利润估算表，并经适当审批后交财务部存档。

（2）财务部每月进行差异调查，并制成订单执行差异分析报告。

4. 合同管理方面

审计发现：

（1）业务人员签订合同时并无授权备案书。

（2）合同审批多表现为事后进行。比较明显的是，内销业务员在合同上签字盖章并生效后送交相关人员再进行审批执行。

（3）当前在财务部设立了合同管理员岗位，负责合同的保管，但我们了解到，合同的借阅审批及登记制度并不完善，有时一张未审批的传真复印件也可作为借条，随意性较强。

风险及影响：虽然有时业务员在合同签订前会有口头方面的请示或沟通，但未有第三方独立部门的监督与监控，存在一定的风险。

审计建议：

（1）合同管理规定应明确授权备案制，超出授权时间、范围、金额及低于规定毛利润率或有不明确事项时，有关人员不得擅自签署合同。合同授权采取书面形式，一律由总裁或总监（总经理）出具，并将一份交合同管理员备查。

（2）应在合同签订前履行审批手续，以合同签约申报表的方式进行，对特殊情况，可事后补办该手续。审批手续办理完之后，合同管理员应及时跟进合同原件的返还事宜，并对已签订合同与申报表的内容进行核实。

（3）统一合同原件的借用审批登记制度，并设立登记簿，明确归还期限的要求。

5. 销售价格方面

审计发现：

（1）常规产品销售时，财务复核人员对价格体系熟悉度不够。

（2）经销产品（含家用、工程）提货价更新不及时。根据了解，内销提货价分别在四、五月份生效，而在此之前，工程经销提货价是制定即生效的。

风险及影响：

（1）可能因差错未被发现而使公司利益受损。

（2）价格更新不及时，可能会与市场脱节，使公司销售丧失价格竞争优势或使公司遭受不必要的亏损。

审计建议：

（1）加强对财务复核人员的培训，定期对复核人员的工作进行检查。

（2）在相关文件中约定产品价目表更新修正的期限，并要求严格执行。

6.单据的使用及流转

审计发现：部分单据的使用及流转存在缺陷或不足。

（1）凭发货通知单进行提货时，客户并不会在单据上签名；而承运司机（公司）送达货物后，也未返回客户的签收单。

（2）物控销售出库单并未即时打印并经相关提货或承运人签收，而是一两天打印一次。

（3）如客户不需要发票，在实现销售（提货）时则不开具销售发票，仅在月末一次汇总开出。

（4）会计人员进行收入确认时，并未将以上单据作为原始单据附于会计凭证之后。

风险及影响：没有相关人员的签收确认，不利于事后的监督审核，产生纠纷时也不利于举证；同时不利于账目的审核，甚至在审计或外部查账时可能影响公司收入的真实性。

审计建议：

（1）涉及货物所有权转移或责任划分时，均应由接收人进行签收（包括客户、司机或物流公司），并将签收单返回物控部附于出库单之后。

（2）会计收入凭证必须附上发货通知单、出库单及发票；为不增加工作量，仓库可每隔两天将出库的发货单送交财务，财务在收齐发货通知单、出库单并开具发票后做账，月末时需确保当月单据全部收齐并已入账。

7.发料与放行

审计发现：工程发料时仓管员填写仅有一联的放行条，且无编号控制，保安确认放行后将单据返回物控部备档，门卫处及财务无任何留存。

风险及影响：放行条仅有一联，不利于部门间对单据进行交叉核对，出现事故也容易造成扯皮情况；没有编号控制，不利于核对单据的完整性，也会降低单据审核的效率。

审计建议：设计三联次的放行条，分别为财务联、门卫联、仓库联；按一定规则填写编号，并按类别、顺序及时整理归类。

8.发票签收

审计发现：发票签收手续存在不足。

（1）发票交由快递公司寄送时，运单保存一周即被扔弃，并无归档处理。

（2）业务员将发票当面送交客户时，有时没有签收手续；有签收时，其收取的收条在款项到账后即被销毁（如××业务部）。

风险及影响：不利于档案资料的完整；出现问题时，不能出具有效证据或增加证据搜集的难度。

审计建议:对运单等进行归类存档,无特殊情况一般保留十年;根据被审部门的要求,可由财务部制作预先编号的发票签收单交有关部门使用,并及时将已使用的单据收回存档。

9. 销售及毛利分析体系

审计发现:销售及毛利分析体系尚未真正建立,对异常情况无分析报告;当前ERP中的销售毛利明细账与总账存在一定的出入,在一定程度上影响了数据的分析和使用。

风险及影响:用数据改进销售决策、为考核提供依据将是销售与毛利分析的重要作用。显而易见,缺少分析体系的管理是不到位的,对问题的解决也不具有针对性。

审计建议:建立销售分析制度,定期对销售及毛利情况进行报告。分析报告应充分体现业务情况,同时,报告使用人员一定要重视分析的结果,千万不能拿到报告,看一眼就扔在一边,而是要督促相关部门、人员一起来分析问题、研究对策。

财务部应在调查业务及管理层需求的基础上,通过各种途径收集内外部及行业、竞争对手各时期的相关数据,来建立分析制度。

10. 收款方面

审计发现:

(1)部分外借收据尚未归还,如××办、客服部、××部去年所借空白收据至今未返还公司,维修员×××未还收据达十张。

(2)返还的收款收据无客户的签字确认,这在维修业务中普遍存在。

(3)部分收款收据无出纳签名。我们在检查四月份的凭证时,发现有个别现金收款收据无出纳签名,后经指出均已补齐手续。

(4)现金收款比重较大,造成不少坐支情况。

风险及影响:存在内控风险,容易形成截留、挪用、坐支及责任不清等情况,给相关人员留有空子,造成公司损失。

审计建议:

(1)财务部按计划借出空白收据,同时要求收据使用人员每季度至少到财务报账一次;如有未使用完的空白收据,也需出示,以便进行核对;对未还再借的现象应严格控制,同时核减下次领用收据的份数。

(2)售后维修收款收据的各联次内容必须一致,且要求客户在收据上签名确认。

(3)出纳必须在现金收款收据上签字,核算主管应加大审核力度。

(4)要求客户、业务员尽量采取银行结算的方式收款。确实有困难的,如单笔现金收款金额超过两万元,应由经办人填写现金缴款单(进账单)并存入公司开户银行,存款后凭银行回单到财务核销账目。

11. 应收账款管理

审计发现:

(1)未明确对账要求,尚未形成定期核对应收账款的制度。

（2）当前的账龄分析表不够全面（仅针对部分客户，主要是工程、外贸等），由合同管理员负责，但未经核算主管以上人员复核。

风险及影响：无法确认账目的真实性，有可能产生债务纠纷问题；未定期进行账龄分析，不利于及时发现问题，有可能造成应收款超期甚至形成呆坏账。

审计建议：

（1）要求每季度最少进行一次应收账款的全面核对，对账目差异及时查找原因并进行处理，最终的对账结果需由客户签字确认，同时保存好对账单据。建议此项工作由财务部出具明细对账单，销售部门负责发出、回收，回收工作于半个月内结束。

（2）每月全面编制应收账款账龄分析表，并经适当人员复核。

12. 客户及用户档案管理

审计发现：

（1）公司未明确档案管理工作由哪些岗位负责。例如，营销中心销售部及××业务部档案由部门文员进行管理，外贸等档案由业务人员自己管理，工程客户及售后档案由客户服务部管理。

（2）客户档案的日常管理不够规范。例如，客户档案无编号控制，客服部档案未进行归类整理，客户信息收集不全，用户保修记录不全。

（3）多数档案只有客户名称、地址、联系人姓名及电话等，缺少更为详细的背景资料，如资信情况、财务状况、经销商安装售后人数、其他代理品牌等。

风险及影响：

（1）档案管理混乱不利于公司客户资源的维护，业务人员甚至将客户资源变为私属资源，损害公司的利益。

（2）客户档案不完善会对售后服务的开展产生较大的障碍，甚至会因混淆保内保外情况，给公司造成损失。

（3）利用现有客户资源开展宣传推广活动会很困难。

（4）档案管理不规范不利于开展客户信用评估工作。

审计建议：公司应尽快发布制度，规范混乱的档案管理工作。当前公司正在建立客户关系系统（CRM），这对规范客户档案工作有很大的帮助，但要注意做好前期准备工作，应充分考虑各种需求及可能出现的问题。各使用部门要提高认识，并指定专人积极配合此项工作。

建议公司设立专人负责全公司的客户档案管理工作，包括客户档案的建立、更新、维护、保管以及档案资料的跟催、借阅管理等。客户档案包括客户基本信息、信誉记录、维修保养记录、BOM表等内容。

（二）财务规范方面

1. 外币出口业务核算制度

审计发现：

（1）未设置外币核算制度，如外币银行存款、外币应收账款的核算等。

（2）折算为本位币时操作不符合准则规定，如外币账户折算均采用买入价（准则规定按中间价）。

风险及影响：

（1）不能在系统中反映外币的发生、结余情况，不利于账目的查询、数据的统计。

（2）汇兑损益不准确，未能反映某个月份的真实汇率差异。

审计建议：完善外币核算制度，对外币银行存款账户、出口应收账款进行双币种核算，实现按币种查询明细账的目的，并由系统自动计算汇兑损益。

2.收入确认方面

审计发现：

（1）维修收入（含材料销售、售后服务费用）列入其他业务收入会计科目不恰当。

（2）审计时虽将此类收入调整为主营业务收入，但账目仍未调整，仍延续旧做法。

风险及影响：虽然对公司损益并无影响，但对财务分析（如收入结构、行业对比、业绩质量评价等方面）有不利影响。

审计建议：维修劳务属公司主营业务之一，在进行会计核算时有必要将其按主营业务处理。

（三）其他方面

1.经营方面

审计发现：热水安装工程（混合销售）合同未区分材料与工程费用，销售实现时一律征收增值税。

风险及影响：当前公司一律开具税率为 ××% 的增值税发票，而建安（安装劳务费部分）发票的税率为 ×%。显然当前开票方式增加了税负，不利于公司的会计核算。

审计建议：

（1）评估工程项目分开核算与纳税的税负是否能够达到节税之目的。

（2）如评估结果显示分开核算可行，建议公司申请建安资质，合同签订时区分材料销售款与安装费用，由财务分开核算。

（3）如自身不可开具建安发票，可到施工地的税务局申请代开。但需注意，代开的手续较烦琐，相关事项需在签订合同前就办好，同时将有关事项在合同上进行约定。

2.机构设置方面

审计发现：

（1）××业务部与营销中心均属内销系统，但两者互不隶属，两个部门有独立的岗位、制度及考评体系。

（2）销售部门组织架构及人员方面不太稳定，调整、变动较为频繁。

风险及影响：

（1）信息及资源不能完全共享，造成一定的浪费；另外也加大了公司的管理成本，使业务流程趋向复杂。

（2）人员不稳定导致营销目标短视化，不利于公司的长远发展。

审计建议：

（1）将××业务部与营销中心进行合并，整合相关人员及制度体系。

（2）营造良好的工作环境，采取公正、公开、透明的员工激励措施。

✎ 学习笔记

请对本章的学习做一个小结，将你认为的重点事项和不懂事项分别列出来，以便于自己进一步学习与提升。

本章重点事项
1.
2.
3.
4.
5.
本章不懂事项
1.
2.
3.
4.
5.
个人心得
1.
2.
3.
4.
5.

第4章

采购与付款业务内控审计实务

 学习目标：

  1.了解采购与付款业务的流程、采购与付款业务内部控制的目标。

  2.掌握采购与付款业务内部控制审计的准备工作——确定内审项目、编制采购及收款业务调查问卷，为内部审计打下良好的基础。

  3.掌握采购与付款业务内部控制的审计事项及审计程序，具体包括供货商/承包商的选择和档案管理，采购定价，采购计划的订立、审批和修改，采购合同/订单的订立、审批和修改，购货程序，应付账款的支付，费用的审批、报销和截止。

4.1 采购与付款业务流程及内控目标

4.1.1 采购与付款业务的流程

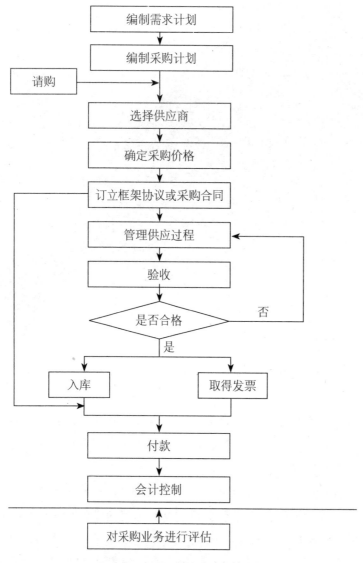

采购与付款业务的流程主要涉及编制需求计划和采购计划、请购、选择供应商、确定采购价格、订立框架协议或采购合同、管理供应过程、验收、退货、付款、会计控制等环节，具体内容如图4-1所示。该流程适合各类企业的一般采购与付款业务，具有通用性。企业在实际开展采购与付款业务时，可结合自身情况将此流程予以扩充和具体化。

图 4-1　采购与付款业务的流程

4.1.2　采购与付款业务内部控制的目标

采购与付款业务内部控制的目标如图 4-2 所示。

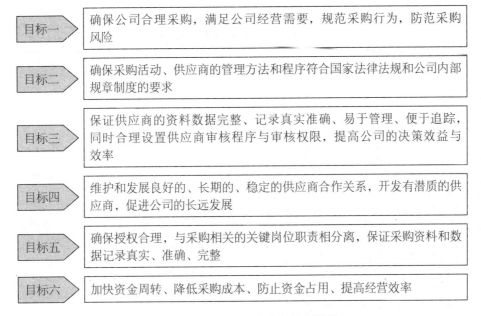

图 4-2　采购与付款业务内部控制的目标

4.2　采购与付款业务内控审计准备

4.2.1　确定内审项目

采购及付款业务的内部审计通常包括图 4-3 所示的审计子项。

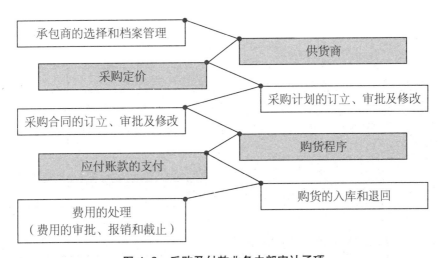

图 4-3　采购及付款业务内部审计子项

4.2.2　编制采购及收款业务调查问卷

内部审计人员在对公司的采购及收款业务进行内部审计前，应制定调查问卷（如表4-1所示）并开展调查。

表 4-1　采购及付款业务调查问卷

问题	回答记录
1. 公司有无书面的采购操作流程	
2. 公司的采购类型或方式有哪些	
3. 负责采购的部门有哪些？分别采取何种类型的采购	
4. 采购部门的组织结构如何？是否定期进行人员轮换	
5. 公司的一般购货流程如何	
6. 公司如何选择供货商？是否有相关的政策	
7. 供货商档案的保管采用何种方式？有无保密措施	
8. 采购商品的价格如何确定，是否包含在供货商主档案中	
9. 供货商资格是否定期审核？若是，请介绍一下审核的程序	
10. 供货商档案的接触控制如何授权： （1）使用系统的逻辑控制 （2）手工管理的档案是否有相关的保密政策，并由专人管理	
11. 公司是否每年都制订采购计划，请介绍一下制订的流程？是否依据生产和营销计划来制订采购计划	
12. 采购计划的变更是否经合理的批准	
13. 是否所有的采购都需制定合同？如不是，何种情况需制定合同	
14. 采购合同制定的流程是怎样的	
15. 由谁在采购合同上签字？若非法定代表人，是否有法定代表人的书面授权	
16. 采购合同的变更是否经合理的批准	
17. 公司如何确保采购合同的签订对象是有资格的供货商且定价是合理的	
18. 采购合同是否采用格式合同？格式合同是否经法律顾问审核	
19. 是否所有的采购合同都经法律部门审核？如不是，何种情况下采购合同需经法律顾问审核	
20. 采购合同（采购订单）的归档和保管程序如何？是否连续编号	
21. 请介绍一下采购需求提出、审批通过、采购部处理的过程	
22. 公司是否定期检查采购计划的执行情况	
23. 超出采购计划的采购需求是否经合理的批准	

问题	回答记录
24. 紧急采购的流程是什么	
25. 公司的询价程序如何？是否有书面的记录	
26. 采购部门如何与仓库、财务部门衔接（从物流和信息流两方面）	
27. 财务部门记录应付账款前是否核对合同（或订单）、入库单据、发票等资料	
28. 是否有控制过程来保证应付账款及其对应的存货采购记录于同一个会计期间	
29. 采购运输的方式是：（可以多选） （1）公司自提 （2）客户运输到公司 （3）委托承运人	
30. 仓库收货时是否核对采购合同（或订单）	
31. 收到采购产品时数量是否经过采购部和仓库的共同确认	
32. 是否有质量检验部门对收到的产品进行质量检验	
33. 客户送货数量或质量不符合要求时如何处理	
34. 采购退回的操作程序如何	
35. 入库单是否事先连续编号，并有人对归档的这些单据的连续性进行检查	
36. 是否至少每月制作应付账款账龄分析表	
37. 公司如何使用供货商提供的现金折扣	
38. 公司是否有资金使用预算？应付账款的支付是否符合资金使用要求	
39. 公司是否有书面的费用报销程序	
40. 公司费用报销的审批是否有适当的授权	
41. 财务部门在支付费用前，是否核对审批手续的完整性，并检查原始单据的合法性、复核费用的准确性	
42. 预付款的政策和控制措施是怎样的	
43. 是否有专人定期对费用的波动情况进行分析	
44. 在现在的工作中，您最担心或最关心的事是什么	

4.3　采购与付款业务内控审计要点

4.3.1　供货商 / 承包商的选择和档案管理内控审计要点

供货商 / 承包商的选择和档案管理内控审计要点如表 4-2 所示。

表 4-2 供货商 / 承包商的选择和档案管理内控审计要点

序号	控制目标	控制活动	审计程序
1	供货商 / 承包商的选择符合公司的经营目标和利益要求	（1）公司制定供应商分类标准（如长期和临时），并制定不同类别的管理方法	①与采购部门经理进行访谈，了解供货商 / 承包商的分类以及选择供货商 / 承包商的标准和流程，包括： a. 标准的制定主体（如质量标准由质量部门、生产技术部门或实验室制定，价格标准由财务部门制定等）及制定依据（如供货质量、供货及时性、供货价格、生产能力、信誉等） b. 候选供货商 / 承包商的数量 c. 选择过程（如是否经过招标、是否先经小规模试生产、是否由各部门综合评价等） d. 使用的文件（如书面政策、询价单据、评审表等） e. 选择的标准及流程是否有改变及改变的频率 f. 符合标准但未列入最终名单的供货商 / 承包商是否列入潜在供货商 / 承包商名单 ②取得公司选择供货商 / 承包商的书面政策，查看是否经管理层审批，并与以上了解的程序进行比较，确认是否有出入 ③根据政策下达的部门，询问该部门操作人员对政策的了解程度
		（2）公司制定供货商 / 承包商的基本选择标准（主要考虑供货商的供货能力、原材料质量及各项指标的合格情况、价格与付款条件、财务状况、管理能力、持续经营能力等），使之书面化，并经管理层审批	
		（3）由各相关部门（如采购部门、财务部门、质量管理部门、企业管理部门、生产技术部门、实验室等）组成评选小组，对供货商 / 承包商进行评估，衡量各供货商 / 承包商的能力及条件，在供货商 / 承包商评价表中记录各供货商 / 承包商的供货质量、供货及时性、供货价格等信息。各部门负责人应在供货商 / 承包商评价表上签署部门意见，确定合格供货商名单，经管理层审核批准后生效	①取得公司的供货商 / 承包商名单，查看是否经管理层审批 ②采用判断抽样的方法抽取 × 家供货商，查看相应的单据（如评审表等），判断是否符合公司规定的选择流程 ③采用判断抽样的方法随机抽取 × 张采购发票，查看是否全部从名单中的供货商 / 承包商处采购

序号	控制目标	控制活动	审计程序
1	供货商／承包商的选择符合公司的经营目标和利益要求	（4）采购部门应随时从不同渠道收集公司潜在供货商／承包商的相关信息，并建立信息档案备查，同时根据获取的潜在供货商／承包商信息填写供货商／承包商评审表，相关信息包括供货商／承包商的简介、主要产品及价格、竞争优势等，然后由管理层审阅并签字确认	同1中的（1）
2	供货商／承包商的更新符合公司的规章制度	（1）对入库和生产过程中发现的原材料质量问题以及随之产生的产品质量问题进行跟踪和监控，及时与供货商／承包商沟通产品质量、售后服务等问题，并予以跟进	①与生产部门和采购部门相关人员进行访谈，了解其对原材料质量如何监控，是否将存在的质量问题记录在案并及时向供货商反馈②采用判断抽样的方法随机抽取×笔反馈记录，查看与供货商／承包商的沟通是否及时，以及是否在供货商／承包商的评价报告中有所反映
		（2）定期（至少一年一次）汇总原材料使用情况，对供货商／承包商进行评价（材料质量、交货时间、售后服务等），并形成评价报告，经管理层审批后生效；对于不合格的供货商／承包商，应及时从供货商／承包商名单中删除	①与采购部门经理进行访谈，了解更新供货商／承包商名单的标准和流程：a.对供货商／承包商定期复核的频率b.对供货商／承包商复核的程序与方法（如评价报告等）②采用判断抽样的方法从供货商／承包商名单中抽取×家供货商／承包商，查看相应的评价报告，判断是否符合公司规定的定期复核流程③从评价报告中寻找不合格的供货商／承包商，查看其是否还在最新的经管理层批准的合格供货商／承包商名单中④查看不合格供货商／承包商名单及相关档案的保存记录
3	对供货商／承包商数据的修改应正确、及时、完整	由专人对供货商／承包商数据进行修改，并经适当管理层审批。更改后的资料由独立于更改者的人员复核，以确保其准确性	①与采购部门、IT部门等相关人员进行访谈，了解供货商／承包商数据修改的政策与流程、使用的单据、审批人等②采用判断抽样的方法抽取×笔数据修改记录，查看修改人是否经过适当的授权，修改的记录是否附有相应的批准与审核单据，资料的修改是否及时

序号	控制目标	控制活动	审计程序
4	供货商／承包商档案的保密政策符合要求	（1）制定供货商／承包商档案的保密政策	①询问采购部门有无供货商／承包商档案的保密政策，并获得书面文本，复核管理层的确认意见 ②与采购部门具体业务人员进行访谈，评价对供货商／承包商保密政策的执行情况
		（2）使用系统的逻辑控制限制相关人员对供货商／承包商信息的接触	①与IT人员进行访谈，了解系统中供货商／承包商档案的控制情况 ②在IT人员的协助下，获得可以访问供货商／承包商档案的人员名单 ③了解、评估对名单所列人员授权的恰当性

4.3.2 采购定价内控审计要点

采购定价内控审计要点如表4-3所示。

表4-3 采购定价内控审计要点

控制目标	控制活动	审计程序
采购定价是合理的，并且符合公司的政策	（1）采购定价经过适当的询价程序，并有书面的询价记录	①询问采购部门或其他相关部门人员有关采购定价的询价程序 ②采用判断抽样的方法从公司采购产品基准价格表中抽取×份样本，追踪询价记录，检查基准价格的确定是否正确，并检查询价记录的操作人和审核人的签字，以及基准价格批准人的签字
	（2）产品采购定价经适当管理层审批	
	（3）公司制定产品的基准采购价格，实际采购价格不应超过基准价格的一定幅度	①询问采购部门或其他相关部门人员确定采购价格遵循的程序 ②获得并查核采购基准价格的权限浮动表 ③采用判断抽样的方法从采购合同（或订单）中抽取×份样本，检查其价格是否与基准价格相符或与公司的询价结果相符，并检查采购合同（或订单）批准人的签字
	（4）采购合同（或订单）签订前由专人核对价格是否与公司预先制定的价格相符	
	（5）采购合同只有经适当管理层批准才可执行	
	（6）基准采购定价应定期更新，并经管理层批准	①询问采购部门或其他相关部门人员采购定价定期更新的相关程序 ②检查公司采购产品基准价格表，检查其价格是否定期更新，是否由管理层签字确认

4.3.3 采购计划订立、审批和修改的内控审计要点

采购计划订立、审批和修改的内控审计要点如表4-4所示。

表4-4 采购计划订立、审批和修改的内控审计要点

序号	控制目标	控制活动	审计程序
1	有计划的采购行为	（1）确定采购计划的制订依据经管理层批准	①与采购部门相关人员进行访谈，了解采购计划制订的依据和程序等 ②获得书面的采购计划制订政策 ③对照采购计划制订政策，评估采购计划制订流程的符合程度 ④与生产部门和财务部门相关人员进行访谈，了解他们对采购计划的参与程度 ⑤检查年度采购计划的内容是否完整（包括采购品种、数量、价格、质量要求、批量进度安排和资金计划），是否有高级管理层的签字确认 ⑥检查生产部门和财务部门的采购计划是否与采购部门制订的采购计划一致
		（2）根据经批准的采购计划制订依据设计适当的采购计划编制流程	
		（3）根据经批准的年度生产计划以及存货情况，编制年度采购计划并分解，同时由适当管理层批准	
		（4）定期调整采购计划，使之与当期生产计划相符，并由适当管理层批准	①获得月/季度采购计划，检查其是否与年度采购计划的批量进度一致 ②与生产部门相关人员进行访谈，了解生产计划的变更情况，并获得生产计划变更文件 ③与采购部门相关人员进行访谈，了解采购计划变更的依据和程序等 ④审阅更新的采购计划，查看是否有相应的变更依据和管理层的审批签字 ⑤从生产部门和财务部门取得变更后的采购计划，检查其是否与采购部门制订的变更计划一致
		（5）采购计划的变更需要有依据，并且经相关部门复核后，由管理层批准	
		（6）计划外的采购，必须经相关部门复核后，由管理层批准	
2	采购计划符合生产需要	（1）采购计划应包括以下内容:采购品种、数量、价格、质量要求和批量进度安排	同1中的（1）
		（2）采购计划确定或变更后，应送至生产部门备案	同1中的（1）和1中的（4）
		（3）采购部门定期编制采购计划差异报告，详细说明存在的重大差异，并由适当管理层审阅	①获得采购部门每月编制的采购计划差异报告，检查是否有管理层的审阅记录 ②获得财务部门编制的采购资金计划差异报告，查看该差异是否与采购计划差异一致 ③与采购部门相关人员进行访谈，了解采购计划差异产生的原因及其对生产的影响 ④与生产部门相关人员进行访谈，了解采购计划差异对生产的影响

序号	控制目标	控制活动	审计程序
3	采购进度适应资金状况	（1）采购计划中包含采购资金预算。财务部门参与采购资金预算编制过程，协调资金需求可行性与购货紧迫性之间的关系	同1中的（1）
		（2）采购计划确定或变更后，应送至财务部门备案	同1中的（1）和1中的（4）
		（3）财务部门在采购资金计划差异报告中单列采购资金计划与实际数据的比较	同2中的（3）

4.3.4 采购合同/订单订立、审批和修改的内控审计要点

采购合同/订单订立、审批和修改的内控审计要点如表4-5所示。

表4-5 采购合同/订单订立、审批和修改的内控审计要点

序号	控制目标	控制活动	审计程序
1	公司使用合法、完整的采购合同/订单	（1）公司采用标准化的采购合同模板。标准化采购合同模板由公司法律顾问在相关部门的协助下制定，并由高级管理层签字批准	①与采购人员进行访谈，了解公司是否有标准化的采购合同模板/采购订单模板，该模板是否由法律顾问定期复核 ②获得标准化的采购合同模板/采购订单模板，检查是否有高级管理层和法律顾问的签字确认
		（2）公司制定标准化的采购订单模板，并由高级管理层签字批准	
		（3）法律顾问定期根据国家相关法律法规对标准化采购合同模板或采购订单模板进行复核	①获得法律顾问对标准化采购合同模板或采购订单模板的复核记录，检查复核的频率 ②根据复核记录追踪标准化采购合同模板或采购订单模板，检查内容变更是否及时
		（4）采购合同的制作以标准化采购合同模板为准，法律顾问审核合同的合法性并签字确认	①与采购合同/订单制作人员进行访谈，了解采购合同/订单的制作是否以标准化的采购合同模板或采购订单模板为依据 ②采用判断抽样的方法抽取×份采购合同的内部评审单，检查是否有法律顾问的复核确认 ③询问采购部门管理层是否有未使用标准模板的采购合同，若有，采用判断抽样的方法抽取×份未使用标准格式的采购合同，检查是否有法律顾问的复核确认
		（5）不使用标准格式的采购合同，应经法律顾问复核	

序号	控制目标	控制活动	审计程序
2	采购合同/订单的制定符合公司的各项政策规定和管理层的意图	（1）公司有采购合同/订单审批制度，且制度明确了采购合同控制部门审批的方式、权限、程序、责任和相关控制措施，并经高级管理层核准后执行	①与公司管理层进行访谈，了解公司是否有采购合同/订单审批制度并获得高级管理层的认可 ②获得书面审批制度，检查高级管理层的复核确认 ③与采购合同控制部门的相关人员进行访谈，了解采购合同/订单的审批是否符合采购合同/订单审批制度，是否使用采购合同评审表记录采购合同签订前各部门的控制过程 ④采用判断抽样的方法抽取×张合同评审表，检查上面是否有各评审部门的签字确认
		（2）公司在采购合同/订单审批过程中使用合同评审单，由计划控制、预算控制等部门审核并在评审单上签字	
		（3）公司有经管理层批准的分级授权制度，制度中规定了相应人员的签字权限	①与公司管理层进行访谈，了解哪些人员被授权可以代表公司在采购合同/订单上签字和签章 ②获得被授权的人员名单，检查其被授权的额度 ③检查被授权人的书面授权书，上面是否有法定代表人的授权签字 ④采用判断抽样的方法抽取×份采购合同/订单，检查是否有超过授权额度签字的现象
		（4）代表公司签订采购合同/订单的人员有公司高级管理层签发的书面授权书	
3	采购合同/订单的修改符合管理层的意图	（1）采购合同的修改需要经过适当的审批和授权	①与采购合同执行部门相关人员进行访谈，了解采购合同/订单的修改过程 ②获得采购合同修改的书面证据，如修改批准单或合同审批单，采用判断抽样的方法抽取×份档案，检查相应部门的审核意见和签字，以及法律部门对采购合同修改的意见和签字 ③采用判断抽样的方法抽取×份已修改的采购订单，检查修改处是否有修改人的签字
		（2）采购订单的修改需经双方书面确认	
4	所有签订的采购合同/订单均得到妥善的保管	（1）采购合同/订单连续编号	①与采购部门相关人员进行访谈，了解供货商签返的采购合同/订单的保管情况，以及采购合同/订单的借阅是否有登记 ②检查归档的采购合同/订单是否连续编号，如果有长期未归档的采购合同/订单，则需要查核原因 ③获得采购合同/订单的借阅登记簿，查看借阅者的签字和日期 ④实地观察采购合同/订单（包括作废的采购合同/订单）的保管情况，判断是否有足够的物理安全保障 ⑤实地观察采购合同/订单的保管地点，确定是否有足够的安全措施
		（2）供货商签返的采购合同/订单被妥善保管	
		（3）在登记簿上记录采购合同/订单借阅人的姓名和日期	
		（4）采购合同/订单存放地点有足够的物理安全保障	
		（5）作废的采购合同/订单被妥善保管	

4.3.5 购货程序内控审计要点

购货程序内控审计要点如表4-6所示。

表4-6 购货程序内控审计要点

序号	控制目标	控制活动	审计程序
1	保证原料的采购数量、质量等符合公司生产和经营的需要	（1）原料采购需求应经使用部门及相关部门管理层的批准	①询问采购部门或相关部门采购方面的控制流程 ②采用判断抽样的方法从请购单中抽取×份样本，检查是否有使用部门负责人的审核签字，是否有其他管理层人员的批准签字
		（2）设置专人核对采购需求是否与采购计划相匹配	①询问公司相关部门有关超计划采购审批权限的规定 ②询问采购部门或相关部门，是否有专人定期将采购需求与采购计划进行比较，是否有书面记录 ③采用判断抽样的方法从需求与计划比较记录中抽取×份样本，检查是否对分析和改进措施进行跟进 ④采用判断抽样的方法从采购订单情况汇总表中抽取×份超计划采购的样本，并追踪相应的调查记录以及高级管理层的批准记录 ⑤询问管理层紧急采购的流程，查核有无专人定期复核和分析紧急采购
		（3）超计划采购的审批应经特别授权	
		（4）设置专人核对采购订单是否向经批准的供货商发出，采购价格是否符合公司的定价政策	①询问采购部门或相关部门采购订单审核的程序 ②采用判断抽样的方法从采购订单中抽取×份样本，检查采购订单上是否有复核签字和批准签字，并检查采购订单是否向经批准的供货商发出，采购价格是否符合公司的定价政策
		（5）采购订单应经适当管理层批准	
		（6）设置专人制作采购订单情况汇总表，并定期与采购计划核对，对超计划采购事项进行跟踪	同1中的（2）
		（7）紧急采购有审批和申报流程，并由专人定期复核、分析频率等	
2	保证所有的原料采购都已按时执行	（1）采购订单是事先连续编号的，并由设置人员定期对已归档采购订单的连续性进行检查	①检查采购订单档案，确认采购订单是否事先连续编号 ②采用判断抽样的方法从采购订单情况汇总表中抽取×份样本，检查完成的采购订单是否有标记

序号	控制目标	控制活动	审计程序
2	保证所有的原料采购都已按时执行	（2）对已完成的采购订单做相应标记。由专人定期检查是否有长期未完成的采购订单，并进行调查	③对于长期未完成的采购订单，调查原因
		（3）设置专人制作采购订单情况汇总表，并定期与采购计划核对，对长期未完成的采购订单进行调查	
3	保证备品备件、低值易耗品的采购符合公司的政策和使用需要	（1）公司应制定备品备件采购程序，并设置适当的审批权限	同 1 中的（1）
		（2）备品备件的采购需经使用部门及有适当审批权限的管理层批准	
		（3）备品备件的采购集中由采购部门执行	①与采购部门相关人员进行访谈，了解备品备件的采购流程和执行部门②获得经批准的合格供货商清单③采用判断抽样的方法抽取 × 份备品备件采购订单样本，并与合格供货商清单进行比较，确认采购对象是清单上的供货商④采用判断抽样的方法抽取 × 张采购发票，并追踪供货商，判断其是否为经批准的供货商
		（4）备品备件应从经批准的供货商处采购	
		（5）设置专人定期制作备品备件采购金额分析表并进行分析，重点对异常波动进行分析	

4.3.6　应付账款支付的内控审计要点

应付账款支付的内控审计要点如表 4-7 所示。

表 4-7　应付账款支付的内控审计要点

序号	控制目标	控制活动	审计程序
1	只有当订购的服务已提供，才可以记录应付账款	（1）服务提供后，应有相关人员在发票上签字确认，并经管理层审核	①询问采购部门、财务部门等相关人员，了解服务采购方面的控制流程②采用判断抽样的方法从应付账款明细账中抽取 × 份样本，检查是否有制作人及复核人签字，并追踪相应的发票、合同（或订单），检查审批手续是否完备，内容是否一致
		（2）财务人员核对发票和相应的支持文件（如合同、订单等）是否一致，发票的确认及审核手续是否完备，只有符合要求的发票才可记入应付账款	

续表

序号	控制目标	控制活动	审计程序
1	只有当订购的服务已提供，才可以记录应付账款	（3）应付账款凭证入账前应经制作人以外的财务人员复核	
		（4）定期将实际服务费用与预算进行比较，并由管理层复核签字	①询问实际采购服务与预算比较的控制操作流程 ②采用判断抽样的方法抽取3～4个月的书面比较记录（以审计时间范围为12个月为例），检查制作人及复核人的签字，对超过×%的波动，追踪调查分析记录，并作出说明
2	所有采购产品的应付账款都正确、完整、及时地（在恰当的会计期内）进行记录	（1）财务人员应核对发票和相应的入库单、合同（或订单）是否一致，各单据的审批手续是否完备。只有符合要求的票据才可记入应付账款	同1中的（1）
		（2）同1中的（3）	
		（3）定期将实际采购数量与预算进行比较，并由管理层复核及批准重大的波动	同1中的（4）
		（4）入库单应事先连续编号，并设置专人对其连续性进行检查	①检查入库单，看其是否事先连续编号 ②查看入库单是否连续使用和归档
		（5）对会计期前后发生的入库进行追踪和必要的调节，以确保入库产品的应付账款记录于正确的会计期内	①向财务部门相关人员了解应付账款截止的控制流程 ②抽取会计期前×天至会计期后×天所有原材料的入库单 ③追踪相应的发票、凭证和会计账目，检查单据内容是否一致、入账会计期是否正确
		（6）设置专人制作产品已入库但发票未到和采购产品物权已转至公司但产品未运达的情况清单，经适当管理层复核后，预估入账	①询问财务、采购等部门相关人员暂估入账的控制流程 ②采用判断抽样的方法抽取3～4个月的暂估清单，检查制作人及复核人签字情况，并追踪相应的入库单、合同（或订单）、凭证，检查内容是否一致、入账会计期是否正确 ③检查发票到位后是否进行暂估应付款的冲回
		（7）对于从供货商发来的对账单，应与应付账款明细账进行核对，并制作调节表，有差异的应查明原因	①检查是否有与供货商对账的制度 ②采用判断抽样的方法从供货商发来的函证中抽取×个样本，并追踪相应的调节表，检查差异调查分析记录

序号	控制目标	控制活动	审计程序
3	支付货款应符合公司的政策和手续	（1）申请人提出付款申请，由部门负责人审批，不同金额由不同的管理层批准	①询问财务部门、采购部门等相关人员采购支付的控制流程 ②采用判断抽样的方法从应付账款的借方支付凭证中抽取×份样本，检查凭证制作人及审核人的签字，并追踪付款的审批记录，检查申请人、部门负责人和管理层的签字
		（2）设置专人审核应付账款的支付是否符合公司的资金使用计划	①了解实际采购支付与现金预算比较的控制流程 ②采用判断抽样的方法抽取3~4个月的书面比较记录（按审计的时间范围，以12个月为例），检查制作人及复核人的签字，并追踪高级管理层的审批记录及调查分析记录
		（3）定期将付款金额与现金预算进行比较，对重大差异应进行必要的调查	
		（4）超现金预算的支付应由高级管理层批准	
4	确保所有的现金折扣都被充分利用	应注明应付账款的到期日，并设置专人定期检查应付账款是否到期	①询问财务人员应付账款到期表的制作与控制流程 ②采用判断抽样的方法抽取3~4个月的应付账款到期表（审计的时间范围以12个月为例），检查制作人及复核人的签字，以及是否有过期未付的应付账款
5	所有已支付的应付账款都正确、完整、及时地（在恰当的会计期内）进行记录	（1）对于应付账款的支付凭证，应由制作人以外的财务人员核对相应的审批单据	同3中的（1）
		（2）对于从供货商发来的对账单，应与应付账款明细账核对，并制作调节表，有差异的应查明原因	同2中的（7）
6	应付账款被正确地披露	在会计期末制作应付账款清单，由专人检查余额为负数的客户，并在制作报表时进行必要的重分类调整	①询问年末应付账款为负数的处理过程 ②检查年末应付账款明细账，对所有负数余额进行调查，并追踪年末报表，确认是否已进行必要的重分类调整

4.3.7　货物入库和退回的内控审计要点

货物入库和退回的内控审计要点如表4-8所示。

表 4-8　货物入库和退回的内控审计要点

序号	控制目标	控制活动	审计程序
1	仓库接收的产品与经批准的采购订单相符	（1）收货时，由收货人员核对产品规格、型号、数量是否与经批准的采购订单相符	①询问仓库及相关人员货物入库和退回的控制流程 ②采用判断抽样的方法从归档的入库单中抽取 × 份样本，检查入库单是否有制作人及复核人的签字，并追踪相应的采购订单，核对入库单上的产品规格、型号、数量是否与采购订单相符
		（2）收货人以外的人员应审核收货人填写的入库单，并在入库单上签字	
		（3）公司建立了产品质量检验程序，对于需要进行质量检验的产品，应按规定及时检验，并有书面的检验记录	①询问仓库及相关人员公司产品检验的相关流程中有哪些属于免检产品的范围 ②从抽取的样本中，对所有需要检验的产品，追踪相应的检验记录，检查检验手续是否符合公司的政策
2	对于供货商的货物不符合采购订单要求的，按公司政策及时处理	（1）对于供货商所送货物不符合采购订单要求，公司建立了相关政策	同 1 中的（1）
		（2）仓库不接收不符合订单采购如规格、型号及超订单数量、质量等的产品，除非经过特殊授权	
		（3）不符合采购订单的产品，应在规定的时间内及时退回	同 1 中的（1）和 2 中的（4）
		（4）接收不符合采购订单的货物，应经授权的管理层批准，并有书面的批准记录	①在抽取的样本中，若发现入库单上的产品数量大于采购订单数量或规格、型号等不符，则追踪授权管理层批准的书面记录，或者追踪相应的退回单据 ②若检验发现不合格产品，则追踪授权管理层批准的书面记录，或者追踪相应的退回单据
		（5）应退回的产品在专门区域保管，并有明显的标记	实地观察仓库的安排，检查应退回的产品是否放置于专门的区域，并有明显的标记
3	已接收产品的退回手续应合理	（1）运送产品的交通工具出厂，应由安全人员检查放行手续是否完备	①询问保安部门和仓库等相关人员，了解出库货物的大门放行程序 ②采用判断抽样的方法从书面放行记录中抽取 × 份样本，检查产品发运的放行记录 ③若无书面放行记录，则实地观察产品发运的放行情况

续表

序号	控制目标	控制活动	审计程序
3	已接收产品的退回手续应合理	（2）所有出库的产品应有适当部门的签收	①向仓库人员了解出库单是否有收货人签收 ②采用判断抽样的方法从归档的出库单/发货单中抽取 × 份样本，检查是否有收货人签收
		（3）适当管理层应对退回货物的损失进行核准，并定期分析原因	③询问适当管理层退回产品损失的审批程序 ④获取退回产品申报表，检查是否有适当管理层的签字 ⑤获得退回产品的分析资料如损失率分析表等，查核分析是否合理
4	入库和退回应正确、完整、及时地进行记录	（1）由收货人以外的人员复核收货人的清点工作，审核收货人填写的入库单，并在入库单上签字	同1中的（1）
		（2）对入库单事先连续编号，并定期检查其是否连续使用	检查入库单/退回单，看其是否连续编号
		（3）对采购退回的单据事先连续编号，并定期检查其是否连续使用	
		（4）对会计期末前后发生的收货及退货进行追踪和必要的调节，以确保仓库账上的入库和退回记录于正确的会计期	①抽取会计期末前 × 天至会计期末后 ×天所有的入库单，追踪相应的仓库账，检查其内容是否正确，并且记录于正确的会计期内 ②抽取会计期末前 × 天至会计期末后 ×天所有的退回单，追踪相应的仓库账，检查其内容是否正确，并记录于正确的会计期内
		（5）仓库应及时将入库及退回信息传递给采购、生产、财务等相关部门	①询问仓库与采购、生产、财务等相关部门信息沟通的政策和流程 ②若有书面记录，则查阅相关的书面记录，并评估其合理性

4.3.8 费用审批、报销和截止的内控审计要点

费用审批、报销和截止的内控审计要点如表4-9所示。

表 4-9　费用审批、报销和截止的内控审计要点

序号	控制目标	控制活动	审计程序
1	费用的批准程序符合公司的管理制度	（1）公司制定书面的费用审批流程和制度（包括费用审批权限、报销政策等）	①与财务部门或其他部门相关人员进行访谈，了解费用审核流程和制度及其执行情况等 ②获得被审计单位书面的费用审核流程或政策，并复核该流程或政策的完整性和管理层的确认
		（2）部门的所有费用由部门主管审批，部门主管的费用由其上级领导审批	
		（3）费用报销应由具备相应权限的审批人批准并签字确认	①获得费用报销单范本 ②采用判断抽样的方法从费用明细账中抽取 × 份样本，并追踪费用审核表、发票和其他原始单据，查看其是否与明细账一致，费用审核表的填写是否符合公司管理制度的要求，费用审核表是否按权限经费用支出部门主管、财务人员审批，超出预算的费用是否经额外程序审批，原始发票是否与费用报销单一致，费用是否记录在适当的会计期间 ③评估费用的处理是否符合公司的政策 ④获取预算外费用的相关分析报告，并评估其合理性
2	有效批准费用的支出	（1）预算内的费用按公司一般费用审批程序批准	
		（2）预算外的费用按额外的审批程序批准，或不予批准	
		（3）定期复核预算外费用发生的合理性和频率	
3	只处理经有效批准并实际发生的费用的报销	（1）审核费用报销单是否经过部门主管或额外批准程序的审批	
		（2）审核费用报销单的填写是否符合公司管理制度的要求	
		（3）将费用报销单与所附的发票、入库单等原始单据进行核对，并审批原始单据的合法性	
4	费用被正确、完整、及时地记录	（1）将费用按性质和实际发生的日期，录入正确的会计科目和会计期间	
		（2）财务主管人员对费用凭证及附件进行复核，并签字确认	

【实例1】 ▶▶▶

采购审计推动流程改善

内审专员王×× 对公司进行了采购审计，发现应付账款多确认 × 万元，有些款项甚至已支付。

之所以开展这次审计，是因为有个供应商要退出公司的供应商体系，领导让审计部门先进行审计，梳理清楚公司与对方的业务情况，结清交易后，再终止合作。

王××拿到这个审计项目，首先梳理了整个采购业务流程，查看公司采购业务是如何运作的。在了解的过程中，他发现公司采购订单录入是由采购员完成的。采购员根据合同价格、数量录入采购订单，而仓库在录入实际到货数量后，即生成入库单。供应商开票给公司时，采购员在系统中匹配相应入库单，并交与财务。财务人员核刈发票与入库数量、金额一致后，即确认应付账款。王××认为，在这个过程中，对采购价格缺乏审核机制，采购价格可能存在重大的风险。所以，他把采购价格作为这次审计的重点。

原材料市场的价格波动特别大，价格有时上升，也有时下降。虽然公司的采购合同基本上是一月一签，但实际采购到货的时间可能会跨月。如果抽查其中某几份采购合同进行核对，可能很难准确把握实际入库情况。为此，王××决定从该供应商开始供货的时间进行梳理，把合作期间所有采购入库单的数量、单价与采购合同进行对比。对比之后发现，部分采购入库的单价高于采购合同的单价。

王××发现了该供应商的采购价格问题，考虑到采购业务执行的流程一模一样，于是他把这个审计又延伸到其他主要材料、其他供应商，对比了采购合同的数量、单价与入库单的数量、单价。果然，出现了同样的问题，最后的审计结果是多确认应付账款×万元。

审计结果出来之后，公司领导高度重视，为避免类似的问题再次发生，公司优化了现有的采购业务流程，增加了财务部门审核价格的节点。

启示：

1.找出问题的关键点，从关键点出发更容易得出结论。王××的审计是从业务出发，首先梳理了业务流程，发现流程存在的缺陷，然后，根据缺陷再去核实是否存在风险。如果王××拿到这个审计项目，没有抓住重点，而是均匀发力，那么他很可能需要花费更多精力去做其他工作，最终也可能审计出问题，但是效率一定会低很多。

2.审计不能局限于问题本身，还要防范风险。王××查出指定供应商的价格问题之后，并没有因此而结束审计，而是扩大审计范围，把相似的风险全部找出来，从而有更多的审计发现。我们平常在做审计时，要开阔思路，把眼光放得更高更远，确定审计发现的问题是不是具有共性，然后把这一类的风险全部提示出来，才更有利于公司改进。

3.能够帮助公司解决问题的内审，价值更高。王××通过审计推动公司修改流程，使公司以后不再发生类似的问题，这样的内审价值更高。因此，内审不仅要发现问题，还要给公司提供建设性的意见，帮助公司解决问题。

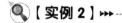**【实例 2】▶▶▶**--

从采购审计中发现舞弊

20××年，公司派出审计小组对分公司、子公司开展采购专项审计，除发现内部控制一般缺陷外，还发现一起舞弊事项。

一、审计过程

为规范管理分公司、子公司的采购业务，检查采购材料质量和价格的确定、供应商选择、采购合同订立、到货验收等供应链的情况，审计小组把近一年由分公司、子公司自主采购的耐火材料、低值易耗品、备品备件及劳保用品等纳入本次审计范围。重点梳理业务流程，明确采购业务的主要风险点，并针对内部控制薄弱环节提出相应的控制措施。根据审计计划，审计小组首先从供应商的确定渠道入手，检查供应商的评估和准入是否依照公司内控要求严格执行。如果供应商选择不当，可能导致采购材料质次价高，甚至出现舞弊行为。

第一步，梳理数据，抽查重点供应商。

审计小组调取了分公司、子公司近一年的采购台账、库房台账及财务往来账。将耐火材料、低值易耗品、备品备件及劳保用品等分别按照年度采购总金额排序，并按照金额的大小抽样，直至抽取到占该类别采购总金额50%的所有品种，找到这些品种所对应的供应商，由此锁定重点供应商。

第二步，审查重点供应商资质与信誉情况的真实性和合法性。

根据供应商的抽样名单，审计小组要求公司采购负责人提供供应商资质证明文件，对供应商资质与信誉情况的真实性和合法性逐一进行核实。通过国家企业信用网站、供应商单位官网及电话问询等方式确定供应商是否为合法存续状态，确定供应商并不是借用其他单位的资质。

第三步，锁定问题供应商，开展审计询价，判定采购价格的合理性。

针对第二步梳理出的问题供应商名单，审计小组兵分两路，一路人员继续深入挖掘供应商信息，查找是否有舞弊的可能；另一路人员收集公司与这些供应商签订的所有采购合同，对供应商引入、采购比价、议价、签订合同、材料到货、验收、入库及财务付款等环节开展全流程内控测试。检查每个业务环节授权、审批的合规性。尤其关注采购比价、议价的环节，判断采购人员是否能够做到三家比价、充分议价。还抽取部分市场价格波动不大的品种进行审计询价，以此评价采购人员是否能够真正科学合理地确定采购价格。

二、审计发现的问题

1.发现分公司的两家备品备件供应商的法定代表人互为对方单位的股东，可判定两家供应商存在关联关系。两家供应商以不同身份供应同类货物，存在舞弊嫌疑。

2.发现分公司采购人员对上述两家问题供应商的信息未提出过任何质疑，通过对采购人员进行调查，发现采购人员的配偶在其中一家供应商单位担任职务，经与采购人员访谈，其承认其配偶与该供应商法定代表人是朋友关系。审计小组又对两家备品备件供应商的供货价格进行了分析，发现价格存在偏高的情况，由此断定分公司采购人员存在舞弊。

3.发现子公司采购人员自己注册一家公司向子公司供应劳保用品等。采购人员采购自己公司的劳保用品，存在舞弊的可能。

4.内控检查发现，供应商的评估和准入没有严格执行公司要求，采购比价及议价缺乏监督机制，尚未建立供应商评价办法。

三、审计意见及建议

1.终止与问题供应商的合作，由公司财务部检查与问题供应商的交易款项是否真实。

2.分公司、子公司采购人员违反采购人员廉洁从业制度的规定，应根据公司相关制度予以处理。

3.进一步加强对采购业务的监督，采购人员应定期轮岗。

四、效果和启示

1.公司对审计小组发现的问题和给出的意见、建议非常重视，责令公司纪检部门对分公司、子公司两名采购人员进行进一步调查，并根据公司制度，对子公司采购人员给予开除处理，对分公司采购人员作出调岗、降级等处理，及时制止高价采购行为，尽可能节约采购资金。

2.通过采购专项审计，找到了舞弊风险，可推动公司完善内控制度，促进采购精益管理，提高全体员工廉洁自律的意识，筑牢拒腐防变的防线。

3.审计从业人员应具备怀疑精神，对舞弊的调查，可能会遇到各种压力和阻力，审计人员应持续提升执业水平，加强自身道德修养，更好地提升审计质量，为实现公司价值增值而不断地探索和努力。

🔍【实例3】▶▶▶

某公司采购审计工作总结

一、近期，某公司审计人员在对采购环节审计时，发现如下问题

1.供应商的确定与评审随意、不严谨，没有遵循集体决策原则，由单个采购员随意找供应商购买，造成了购买低质高价物料的风险。

2. 在采购询价环节，流程不规范，重要物料没有货比三家，询价没有书面记录与审批，供应商提供的报价资料不规范（如无盖章）。

3. 有三份大额物料是从贸易商或中间商处采购的，并没有从生产厂家进货，人为增加采购成本约 52 万元。

4. 采购询价的审批机制不健全，没有采用集体决策原则，没有形成互相制衡。

5. 部分重要物料的采购没有与供应商签订采购合同。采购合同对交货日期、采购物品质量、采购价格与运费支付方式约定不明。采购员随意与供应商交易并确定付款日与运费承担方式。

6. 没有建立规范的供应商采购档案，采购询比价记录、采购合同、采购协议等采购资料散乱。

7. 超过权限的采购订单未经恰当审批，有两笔采购的金额超过 20 万元，没有按审批权限交由执行总裁审批。

8. 预付供应商货款时没有实施控制措施与恰当审批，产生违约损失 8 万元。

9. 没有及时结合市场波动变更物品采购价格，金属网铜价格下降了 10% 以上，但公司采购价仍然处在高位，造成采购损失约 15 万元。

10. 没有执行年度或季度采购降本政策，采购成本的升降信息不明。

二、审计人员执行了以下审计程序与步骤

1. 与采购人员交流，了解供应商的确定需要什么流程与程序，并获取相关的表单或邮件审批证据，确定供应商的引进是否经过授权审批。如果有采购制度，要取得采购制度，通过穿行测试查看供应商确定是否与制度相符。同时记录相关流程，进行现场验证，并对关键表单或审批单进行拍照，进行抽样审查。

2. 取得采购部门的询价报价资料，查看重要物料的采购是否经过恰当询价后确定供应商。还要查看同一种物料的供应商数量、采购周期与采购价格的差异分析、供应商提供的报价单（注意盖章，不盖章只签字的无效），确定询比价的最终结果是否经层级审批后通过。

3. 对供应商清单进行审查，确认供应商是否为贸易商或经销商（中间商）。如果为贸易商，还要核实在国内是否存在生产所采购物品的厂家、厂家采购是否有数量限制等。核实后发现，从贸易商处采购的价格远高于厂家的采购价格，则舞弊的可能性较大。这种审计不要打草惊蛇，应先确定审计结果，得出重大采购损失结论，并注意汇报对象与时间的恰当性。

4. 在公司授权审批中，采购订单金额不同，审批权限也是不同的。超过一定金额的采购订单，一般要经过更高一级的领导审批。通过查阅公司的授权审批表，发现了超额未执行审批的现象。

5. 检查供应商采购档案是否完整保留。不保留采购档案的危害很大，一是采购后没有留下证据，进一步给采购人员提供了舞弊的空间；二是会造成采购行为不公开透明，失去对其的监控。所以正常情况下，对采购订单、报价决策资料、供应商评估资料、采购合同等都必须装订成册进行保管。

6. 要对预付货款进行控制。预付货款一般只针对特定供应商，如难于采购的物品、供应商要求先款后货的商品。确定预付之前，还要对供应商进行资质调查。预付并不是100% 预付，一般预付 30% 左右较恰当。预付必须有更高等级的审批。

7. 大宗商品，如铜、铝、合金类物料，由于市价在不停地变动，采购人员可以参考市场价格，随时调整采购价格。作为审计人员，可以通过对比市价趋势线与企业采购价趋势线，得出审计结论。

三、采购的主要业务活动及其中的关键审核点

1. 年度或月度采购计划

采购必须提前做计划，采购计划一般依据上年度的实际情况、本年度销售计划、相应的库存来制订。如果无采购计划，或采购计划没有经恰当审批，则可能因采购量过大造成呆滞损失，或因采购量不足使生产受到严重影响。

2. 供应商的评估与维护

公司需定期对供应商进行维护与评估，主要评估采购质量、交货及时性以及是否存在停供风险。有时需要备选多个供应商，评估时各部门均应参与进来，不能单纯由个别人或个别部门决定。

3. 采购下单

这个环节主要审计采购商品的依据是否准确合理，有无计划外采购或人为增加采购量的行为。

4. 验收入库

这个环节主要审计相关职责是否分离。一般由检验员检验质量，仓库清点数量，不合格物品需及时退回供应商，以免产生纠纷。同时，验收单据等需要签字确认或在系统中标识责任人，手工单据需一式几份，分别传递至财务、采购、仓库等部门。

5. 采购对账并填制付款请求单

由财务审核无误后列入"应付账款"，或采用现金支付。

在这个环节，采购员必须在请款前对账，收集相关的发票、验收单据及入库记录；财务人员必须审核并签字，存在 ERP 系统的，要在 ERP 系统中产生"对账单"。

6. 结算清理货款

这个环节主要审计付款是否经过恰当审批，是否存在用现金支付货款的情况。一般

企业是禁止用大额现金支付货款的，因为这样最容易产生舞弊行为。

四、针对以上审计问题，提出以下的审计建议供后期整改

1.建立供应商准入制度，对供应商进行等级评估，并经过层级审批，以防个人确定供应商。

2.对重要物料进行完整的询比价，并保留完整的询价记录，执行层级审批。

3.如有生产厂家，则禁止从贸易商或中间商采购，并建立相应的采购认证制度。

4.超过规定金额的采购，必须与供应商签订采购合同，约定付款条件、供货周期与质量要求等。

5.大额采购订单必须经过层级审批后发出。

6.建立健全供应商采购档案保管制度，保留采购订单、采购询价、供应商报价等资料，以备查询。

7.预付供应商货款必须进行风险评估或指定特定物料，同时还需经过恰当审批。

8.及时根据大宗商品的市价变动调整采购价格，避免采购成本居高。

9.每季度或年度计算采购降本信息，并执行相应的绩效考核。

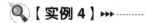

【实例4】 ▶▶▶

关于总部行政部采购管理情况的审计报告

××连锁股份有限公司董事会：

根据审计工作计划，审计人员于20××年4月14日至5月10日对深圳总部行政部20××年9月至20××年3月的采购管理情况进行了抽核审计，审计内容主要包括固定资产采购、办公用品采购和促销用品采购等方面，现将审计情况汇报如下。

一、基本情况

1.20××年深圳区域年度采购品类总额。

20××年1月1日至20××年12月31日的财务NC数据显示，年度采购总额为×××万元，如下表所示。

20××年度深圳区域分店采购表

单位：万元

类别	总部	总店	龙岗	光明	盐田	合计	占比
固定资产	××	××	××	××	××	××	××%

类别	总部	总店	龙岗	光明	盐田	合计	占比
办公用品	××	××	××	××	××	××	××%
促销用品	××	××	××	××	××	××	××%
小计	××	××	××	××	××	××	100.00%

2.20×× 年与 20×× 年深圳区域第一季度采购对比分析。

20×× 年与 20×× 年深圳区域第一季度采购对比分析表

单位：万元

类别	20×× 年第一季度	20×× 年第一季度	增长比
固定资产	××	××	××%
办公用品	××	××	××%
促销用品	××	××	××%

备注：20×× 年采购大幅度增长的原因为，1.人员增加；2.办公设备因老化无法使用；3.营销活动增加。

3. ×× 区域采购情况。

（1）固定资产：经 OA 审批后，总部需求应由总部行政部采购主管 ××× 采购，分店需求则由总部行政部调拨或分店自行采购。

（2）办公用品：总部需求由行政部采购主管 ××× 按相关管理人员提供的采购计划表进行采购，分店需求则由分店行政文员编制月度计划后交分店行政主管自行采购。

（3）促销用品：总部营销中心提供采购计划给总部行政部采购主管 ×××，其统一采购后分配到各店，各店行政部验收后交由相关部门管理。

（4）营销相关的物料采购未经过行政部，均由营销策划部自行下单采购。总部行政部对分店行政部采购的供应商及价格缺乏统筹规划和引导监督。

二、供应商管理方面

1.应定期调查市场采购价格，避免采购价与市场价存在较大的差距。

经抽查总部行政部资料发现，其缺少定期市场价格调查纸质文件。总部行政部采购主管 ××× 反馈，每年对市场价格进行两次调查，未形成纸质文件。这样审计人员对此无法进行确认。

审计建议：总部行政部应严格按照公司制度定期对公司的常用物品进行市场询价，以确定合理的采购价格，同时形成纸质的文件并进行归档处理。

2.办公用品采购未签订合同，难以对采购物品的质量问题进行责任追究。

审计人员核查总部行政部采购合同发现，总部行政部办公用品采购未签订合同，未对年度价格进行约定。经与深圳区域分店沟通后发现，分店采购办公用品引用总部采购供应商，均未签订合同。

审计建议：总部行政部应为公司日常办公用品筛选合适的供应商并签订采购合同，以免缺乏采购合同无法进行质量追诉。

三、采购价格管理方面

1.总部行政部应统筹安排分店的采购业务，以便于发挥规模采购优势。

审计人员核查资料发现，××区域分店办公用品的供应商基本与总部一致，但分店办公用品由分店行政部独立下单管理，总部行政部对分店采购行为无统筹规范的管理。

审计建议：总部行政部应统一管理分店的采购业务，以便于发挥规模采购优势。同时，公司目前的采购规模整体较小，不能达到集中采购所带来的价格优势，在这种情况下，总部行政部应选用口碑、销量、价格等较好的网络平台或利用××城的采购渠道，获得日常办公用品、固定资产、广告物料等采购价格上的优惠。

2.对公司常用物品应进行年度封闭式招标，以便于统一管理。

审计人员抽查采购合同发现，办公用品、固定资产和促销用品等无投标文件。行政部采购主管×××反馈，公司未进行年度封闭式招标，采购金额超出制度范围的，均进行三方比价。

审计建议：总部行政部应加强采购供应商的管理，按照公司常用物品清单进行年度封闭式招标。

3.单品价格超1万元的采购应采用封闭式投标选择供应商。

部分固定资产采购单价超过1万元，未进行封闭式投标，如20××年12月27日购买的1台打印机价格为××元。

审计建议：总部行政部应严格执行公司制度，至少有3个部门同时参与采购比价及选定供应商。

4.行政部应建立采购明细台账，以便于与前期购买的物品进行对比。

审计人员与总部行政部采购主管×××沟通后发现，其采购物品均未登记明细台账。这样不利于历史采购价格的比较和供应商的管理。

审计建议：建议总部及分店行政部采购员建立采购明细台账或在OA中建立采购明细账，以便于与前期购买的物品进行对比。

5.采购办公用品应选择市场销量较高的品牌，以便于对采购价格进行控制。

审计人员抽查部分月份办公用品的采购单发现，主供应商为××公司，总部采购的部分办公用品未获得采购价格优势。例如，精品A4复印纸80G、500PC为××自产品牌，价格××元/包；而××商城上销量较高的××品牌同型号A4纸价格为×××元/箱，5包/箱，平均××元/包。

审计建议：总部行政部应根据公司现状选择性价比高的办公用品供应商，以降低办公用品采购成本。

6. 应严格执行审批流程，确保资产购买价格与报价一致。

审计人员核查部分资料发现，个别物品采购价与当时报价不一致。例如，20××年××月××日购买的1台打印机价格为××元，三方比价后选定的供应商报价为××元。行政部表明，此打印机购买时已涨价至××元，但供应商同意××元出售。上述涨价情况经人力行政总监及财务总监审批，但未经总裁审批。

审计建议：总部行政部应重新进行三方比价，或以其他方式证明产品价格已上涨，必须在流程审批后进行采购。

7. 采购供应商与报价供应商应一致，以确保三方报价的真实性。

审计人员抽查部分行政采购资料发现，个别采购供应商与报价供应商不一致。例如，20××年12月购买×台电脑，三方报价选定的供应商为"××"（报价单未盖公章），而签订合同的供应商为"××市××科技有限公司"。

审计建议：行政部收到投标单位的报价单后应检查其是否盖有公章，合同必须与报价供应商签订。如有特殊情况，应提供相应的证明文件，保证三方比价的真实性、有效性。

四、资产验收及使用管理方面

1. 采购的资产应经相关技术部门验收签字后再付款。

审计人员抽查部分资产的采购资料发现，部分资产未经相关部门签字验收即付款。例如，20××年1月为总裁助理购入电脑1台，财务付款凭证后未有IT信息部的验收签字。

审计建议：总部行政部应严格按照公司制度执行验收程序，以免未经相关部门验收而支付货款。

2. 员工电脑应按照公司电脑配置管理办法的要求配置，以免超配置使用。

审计人员抽查部分资料发现，个别员工使用的电脑超出制度要求的配置范围。例如，20××年12月购入1台笔记本电脑，共支付××元，此电脑由营销总监申购，配置较高，适合设计师使用，但已经总裁审批。

审计建议：员工使用的电脑应按照公司制度配置，总部IT信息部应定期将审批通过的电脑配置标准予以公布，以便指引分店进行采购。

五、采购计划管理方面

1. 办公用品应先入库后领用，领用人必须签字确认，以便于统计各部门办公用品的使用情况。

审计人员抽查部分月份的办公用品台账发现，绝大多数办公用品的购进与领用未登记台账，行政部申购及领用物品较多，如20××年12月领用签字笔×盒共××支。

行政文员 ××× 反馈，申购及领用物品较多的原因是行政部以备临时之需，后期员工从行政部领用物品未履行签字手续。审计人员无法判断此部分物品是行政部使用还是员工领用。

审计建议：总部行政部应对购入与领用办公用品登记台账，员工领用办公用品需签字确认。

2. 应先使用库存办公用品，以免存放时间较长而无法使用。

审计人员抽查部分月份办公用品的采购单发现，办公用品库存较多，未用完又重新购买。例如，20×× 年12月计划需求 ×× 支固体胶，库存数量能满足需求，但20×× 年12月又重新购买 ×× 支固体胶。

审计建议：总部行政部应先将库存用品用完后再重新购买，以免其存放时间过长而无法使用。

六、库存物品管理方面

1. 办公用品库存数应与台账数一致，以保证账实相符。

审计人员盘点部分办公用品库存后发现，行政部提供的办公用品台账库存数量与实地盘点数量不一致。如派通万用签字笔，台账显示 ×× 支，实地盘点为 ×× 支。

审计建议：总部行政部应进行自查，重新盘点后建立规范的台账或在 OA 中建立明细账，以确保账实相符。

2. 办公用品库存种类繁多，不利于成本控制。

审计人员实地核查办公用品仓库发现，办公用品种类繁多，与日常使用情况不一致。行政部人员反馈，前期商贸公司调入的办公用品较多，且存在部分无法使用的物品，价值为 ×× 万元。

审计建议：总部行政部应将确实无法使用的办公用品在经相关部门审核后进行报废处理，后期制订申购计划时，先将库存物品消化完，再压缩办公用品品类，降低采购难度。

七、物品质量管理方面

总部行政部应定期对公司常用物品的使用情况进行调查，以便于评估物品的质量。

经核查，行政部提供的资料中没有员工反馈的质量调查表。公司制度规定，行政部每月应根据各部门下发的质量调查表对常规用品进行质量评价。

审计建议：总部行政部应严格执行公司制度，以便于采购物品的调整。

×× 连锁股份有限公司督查审计部

20×× 年 ×× 月 ×× 日

审计人员签名：×××

 **学习笔记**

　　请对本章的学习做一个小结，将你认为的重点事项和不懂事项分别列出来，以便于自己进一步地学习与提升。

本章重点事项
1.
2.
3.
4.
5.
本章不懂事项
1.
2.
3.
4.
5.
个人心得
1.
2.
3.
4.
5.

第 5 章

生产制造业务内控审计实务

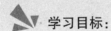 **学习目标：**

　　1.了解生产制造业务内部控制的要求和内容，了解生产制造业务的凭证和记录。

　　2.掌握生产制造业务内部控制审计的准备工作——确定生产制造业务内审项目、制定生产制造业务调查问卷，为内部审计打下良好的基础。

　　3.掌握生产制造业务内部控制的审计事项及审计程序，具体项目包括生产计划、生产流程（含生产质量控制、计划外生产）、次品和残料管理、产品成本核算和入账。

5.1 生产制造业务内部控制要求

生产是将原料、辅料、包装物等各种物料转化为产成品的过程。加强生产制造业务内部控制审计，是为了保证与生产有关的业务活动按照适当的授权开展，促使企业的生产活动协调、有序、高效地运行，保证生产活动中对资产和记录的接触、处理均经过适当授权，以维护企业资产的安全。

5.1.1　生产制造业务内部控制的要求

生产制造业务的内部控制要求包括：

（1）正确、及时地反映生产费用，厉行节约。

（2）正确计算产品实际总成本和单位成本，并揭示其构成。

（3）划清各种费用界限，控制 3U 成本开支，提供降低成本的途径。

（4）正确反映在产品增减变动和结存情况，保护财产安全完整，强化成本管理。

（5）建立成本责任制，考核成本责任。

5.1.2　生产制造业务内部控制的内容

生产制造业务内部控制主要包括以下内容。

5.1.2.1　生产制造计划控制

生产制造计划控制是整个生产制造业务内部控制的起点，也是对生产制造过程进行有效控制的重要依据，包括确定生产需要和制订生产制造计划两部分。

5.1.2.2　产品成本核算控制

产品成本核算控制一般由三个相互联系的控制构成，分别是成本核算基础工作控制、成本责任控制和成本核算方法控制。

（1）成本核算基础工作控制

成本核算基础工作控制的主要内容有：建立和健全有关成本核算的原始记录，并建立合理的原始凭证传递流程；制定合理的消耗定额，完善定额管理制度；制定内部结算价格和内部结算制度。

（2）成本责任控制

成本责任控制就是设置成本费用责任中心，明确责任中心的成本控制目标，并将成本控制目标作为考核成本责任或管理业绩并据以实施奖惩的一种成本管理依据。

（3）成本核算方法控制

成本核算方法控制主要表现在如何根据企业生产特点和管理要求，正确选择成本核算方法。

5.1.3 生产制造业务的凭证和记录

生产制造业务包括制订生产计划，控制存货水平以及与制造过程有关的交易和事项，涉及领料、生产加工、销售产成品等环节。生产制造业务涉及的凭证和记录如表5-1所示。

表 5-1 生产制造业务涉及的凭证和记录

序号	名称	说明
1	生产指令	生产指令又称生产任务通知单或生产通知单，是企业下达生产任务的书面文件，用以通知供应部门组织材料发放、生产车间组织产品制造、会计部门组织成本计算。广义的生产指令包括用于指导产品加工的工艺规程，如机械加工企业的"路线图"等
2	领发料凭证	领发料凭证是企业为控制材料发放所采用的各种凭证，如材料发出汇总表、领料单、限额领料单、领料登记簿、退料单等
3	产量和工时记录	产量和工时记录是登记工人或生产班组在出勤时间完成产品数量、质量和生产这些产品所耗费工时的原始记录，常见的产量和工时记录主要有工作通知单、工序进程单、工作班产量报告、产量通知单、产量明细表、废品通知单等
4	工薪汇总表及工薪费用分配表	工薪汇总表是为了反映企业全部工薪结算情况，并据以进行工薪总分类核算和汇总整个企业工薪费用而编制的，它是企业进行工薪费用分配的依据。工薪费用分配表反映了各生产车间、各产品应承担的生产工人工薪和福利费
5	材料费用分配表	材料费用分配表是用来汇总反映生产车间各产品所耗费材料费用的原始记录
6	制造费用分配汇总表	制造费用分配汇总表是用来汇总反映各生产车间、各产品所承担制造费用的原始记录
7	成本计算单	成本计算单是用来归集某一成本计算对象应承担的生产费用、总成本和单位成本的记录
8	存货明细账	存货明细账是用来反映各种存货增减变动情况和期末库存数量及相关成本信息的会计记录

5.2 生产制造业务内控审计准备

5.2.1 确定生产制造业务内控审计项目

生产制造业务内审项目包括图5-1所示的审计子项。

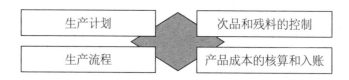

图 5-1 生产制造业务包含的审计子项

生产管理流程中包含了许多与原材料、在产品和产成品有关的控制，我们将在存货审计程序中详细阐述。

5.2.2 制定生产制造业务调查问卷

内部审计人员在对公司的生产制造业务进行内部控制审计前，应制定调查问卷（如表5-2所示）并开展调查。

表 5-2 生产制造业务调查问卷

问题	回答记录
1. 公司现有几个生产车间？请提供生产管理部的组织结构	
2. 公司主要产品的生产过程如何	
3. 公司是按何种方式来计划生产量的： （1）以销定产 （2）根据上级部门或母公司的指令 （3）按工程合同／标书进行批次生产 （4）其他（请注明）	
4. 公司是否使用生产管理软件进行控制	
5. 请介绍一下生产计划的制订过程及主要内容，包括参与人员与部门、制定依据、审批过程和计划的组成部分等相关信息	
6. 公司如何进行生产计划的滚动性调整？是否有生产计划和实际产量的比较分析	
7. 公司对于计划外的紧急生产是否有应急预案	
8. 计划外紧急生产是否有生产管理部门对生产能力的判断和审批	
9. 公司的生产质量控制是否采用并获得了行业、国家或国际相关标准的认证，如 ISO 9000 等	

问题	回答记录
10. 公司的质量检验部门在生产过程的哪些环节进行质量控制？使用哪些书面确认手段	
11. 公司生产过程中是否会产生对环境有害的副产品？若是，公司是否采取了有效的措施	
12. 是否使用生产物料清单（BOM）？如何制定 BOM	
13. 公司使用何种生产管理、统计方法：（可以多选） （1）看板制度 （2）生产批次流转单 （3）生产日程十字图表 （4）6 Sigma 生产管理法则 （5）Kaizen（改善）生产管理法则 （6）其他（请说明）	
14. 介绍一下生产流程中的单据，如工作指令单或者物料需求表等	
15. 生产部门如何对成品率和原料耗费进行监控？有何改进措施	
16. 生产部门如何控制生产过程的领料和多余原料的退库	
17. 是否曾出现停工待料情况？频率如何？影响多大	
18. 生产部门有何收集残料和次品的政策或操作流程？现行的做法是什么	
19. 请介绍公司现行的残料和次品变卖政策或流程	
20. 生产部门是否有定期盘点生产线在产品的制度并贯彻执行	
21. 请介绍公司产品成本结转的流程： （1）如何保证所有的投料和费用都被完整和正确地记录在案 （2）如何保证在产品被完整和正确地转为产成品 （3）使用标准成本法时，其成本差异是否被及时调整到正确的会计期间	
22. 使用标准成本法时，标准成本是如何确定的？是否有定期复核标准成本合理性的流程	
23. 直接和间接人工费用记入产品成本的流程是什么？是否和工资支出相核对	
24. 是否有充分的措施保证生产过程中人员、资产等的安全	
25. 公司现有的生产能力是多大？目前达产率是多少	
26. 公司是否制定产品材料消耗定额？是否对材料消耗进行详细的记录？是否定期对消耗定额的执行情况进行偏差分析？是否定期进行定额指标修正	
27. 公司是否制定产品合格率指标？是否定期对次品率超标作出分析，并制定奖罚措施	
28. 在现在的工作中，您最担心或最关心的事是什么	

5.3 生产制造业务内控审计要点

5.3.1 生产计划内控审计要点

生产计划内控审计要点如表5-3所示。

表5-3 生产计划内控审计要点

序号	控制目标	控制活动	审计程序
1	生产计划既符合销售预测需求和公司自身生产能力，也符合管理层的意图	（1）生产计划由生产管理部门依据公司的销售预测情况、存货水平、产能等制订	①与制订生产计划的相关人员进行访谈，了解生产计划的制订过程、使用的方法和参考的信息 ②评价有用信息的使用程度，如公司存货水平、生产能力等 ③采用判断抽样的方法从生产计划文件中抽取×份生产计划，查看是否有恰当管理层的签字确认
		（2）生产计划得到适当管理层的批准	
2	对生产计划的执行进行分析，并对下期的计划进行滚动调整	（1）定期分析比较实际生产情况与生产计划，并经管理层审阅	①与生产管理部门相关人员进行访谈，了解生产计划的事后分析和比较过程 ②获得书面的文件，如生产计划的比较分析报告，与实际产量的差异分析，VA/VE、Kaizen或者6 Sigma的分析数据等，确认其是否经管理层复核 ③获得生产计划的后续调整文件，如滚动的更新文件或定期修改的计划，确认调整的周期、制作人和管理层的签字确认
		（2）生产管理部门有生产计划定期调整或滚动更新的措施	

5.3.2 生产流程（含生产质量控制、计划外生产）内控审计要点

生产流程（含生产质量控制、计划外生产）内控审计要点如表5-4所示。

表5-4 生产流程（含生产质量控制、计划外生产）内控审计要点

序号	控制目标	控制活动	审计程序
1	适合的且被有效运用的生产工艺流程	（1）生产工艺流程经过适当的管理层审核批准后才可进入生产程序	①与生产部门或技术部门相关人员进行访谈，了解生产工艺的制定和修订流程及审批权限 ②采用判断抽样的方法对一个特定生产工艺流程进行检查，查看有无相应的审批程序
		（2）对生产人员进行生产工艺流程培训	①与生产部门主管人员进行访谈，了解其对生产人员进行工艺培训的过程、方式与安排。通过检查相关培训记录（如人力资源部门的记录或培训反馈意见等），确定其是否已对所有相关人员进行培训 ②采用判断抽样的方法随机与生产部门的×名员工进行访谈，了解其上岗前是否经过适当的培训

续表

序号	控制目标	控制活动	审计程序
1	适合的且被有效运用的生产工艺流程	（3）对产品的物料消耗/损耗（包括工时）进行试验。根据试验结果或以前年度的定额执行情况，制定内部的产品消耗/损耗标准（或BOM），并由工艺/质量部门负责人审核	①与生产部门主管人员进行访谈，了解产品开工的批准流程，各批次产品是否均根据经批准的生产计划或产品订单生产，生产指令是否跟随实物同时流转 ②现场查看生产车间，采用判断抽样的方法随机抽取×个生产批次，检查每个生产批次的产品是否附有相应的生产指令 ③将生产指令与经批准的生产计划相核对，检查生产指令是否符合生产计划或经审批的订单
2	日常生产符合生产计划	（1）生产计划（或订单）经批准后方可安排生产且生产指令与每一生产批次相对应	同1中的（3）
		（2）详细的日生产计划（或月生产计划）是基于经批准的月生产计划（或年度生产计划）制订的	①与生产部门主管人员进行访谈，了解生产计划的细化过程 ②检查细化后的生产计划（如12个月的月度生产计划），查看有无相关主管的审核，并且是否符合原经批准的年度生产计划
3	产品质量符合国家和公司标准	（1）根据国家和行业的相关标准，制定公司内部产品质量标准，并报管理层批准	①与质量部门或技术部门主管人员进行访谈，了解公司质量标准的制定流程，包括制定标准的部门、制定标准使用的参数、参考的国家或行业标准、标准的审批程序等 ②获得公司的书面质量标准，检查其是否由质量部门或技术部门制定，同时是否经管理层批准
		（2）独立地对各道工序的在产品进行抽检，并与标准进行比较，形成质检报告，然后根据质检报告决定是否需重新加工	①与生产部门主管人员进行访谈，了解生产过程中的质量检验程序，如检验频率、抽查标准、是否有人审核、所使用的报告格式等 ②采用判断抽样的方法随机抽取×个生产批次，并追查相应的检验报告，检查是否符合规定的频率；抽检人是否独立；检验报告是否经审核；如有不合格产品，是否按规定处理
		（3）定期形成质量汇总报告	③了解、获得质量汇总报告，并审核分析其合理性，查阅管理层的签字情况
4	材料耗用符合公司标准	（1）生产中的材料耗用由专人统计后填写原料消耗表，并由生产部门负责人（如车间主任）复核	①与生产部门主管人员进行访谈，了解其对物料消耗或损耗（包括工时）的记录方式，如使用的单据、记录人、复核人、汇总方式 ②采用判断抽样的方法抽取×笔物料消耗记录，检查是否由专人审核并进行汇总

序号	控制目标	控制活动	审计程序
4	材料耗用符合公司标准	（2）生产管理部门编制生产日报表、月报表，分析差异原因，并由管理人员审核	①采用判断抽样的方法抽取×张生产日报表，检查其是否经车间主任审核 ②根据选取的生产日报表追踪当月的生产月报表，检查登记是否正确，月报表是否经生产部门主管人员核准并对差异进行分析
		（3）根据实际生产过程的反馈进行定期比较分析，对制定的各项标准重新审核和调整	①与生产部门或技术部门主管人员进行访谈，了解物料消耗定额的制定或修订程序，如标准的制定部门、依据、审批过程等 ②采用判断抽样的方法抽取×个产品的消耗定额标准，检查其是否遵循相应的程序，是否存在相关的书面记录，所依据的数据是否可靠并经确认，最终结果是否经审批等 ③了解消耗定额标准是否定期复核更新，并检查更新报告等书面文件
5	计划外生产符合公司规定	计划外的生产应符合公司的生产能力，补充的生产通知应由销售部门、质管部门和生产部门主管人员批准	①与生产部门主管人员进行访谈，了解计划外生产的过程，以及生产指令是否经销售部门、质管部门和生产部门主管人员批准后下达 ②采用判断抽样的方法抽取×个计划外生产指令，检查是否经过适当的审批
6	生产安全	（1）领料之后尚未投入生产的物料由专人负责管理	①了解领用的物料、在产品和未入库产成品的管理流程，获得书面文本并评估其适当性 ②实地观察物料、在产品和未入库产成品的保管情况 ③询问了解安全生产的制度，并获得操作手册，评估其合理性、合规性和完整性 ④获得生产流程的相关记录，如设备运转情况记录、生产操作记录、在制品各工序间的交接记录等
		（2）在产品和尚未入库的产成品由专人负责管理	
		（3）有相关安全生产的制度或操作手册，并得以执行	

5.3.3 次品和残料内控审计要点

次品和残料内控审计要点如表5-5所示。

表5-5 次品和残料内控审计要点

序号	控制目标	控制活动	审计程序
1	对次品和残料进行准确收集和记录	（1）生产部门指定地点分类存放次品和残料，并进行适当的计量，由独立的人员记录	①与生产部门相关人员进行访谈，了解公司产生的次品和残料的主要种类及其处置方式

续表

序号	控制目标	控制活动	审计程序
1	对次品和残料进行准确收集和记录	（1）生产部门指定地点分类存放次品和残料，并进行适当的计量，由独立的人员记录	②现场观察次品和残料的堆放方式，评估其是否符合管理规定和安全性要求 ③与处置部门相关人员进行访谈，了解次品和残料的处置流程 ④了解可修复再利用残料的管理和登记制度 ⑤获得书面的次品和残料处置制度或规定，评估其是否符合国家有关法律规定，是否有管理层的签字 ⑥获得次品和残料记录簿，检查其进出和再利用回收的登记是否依据适当的凭证，次品和残料是否经过适当的计量，以及是否有经办人员的签字
		（2）次品和残料运出厂需经独立于生产部门的人员批准，并经过检查	采用判断抽样的方法从登记记录中抽取×笔次品和残料发出记录，对照门卫的放行记录，核对其是否经过适当的批准
2	次品和残料的处置符合国家和公司的有关规定	（1）公司制定有关次品和残料处置的制度或规定，并符合国家相关法律	同1中的（1）
		（2）指定部门（除生产部门以外）负责次品和残料的处置	
		（3）次品和残料的发出，经过适当计量并由独立人员登记	
		（4）对于可修复再利用的次品和残料，由专人进行管理和登记	
3	次品和残料所带来的收益流入公司并被正确记录	（1）财务等相关部门参与次品和残料的定价过程	①与财务等部门定价相关人员进行访谈，了解次品和残料的定价过程及销售政策 ②获得最近×个月的次品和残料的价格表，查看是否有管理层的签字或书面认可 ③获得近×个月的次品和残料销售凭证，检查其是否与销售发出记录一致，是否已经确认收入，并检查销售发票是否与定价一致 ④关于次品和残料的收发，参见"残次冷背存货的管理"
		（2）次品和残料的定价由适当的管理层批准	
		（3）对所有次品和残料的出售均应开具发票	
		（4）财务部门依据发票和收取的货款编制记账凭证	

5.3.4　产品成本核算和入账的内控审计要点

产品成本核算和入账的内控审计要点如表5-6所示。

表 5-6　产品成本核算和入账的内控审计要点

序号	控制目标	控制活动	审计程序
1	存货计价方法和间接费用分摊方法正确	（1）制定书面的存货计价方法，如 FIFO、标准成本法，并经适当管理层审批 （2）对生产过程中每个阶段的存货制定标准成本和差异分摊方法，并经适当管理层审批 （3）制定书面的间接费用分摊方法，并经适当管理层审批	①与财务部门相关人员进行访谈，了解成本核算的流程、存货计价的方法、期间费用的分摊方法等 ②获得书面的成本核算方法，并复核管理层对该文件的确认和所采用的成本核算方法的合理性
2	及时、准确地记录所有实际发生的生产成本	（1）领料单预先连续编号，并连续使用 （2）产成品入库单预先连续编号，并连续使用	①与财务部门、生产部门或其他相关人员进行访谈，了解生产成本汇总的流程 ②采用判断抽样的方法从最近 × 个月生产部门递交的生产成本核算表或汇总报表中抽取 × 份样本，并追查其依据的领料单，复核单据是否连续编号，领料是否经仓库确认 ③采用判断抽样的方法从最近 × 个月生产部门递交的生产报表中抽取 × 份样本，并追查其依据的产成品入库单，复核单据是否连续编号，产成品入库是否经仓库确认 ④采用分析性复核的方法，分析生产成本的变动趋势，并结合其他营运信息判断生产成本的变动是否合理 ⑤同 2 中的（5）
		（3）生产部门与仓库应定期核对在产品和原材料的发出记录，调查差异原因并采取相应的跟进措施 （4）财务部门复核生产报表（领料、产成品产出）与仓库报表（发料、产成品入库）的一致性和截止日期	①与生产部门、仓库、财务部门的相关人员进行访谈，了解领料和产成品入库的对账流程 ②采用判断抽样的方法抽取 × 个月的生产成本核算表或汇总报表、生产报表，复核领料数和产成品入库数是否与仓库报表的发收数一致 ③对于所发现的不一致情况，查看双方是否对差异进行了调查，其结果是否合理，并复核对相应账务的处理是否正确 ④同 2 中的（5）
		（5）生产部门根据考勤记录等汇总核算人工工时、机器工时	①采用穿行测试法对生产成本、制造费用的汇总与核算进行测试 ②获取生产成本、制造费用核算过程中所有原始单据和报表的范本，如领料单、入库单、生产报表、库存报表、考勤记录、工费价格清单、生产成本核算表和制造费用核算表等，复核原始单据是否预先连续编号并连续使用，在成本核

续表

序号	控制目标	控制活动	审计程序
2	及时、准确地记录所有实际发生的生产成本	（5）生产部门根据考勤记录等汇总核算人工工时、机器工时	算和制造费用核算中是否使用了最新的工费价格清单，各项原始单据的汇总数额是否与生产成本核算表、制造费用核算表的总数一致，是否与账户记录一致 ③采用判断抽样的方法从各项原始单据中抽取 × 份样本，查看其是否已经包含在生产成本核算表、制造费用核算表中，核算结果是否正确
		（6）财务部门使用最新的价格清单核算人工和制造费用	①与财务部门、生产部门或其他相关人员进行访谈，了解制造费用汇总的流程 ②采用判断抽样的方法从最近 × 个月制造费用的明细账中抽取 × 份样本，追查生产部门的相关原始报表，复核其是否与制造费用明细账的记录一致，是否使用了适当的费用价目表 ③采用分析性复核的方法，分析制造费用的变动趋势，并结合其他营运信息判断制造费用的变动是否合理 ④获取科目余额表，查看制造费用的期末余额是否都已转入生产成本 ⑤同 2 中的（5）
3	正确地进行成本分摊	（1）计算标准成本和实际成本的差异	①与财务部门相关人员进行访谈，了解成本分摊的方法，并评估分摊方法的合理性 ②采用判断抽样的方法从成本核算表中抽取 × 个产品，重新计算应分摊的成本以及对期末存货和本期销售成本的影响，查看是否和表中的计算结果一致 ③查看和了解次品和残料的成本计算方法，并评估其合理性 ④复核成本核算是否经过财务部门主管人员的确认 ⑤获取并复核最新的标准成本批准文件范本
		（2）财务部门主管人员对成本核算进行复核，并签字确认	
		（3）管理层对成本核算中的次品和残料部分进行复核，并签字确认	
		（4）定期复核存货的标准成本，并经适当管理层确认	

【实例】▶▶▶

×× 制造企业生产过程审计建议

一、企业简介

略。

二、企业生产目标

×× 企业的生产管理目标是，在事先规划产能和严控质量的约束条件下，发挥员工的工作能力、设备的生产潜能、材料与能源的有效利用度等，并且通过优化流程及排产，实现大规模自动化生产、提高生产效率、降低生产成本。

三、生产过程管理概述

××企业有集团总部、××企业事业部、××企业产品事业部、××企业资源事业部等多个事业部，只有少数事业部是由自己来采购并生产，大部分都是由生产制造中心统一管理。生产制造中心根据各事业部的生产需求，通过ERP信息系统进行排产分配和制订材料采购计划，使得具体生产任务能分配至各个车间，从而明确职责和任务，迅速定位责任人。采购部门则可以根据不同种类的原材料和需求程度进行差异化采购。此外，原材料和产成品的质量检验工作由生产制造中心下设的品管部负责。××企业的生产程序和规则有着科学、标准的管理方案。一方面，××企业产品的多元化程度较高，产品与产品之间存在相同的核心成分。通过程序设计进而优化流程，将差异化部分尽量安排在生产流程的尾部，可以起到简化流程、降低库存、提高效率的作用。另一方面，××企业生产线高度自动化，柔性生产程度相对较低，在流程设计阶段对降低产品生产成本最为显著。利用信息系统可对各个批次的生产进度和效率进行实时监控，并生成生产报表。根据订单的轻重缓急和计划外生产停工等情况，可对生产过程进行调整，以减少突发状况带来的损失。

四、生产管理审计过程

1. 生产流程与制度管理审计

在这种模式下，内部控制审计工作主要围绕着生产流程与制度管理开展。内部审计工作人员需要对比企业的生产制度与行业标准，寻找企业生产流程中的内部控制缺陷。相关审计控制点和具体问题见下表。

生产流程与制度管理审计的关键控制点和具体问题

关键控制点	具体问题
生产指令	如何确定以及审批生产计划？若生产计划发生变更，能否及时传达并施行
时间控制	如何在恰当的时间内供应需要的资源
流程规划	生产流程是否能确保所有的人力、物力都可以完成规定的生产任务？各个环节的运行人员是否经过授权审批，做到职责分离？如何确保生产布局实现了效率最大化，并且不存在不必要的操作流程？车间环境是否适合开展生产活动
反馈机制	如何严格监控车间的生产绩效并采取必要的行动？如何确定上下级之间是否进行了有效沟通
生产停工	如何严格控制停工时间？对于非正常停工造成的影响如何应对？相关问题是否及时记录、反馈并解决
法律法规	如何确保不违反劳动用工、绿色环保、社区安全等法律规范

关键控制点	具体问题
跨领域协调	如何确保相应防范措施能够使生产员工具有胜任能力并勤勉工作（人），使厂房、设备有效运行（机），使材料和资源储存完好、核算准确（料），使产品符合质量和数量标准（测），使与其他系统交互时的数据准确和安全（环）
补偿措施	当上述控制点出现风险时，是否存在相应机制予以补救？补救的效果如何

2. 质量控制管理审计

××企业对其生产的产品建立了一套严格的质量标准体系，管理层主要关注的是产品本身的质量。总体而言，质量控制管理审计需要从预防、发现以及纠正产品缺陷进行考量。

（1）查阅产品设计书，看看在产品设计中是如何考虑质量要素的。

（2）审核供货商的能力和原料的质量，确定查验部门是怎样处理不合格进货的，并了解质量标准的制定、审批流程和产品缺陷的发现与处理。如果存在特殊性质的产品，还需要检验其是否经过了有关监管机构的认证。

（3）观察相关部门如何处理存在缺陷的半成品、成品，检查处理后的产品是否达到质量要求且处理成本经济合理。

3. 信息系统管理审计

信息系统与生产过程的很多环节相关，在以××企业为代表的MRP传统型制造企业中，信息系统的作用侧重于监控与反馈。比如与质量控制相关，管理层会关注信息系统是否使他们及时了解生产过程中各类产品的缺陷率、缺陷的形成原因以及矫正行动和结果。因此，信息系统管理审计应该着重了解信息的传递是否真实可靠、完整及时。

4. 人力资源管理审计、厂房设备管理审计、存货与能源管理审计三者存在交叉重叠的部分，我们把它们放一起研究，以节约审计资源

（1）对于购置或处置厂房与设备、存货与能源环节，应审计该过程是否经过评估、审批并保留了证明文件，验收时是否由独立验收人员检验并签字。检查是否存在未经审批而私自出租、领用、处置或抵押厂房、设备、存货、能源的现象（关注关联交易、处置定价）。

（2）对于生产加工环节，要了解生产部门是怎样找出并解决错误操作和效率过低等问题。同时关注以下问题：如何防范肆意操纵计时卡？如何确保生产的高效进行？建立了何种机制降低非生产时间（比如停工待料、更新设备）？

（3）对于设施维护与存货保管环节，首先需要检查厂房、设备、存货、能源毁损或丢失等意外情况是否存在，日常故障是否得到及时维修并落实到相应责任人。审计工作人员要定期参加监盘，至少每年清查一次，观察厂房、设备是否过剩或不足，存货、能

源有没有囤积或者短缺，并跟业内其他企业、自身不同时期进行比较，确定差异情况。同时检查厂房、设备记录卡片，存货备查账是否连续编号并且详细记录了资产状况（比如减值）。以上厂房与设备管理审计、存货与能源审计所涉及的内容，跟人力资源管理审计中招聘培训、激励考核、工资薪酬等部分的审计相联系，有利于发现生产人员的多余或短缺现象，生产和监督人员、审批和经办人员等不相容岗位兼容等的内部控制缺陷。

学习笔记

请对本章的学习做一个小结，将你认为的重点事项和不懂事项分别列出来，以便于自己进一步学习与提升。

本章重点事项
1.
2.
3.
4.
5.
本章不懂事项
1.
2.
3.
4.
5.
个人心得
1.
2.
3.
4.
5.

第6章

存货业务内控审计实务

 学习目标：

1.了解存货业务的流程、主要风险及控制措施。

2.掌握存货业务内部控制审计的准备工作——确定存货业务的内审项目、制定存货业务调查问卷，为内部审计打下良好的基础。

3.掌握存货业务内部控制的审计事项及审计程序，具体包括原材料入库、产品和原材料出库、在产品和产成品入库、产成品出库、存货的内部转移、存货账目和盘点、残次冷背存货的管理、存货保险和安全管理。

6.1 存货业务的流程与控制措施

存货主要包括原材料、在产品、半成品、产成品、商品及周转材料等；企业代销、代管、代修、受托加工的存货，虽不归企业所有，但也应纳入企业存货管理范畴。存货业务所涉及的部门主要包括生产计划部门、仓库、生产部门、销售部门和财务部门。

不同类型的企业有不同的存货业务特征和管理模式，即使同一家企业，不同类型存货业务的流程和管控方式也不尽相同。为建立和完善存货内部控制制度，企业必须结合本企业的生产经营特点，针对流程中主要风险点和关键环节，制定有效的控制措施；同时，充分利用计算机信息管理系统，完善财务、出入库等相关记录，确保存货管理全过程的风险得到有效控制。

6.1.1 存货业务的流程

生产企业存货业务的流程一般可分为存货取得、验收、仓储保管、生产加工、盘点与处置等阶段，涉及取得存货、验收入库、仓储保管、领用发出、原料加工、装配包装、盘点清查、销售处置等主要环节，具体内容如图6-1所示。

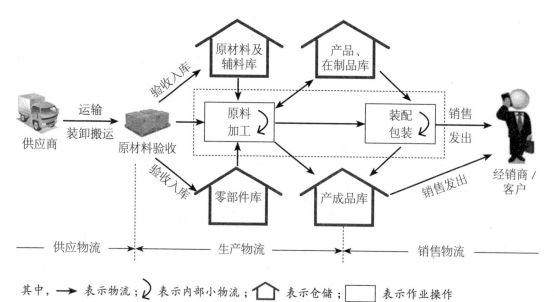

图6-1 生产企业存货业务的流程

具体到某个特定的生产企业，存货业务流程可能较为复杂，不仅涉及上述所有环节，甚至还有更多、更细的流程，而且存货在企业内部要经历多次循环。例如，原材料要先验收入库，然后被领用加工，形成半成品后又要入库保存或现场保管，最后将半成品继续加工为产成品后再入库保存，直至发出销售。也有部分生产企业的生产经营活动较为简单，其存货业务的流程可能只涉及上述阶段中的某几个环节。

商品流通企业的存货业务流程通常有存货取得、验收入库、仓储保管、销售发出等主要环节；零售商从生产企业或批发商（经销商）那里取得商品，验收后入库保管或直接放置在经营场所对外销售，具体内容如图6-2所示。

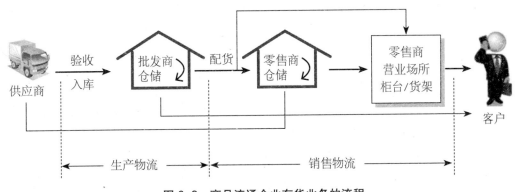

图6-2　商品流通企业存货业务的流程

例如，仓储式超市货架里摆放的商品就是超市的存货，商品仓储与销售过程紧密联系在一起。

总而言之，无论是生产企业，还是商品流通企业，取得存货、验收入库、仓储保管、领用发出、盘点清查、销售处置等是其共有的环节。

6.1.2　存货业务的控制措施

表6-1对存货管理环节可能存在的主要风险及管控措施进行了阐述。

表6-1　存货管理环节可能存在的主要风险及管控措施

管理环节	主要风险	管控措施
取得存货	存货预算不科学、采购计划不合理，可能导致存货积压或短缺	（1）企业应当根据各存货采购间隔和当前库存情况，综合考虑生产经营计划、市场供求等因素，充分利用信息系统，合理确定存货采购日期和数量，确保存货处于最佳库存状态 （2）存货取得风险的管控措施主要体现在预算编制和采购环节，将由相关的预算和采购内部控制应用指引加以规范
验收入库	验收程序不规范、标准不明确，可能导致存货数量短缺、以次充好、账实不符	（1）外购存货的验收，应当重点关注合同、发票等原始单据上的数量、质量、规格等与存货的实际情况是否一致。对于技术含量较高的货物，必要时可委托具有检验资质的机构或聘请外部专家协助验收

续表

管理环节	主要风险	管控措施
验收入库	验收程序不规范、标准不明确，可能导致存货数量短缺、以次充好、账实不符	（2）对于自制存货的验收，企业应当重点关注产品质量，只有检验合格的半成品和产成品，才能办理入库手续。对不合格品应查明原因、落实责任、及时处理 （3）对于其他方式取得的存货的验收，企业应当重点关注存货来源、质量状况、实际价值是否符合有关合同或协议的约定
仓储保管	存货仓储保管方法不适当、监管不严密，可能导致存货损坏变质、价值贬损、资源浪费	（1）存货在不同仓库之间流动时，经办人员应当办理出入库手续 （2）对存货要按照规定的条件妥善储存，并做好防火、防洪、防盗、防潮、防病虫害、防变质等工作，不同批次、型号和用途的产品要分类存放 （3）生产现场的在加工原料、周转材料、半成品等要按照有助于提高生产效率的方式摆放，同时防止浪费、被盗和流失 （4）对代管、代销、暂存和受托加工的存货，管理人员应单独存放和记录，避免与企业存货混淆 （5）结合企业实际情况，办理存货的保险投保事宜，保证存货安全，合理降低存货意外损失风险 （6）仓储部门应对库存物料和产品进行每日巡查和定期抽检，详细记录库存情况；发现毁损、存在跌价迹象时，应及时与生产、采购、财务等相关部门沟通；进入仓库的人员，应办理进出登记手续，未经授权的人员不得接触存货
领用发出	存货发出审核不严格、手续不完备，可能导致货物流失	（1）企业应根据自身的业务特点，确定适用的存货发出管理模式，并制定严格的存货准出制度，明确存货发出和领用的审批权限，健全存货出库手续，加强存货领用管理 （2）无论是何种企业，对于大批存货、贵重商品或危险品的发出，均应当实行特别授权；仓储部门应当根据经审批的销售（出库）通知单发出货物
盘点清查	存货盘点清查制度不完善、计划不可行，可能导致工作流于形式，无法查清存货真实的状况	（1）企业应当建立存货盘点清查工作规程，结合自身实际情况确定盘点周期、盘点流程、盘点方法等相关内容，要定期盘点和不定期抽查相结合 （2）盘点清查时，企业应制订详细的盘点计划，合理安排相关人员，使用科学的盘点方法，保持盘点记录完整，以确保盘点的真实性和有效性 （3）企业应当及时把盘点清查结果编制成盘点表，并形成书面报告，对盘点清查中发现的问题，应及时查明原因，落实责任，按照规定权限报经批准后处理 （4）多部门人员共同盘点时，应当充分体现相互制衡原则，严格按照盘点计划，认真记录盘点情况 （5）企业应当至少于每年年度终了开展全面的存货盘点清查，及时发现存货减值迹象，并将盘点清查结果形成书面报告
存货处置	存货报废处置责任不明确、审批不到位，可能导致企业利益受损	企业应定期对存货进行检查，及时、充分地了解存货的存储状态，对于存货变质、毁损、报废或流失的处理，要分清责任、查明原因

6.2 存货业务内控审计准备

6.2.1 确定存货业务内控审计项目

存货业务内控审计包括图 6-3 所示的审计子项。

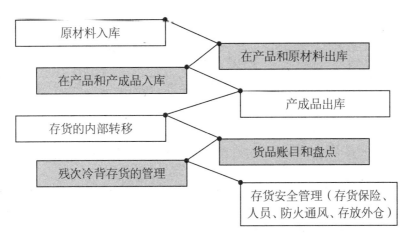

图 6-3 存货业务内控审计的审计子项

6.2.2 制定存货业务调查问卷

内部审计人员在对公司的存货业务进行内部控制审计前，应制定调查问卷（如表 6-2 所示）并开展调查。

表 6-2 存货业务调查问卷

问题	回答记录
1. 仓库的组织架构是怎样的（归口部门、人员组成、职责分工）	
2. 公司存货的性质、类别（原材料 / 备件 / 低值易耗品 / 在产品 / 产成品）	
3. 是否有来料加工、委托加工？若有，请介绍其操作流程	
4. 公司是否有书面的仓库操作流程或收发货流程	
5. 原材料（包括备件、半成品和低值易耗品）的入库流程： （1）收货前是否收到采购部门的收货通知或采购订单 （2）到货时是否按收货通知或采购订单进行签收、点数、称重、外观检查？货品与订单不相符如何处理 （3）是否有独立的货品待收区域 （4）入库前是否要经过质检 （5）入库单的签发过程 （6）入库单是否预先连续编号并连续使用 （7）入库单据的联次及各联次的流转 （8）月末是否与采购部门进行对账？对对账差异是否进行调查和跟进	

续表

问题	回答记录
6.原材料（包括备件、半成品和低值易耗品）的发出流程： （1）原材料/半成品的发出是否依据生产计划 （2）领料单是否经领用部门主管签字 （3）发料时是否进行签收 （4）领料单是否预先连续编号并连续使用 （5）领料单据的联次及各联次的流转 （6）月末是否与领用部门进行对账？对对账差异是否进行调查和跟进	
7.原材料的管理流程是否考虑了库存量警戒线过高、过低等问题	
8.产成品和半成品的入库流程： （1）是否根据生产部门的生产计划接收产成品和半成品 （2）产成品入库前是否经过质检 （3）产成品入库单的签发依据与过程 （4）产成品入库单是否预先连续编号并连续使用 （5）产成品入库单据的联次及各联次的流转 （6）月末是否与生产部门进行对账？对对账差异是否进行调查和跟进	
9.产成品的发货流程： （1）产成品发出是否按照销售部门的发货通知单或其他类似单据 （2）备货过程如何？是否有独立的待发区域 （3）出库单的签发流程 （4）出库单是否预先连续编号并连续使用 （5）出库单据的联次及各联次的流转 （6）发货的数量、品种是否经仓库管理员和运输人员/客户的签字确认 （7）月末是否与销售部门进行对账？对对账差异是否进行调查和跟进	
10.仓库台账的记录是手工账还是系统账？是否以原始单据作为记账的依据： （1）如何对系统账的接触/输入进行控制 （2）台账必须记录的存货信息	
11.台账由谁记录？是否实时记录？如何确保将交易列入正确的截止期	
12.是否有货品内部移库的业务？移库的流程如何： （1）移库是否使用调拨单 （2）调拨单由谁批准 （3）调拨单的发出/收入数量是否经双方仓库确认 （4）调拨单是否预先连续编号并连续使用 （5）调拨单的联次及各联次的流转 （6）月末是否与调出、调入仓库进行对账？对对账差异是否进行调查和跟进	
13.库房报表的制作过程： （1）报表是系统自动生成还是手工制作 （2）报表和实物是否相符 （3）报表是否经仓库主管复核签字	
14.报表递交财务的周期如何？财务账与仓库账的核对周期是怎样的？差异的调查和处理流程是怎样的	

续表

问题	回答记录
15. 盘点的流程： （1）盘点的周期、盘点的组织、盘点范围、盘点清单的准备等 （2）是否有财务人员进行监盘 （3）盘点记录、盘点汇总表/盘点报表如何形成？是否经过监盘人员和盘点人员的签字确认	
16. 盘点差异的账务调整是否经过管理层的批准	
17. 是否有外仓或者委托代销商品？对于这些存货如何进行管理？外仓管理人员的隶属关系如何（公司内部职员/外包人员）？对外仓和委托代销品是否进行盘点或者函证	
18. 仓库的操作管理： （1）各类货品的摆放是否清晰规范 （2）退回的货品在质检前是否单独堆放 （3）残次冷背的存货是否有单独的堆放区域 （4）残次冷背存货的处置程序是否依据管理层的批准？处置现场是否有仓库以外的部门对处置结果共同确认 （5）每种货品是否用卷标进行标记 （6）各货架/货位是否用货卡进行标记 （7）发货时是否依据先进先出的原则	
19. 仓库的安保、消防： （1）仓库的书面安保制度 （2）是否有专职的仓库管理员 （3）如何控制人员的出入（锁匙系统、门卡）？临时人员如何出入仓库（登记簿、管理员陪同） （4）仓库是否有单价较高的存货或者易被盗窃的存货？如何保管这样的存货？是否安装了防盗设施（探头、红外报警器） （5）库房是否安装了消防设施（喷淋系统/火灾报警系统等） （6）消防设施是否定期检修？消防设施是否经过消防局的认证 （7）公司是否有危险品/有毒有害品？如何对这些存货进行保管？是否符合国家/行业/公司的有关标准	
20. 存货保险的确定流程： （1）如何确定存货保险的范围和金额 （2）存货保险的范围和金额是否经过管理层的批准 （3）保险公司的选择流程，保险合同的签订过程 （4）保险到期时是否有专人负责管理	
21. 财务部门如何进行有关存货的账务处理： （1）记录和暂估应付账款时是否依据入库单 （2）暂估是在月底入库冲回还是在实际入库冲回 （3）记录销售时是否依据出库单 （4）核算成本时是否依据仓库和生产部门的报表及原始单据 （5）计提存货减值准备的政策、依据、金额是否经过管理层的批准 （6）所有存货账面余额、账面价值的调整是否经过管理层的批准 （7）是否存在过渡型账户和相关模块	

问题	回答记录
22. 原材料已发出，账上也已出库，但仍由车间保管，其相关的保管措施如何	
23. 低值易耗品领用后是否存在相应的管理流程，如备查簿制度	
24. 是否存在可以周转使用的包装材料？若有，是如何进行管理的	
25. 残次冷背存货是如何管理的	
26. 在现在的工作中，您最担心或最关心的事是什么	

6.3 存货业务内控审计要点

6.3.1 原材料入库内部控制审计要点

原材料入库内部控制审计要点如表6-3所示。

表 6-3 原材料入库内部控制审计的要点

序号	控制目标	控制活动	审计程序
1	仓库接收的原材料与经批准的采购订单相符	（1）收货时，收货人员核对原材料的规格、型号、数量是否与经过批准的采购订单相符	①询问仓库人员有关入库和退回的控制流程 ②采用判断抽样的方法从归档的入库单中抽取×份样本，检查是否有制作人及复核人的签字，并追踪相应的采购订单，核对入库单上的原材料规格、型号、数量是否与采购订单相符
		（2）由收货人员以外的人员复核收货人员的清点工作，审核收货人员填写的入库单，并在入库单上签字	
		（3）公司建立原材料质量检验程序，对需要进行质量检验的产品，按规定及时检验，并有书面的检验记录	①询问仓库人员原材料免检的范围 ②从抽取的样本中，跟踪相应的检验记录，确认检验手续是否符合公司的要求
2	对于不符合采购订单要求的原材料，按公司政策及时处理	（1）对于不符合采购订单的原材料，公司建立了处理流程	同1中的（1）
		（2）仓库不接收不符合订单要求（如规格、型号不符或超订单数量、质量等情况）的原材料，除非经过特别授权	
		（3）对于不符合采购订单要求的原材料，应在规定的时间内退回	同1中的（1）和2中的（4）
		（4）接收不符合采购订单要求的原材料，应经管理层授权批准，并有书面的批准记录	从抽取的样本中，对所有不符合采购订单要求的原材料，追踪管理层授权批准的书面记录，或者追踪相应的退回单据

序号	控制目标	控制活动	审计程序
2	对于不符合采购订单要求的原材料,按公司政策及时处理	(5)应退回的原材料在专门区域保管,并有明显的标记	实地观察仓库的运作,检查应退回的原材料是否放置于专门的区域,并有明显的标记
3	已收原材料的退回,应履行相应的手续	(1)运输原材料的交通工具出厂,安全人员应检查其放行手续是否齐全	①询问相关部门如保安部门和仓库等,了解原材料出库的放行程序 ②采用判断抽样的方法从书面放行记录中抽取 × 份样本,检查原材料的放行手续是否齐全 ③若无书面放行记录,则实地观察原材料的放行情况
		(2)所有出库的原材料,均应有适当部门的签字	①采用判断抽样的方法从归档的出库单/发货单中抽取 × 份样本,检查相关人员的签字情况 ②询问适当管理层原材料退回损失的审批程序 ③获取原材料退回申报表,检查是否有适当管理层的签字 ④获取原材料退回的分析资料如损失率分析表等,检查分析是否合理
		(3)适当管理层对原材料退回的损失进行核准,并定期分析产生原因	
4	入库和退回被正确、完整、及时地记录	(1)由收货人员以外的人员复核收货人员的清点工作,审核收货人员填写的入库单,并在入库单上签字	同1中的(2)
		(2)对入库单事先连续编号,并定期检查其使用情况	检查入库单/退回单,看其是否连续编号,并连续使用
		(3)对采购退回单据事先连续编号,并定期检查其使用情况	
		(4)对会计期末前后发生的收货及退货进行追踪和必要的调节,以确保仓库账上的入库和退回记录在正确的会计期间	①抽取会计期末前 × 天至会计期末后 × 天的入库单,追踪相应的仓库账,检查内容是否正确,并且记录于正确的会计期内 ②抽取会计期末前 × 天至会计期末后 × 天的退回单,追踪相应的仓库账,检查内容是否正确,并记录于正确的会计期内
		(5)仓库应及时将入库及退回信息传递给采购、生产、财务等相关部门	①询问仓库与采购、生产、财务等部门人员有关信息传递的政策和流程 ②若有书面记录,则查阅相关的书面记录,确认其是否合理

6.3.2 在产品和原材料出库内部控制审计要点

在产品和原材料出库内部控制审计要点如表6-4所示。

表6-4 在产品和原材料出库内部控制审计要点

序号	控制目标	控制活动	审计程序
1	领用单的填写和批准符合公司规程的要求	（1）公司制定书面的货品领用操作流程，经相关管理层签字，并由操作人员贯彻执行	①与生产部门人员、仓库保管员或其他相关人员进行访谈，了解原材料、在产品领用和发出的操作流程及执行情况等 ②获得被审计单位书面的原材料、在产品领用和发出操作流程或政策，并复核该流程或政策的完整性和管理层的确认情况
		（2）领用人填写领料单，并由部门主管审核签字	①获得领料单的范本 ②采用判断抽样的方法从仓库台账的在产品和原材料发出记录中抽取×份样本，追查所依据的领料单，查看其是否与台账一致，领料单是否连续编号，填写是否规范，并且是否有领料部门和仓库保管员的签字 ③评估在产品和原材料发出控制的有效性
2	只对有效的领料单进行发货	仓库保管员审核领料单是否经适当授权并签字确认	
3	发货数量和品种正确	仓库保管员按领料单发货，领料人和发料人均在领料单上签字确认实发数	
4	准确记录所有在产品和原材料的发出	（1）领料单据应预先连续编号，并且连续使用	取得已归档领料单的仓库联，查看编号的连续性，若编号不连续，查明原因并评估其合理性
		（2）仓库保管员应以领料单作为原始凭证，登记在产品和原材料的台账	同1中的（2）
		（3）仓库保管员与领用部门应定期核对在产品和原材料的发出记录，调查差异产生的原因，并采取相应的跟进措施	①与生产部门人员、仓库保管员或其他相关人员进行访谈，了解仓库与生产部门的领料对账程序 ②获取原材料、在产品领用和发出调节表的范本 ③采用判断抽样的方法抽取×个月的调节表和对账单，查看是否有双方的签字确认，对账结果是否有差异，对账双方是否对差异进行调查，调查结果是否合理，必要时是否对调查结果进行核实 ④评估在产品和原材料发出记录对账控制的有效性
5	在产品和原材料货卡的信息准确	（1）仓库保管员应及时准确地于在产品和原材料货卡上更新结存数量	①采用判断抽样的方法从存货明细账上抽取×份样本，检查在产品和原材料货卡的填写是否正确，是否与实盘数一致 ②评估在产品和原材料货卡的有效性
		（2）盘点过程中应核对在产品和原材料货卡的准确性	

6.3.3　在产品和产成品入库内部控制审计要点

在产品和产成品入库内部控制审计要点如表6-5所示。

表6-5　在产品和产成品入库内部控制审计要点

序号	控制目标	控制活动	审计程序
1	只接收经过检验的在产品和产成品	（1）在产品和产成品入库前，质检部门应对其进行检验并在检验报告上签字	①与生产部门人员、仓库保管员或其他相关人员进行访谈，了解在产品和产成品入库的基本流程，以及在产品和产成品的存放管理要求等 ②获得仓库在产品和产成品质检报告的范本，查阅是否有经办人签字 ③采用判断抽样的方法抽取 × 份检验报告，查看是否有质检部门的签字确认，是否填写了允收和拒收数量
		（2）仓库保管员应在取得相应的检验报告后接收产成品和在产品	
2	正确区分和保存不合格品	不合格的在产品和产成品应有单独的堆放区域，并以不同标签与合格货品进行区别	①实地观察仓库的管理情况，查看不合格产品的堆放、管理方法及其与合格货品的区分情况 ②评估在产品和产成品存放控制的有效性
3	接收的在产品和产成品的数量和品种正确	仓库保管员清点收到的在产品和产成品后签发入库单，并由生产部门确认入库数量和品种	①获得入库单的范本 ②采用判断抽样的方法从仓库台账的在产品和产成品记录中抽取 × 份样本，并追查仓库留存的入库单，查看其是否与台账一致，入库单是否连续编号，填写是否规范，是否有生产部门和仓库保管员的签字 ③评估在产品和产成品入库控制的有效性
4	准确记录所有入库的在产品和产成品	（1）入库单据应预先连续编号，并且连续使用	
		（2）仓库保管员与生产部门应定期核对在产品和产成品的入库记录，调查差异产生的原因并采取相应的跟进措施	①与生产部门人员、仓库保管员或其他相关人员进行访谈，了解仓库与生产部门的对账程序 ②获取在产品和产成品发出和入库调节表的范本 ③采用判断抽样的方法抽取 × 月的调节表和对账单，查看对账是否有双方的签字确认，对账结果是否有差异，对账双方是否对差异进行调查，调查结果是否合理，必要时是否对调查结果进行核实 ④评估在产品和产成品入库记录对账控制的有效性
5	在产品和产成品货卡的信息准确	仓库保管员应及时在货卡上登记在产品和产成品的结存数量	①采用判断抽样的方法从存货明细账中抽取 × 份样本，检查在产品和产成品货卡的填写是否正确，是否与实盘数一致 ②评估在产品和产成品货卡的有效性

6.3.4 产成品出库内部控制审计要点

产成品出库内部控制审计要点如表6-6所示。

表 6-6　产成品出库内部控制审计的要点

序号	控制目标	控制活动	审计程序
1	产成品的发出符合经批准的销售订单	（1）仓库人员应检查销售订单或指令是否符合公司的审批手续 （2）由独立于备货的人员核对实际备货是否符合经批准的销售订单，并批准产成品出库 （3）仓库人员应及时将产成品出库情况报送给销售部门，由销售部门定期检查销售订单的执行情况	①与仓库或其他相关人员进行访谈，询问发货控制流程 ②采用判断抽样的方法抽取×份样本，检查是否有管理层的复核签字，并追踪相应的销售订单，查看内容是否相符 ③采用判断抽样的方法抽取×份出库情况报告样本，查看销售部门核对销售订单的情况
2	产成品的发出履行合理的手续	（1）运输产成品的交通工具出厂，安全人员应检查其放行手续是否齐全 （2）所有出库的产成品，均应有适当部门的签字 （3）承运合同应经管理层签字和法律部门审核	①询问相关部门如保安部门和仓库等，了解产成品出库的放行程序 ②采用判断抽样的方法从书面放行记录中抽取×份样本，检查产成品的放行手续是否齐全 ③若无书面放行记录，则实地观察产成品的放行情况 ①询问仓库人员，发货时收货人或货物承运人的签收情况 ②采用判断抽样的方法从归档的出库单或装箱单中抽取×份样本，检查相关人员的签字情况 ③询问管理层承运合同的制定与审批流程 ④采用判断抽样的方法抽取×份承运合同，检查相关条款是否维护公司利益，并查看管理层和法律顾问的签字情况
3	所有发运的产成品都已正确、及时地记录并开具发票	（1）对所有产成品的发运记录进行复核，并核对原始出库单据	①与仓库或其他相关人员进行访谈，了解发货与开票的控制流程

续表

序号	控制目标	控制活动	审计程序
3	所有发运的产成品都已正确、及时地记录并开具发票	（2）对所有的发货，包括销售发货、内部领用等，均在专门的登记本/台账上记录，并有专门人员检查销售发货的开票情况	②检查入库单或发运单，确认单据是否连续编号 ③采用判断抽样的方法从发货记录中抽取×份样本，并追踪出库单等原始单据，检查内容是否一致，是否有相关人员的签字复核 ④采用判断抽样的方法从原始出库单据中抽取×份样本，并跟踪发货登记本，检查内容是否一致 ⑤确认登记本上是否有发票开具记录，并追踪发票，检查发票开出时间是否与发运时间一致
		（3）对出库单或发运单据连续编号，并连续使用	
4	所有发运产成品的成本均已正确、及时地（在恰当的会计期间）转入销售成本账户	（1）同3中的（1）	同3
		（2）成本转账凭证的制作及过账经过适当管理层的复核	①采用判断抽样的方法从销售成本结转凭证中抽取×份样本，检查制作人和复核人的签字情况 ②根据抽取的样本，追踪明细账，检查样本金额是否已经入账
		（3）定期复核销售成本、应收账款、存货等管理报表，并对重大波动进行分析	①询问管理层有关销售和成本报表的复核流程 ②采用判断抽样的方法抽取3~4个月的分析复核记录（审计范围以12个月为例），查看是否有管理层的签字确认

6.3.5 存货内部转移的内部控制审计要点

存货的内部转移是指货物和原材料在同一法人的不同仓库（本地或异地）间转移。存货内部转移的内部控制审计要点如表6-7所示。

表6-7 存货内部转移的内部控制审计要点

序号	控制目标	控制活动	审计程序
1	所有存货的内部转移均满足生产和销售的需要，并使公司运营成本最小化	（1）公司应制定书面的存货内部转移操作流程或政策，经管理层确认后由操作人员贯彻执行	①与生产部门、销售部门、仓库的相关人员进行访谈，了解存货内部转移的基本流程以及相关的控制要求等 ②获得书面的存货内部转移操作流程或政策，并复核该流程或政策的完整性和管理层的确认情况

序号	控制目标	控制活动	审计程序
1	所有存货的内部转移均满足生产和销售的需要，并使公司运营成本最小化	（2）存货调拨单应由需求部门（如生产和销售部门）填写，并经本部门和物流部门主管批准	①获得存货调拨单的范本 ②采用判断抽样的方法从仓库留存的调拨单中抽取×份样本，查看其数量和品种是否与台账记录一致，存货调拨单是否连续编号，填写是否规范，是否有审批部门及调出方和调入方保管员的签字 ③评估存货内部转移控制的有效性
2	只处理有效的内部转移请求	调出仓库应在复核存货调拨单后进行发货	同1中的（2）
3	正确处理存货的内部转移	（1）调出仓库按照存货调拨单发货。经办人员签字确认实发货物的品种、数量，并保留一联存货调拨单	同1中的（2）
		（2）调入仓库按照存货调拨单收货。经办人员签字确认实收货物的品种、数量，并保留一联存货调拨单	
4	所有内部转移的存货在收入方和发出方均被正确记录	（1）调拨单应当预先连续编号，并且连续使用	同1中的（2）
		（2）存货调出仓库和调入仓库均以存货调拨单作为原始凭证，登记存货调拨的台账	
		（3）发出方和收入方应定期核对存货调拨记录，调查差异产生的原因，并采取相应的跟进措施	①与生产部门、销售部门、仓库等相关人员进行访谈，了解存货内部转移的对账流程，以及相关的控制要求等 ②获得存货调拨发出/收入调节表的范本 ③采用判断抽样的方法抽取×个月的调节表和对账单，查看是否有对账双方的签字确认，对账结果是否有差异，对账双方是否对差异进行调查，调查结果是否合理，必要时是否对调查结果进行核实 ④评估存货调拨记录对账控制的有效性
5	异地存货的内部转移符合国家法规	对于异地存货的内部转移，公司应及时开出销售增值税发票	①询问异地存货内部转移的流程 ②采用判断抽样的方法从销售明细中抽取×笔销售金额，追踪相关的原始凭证，查看增值税发票开立是否合理、合规

续表

序号	控制目标	控制活动	审计程序
6	存货内部转移或货物运输途中的损耗被正确地计算，并明确到相关责任人员	（1）公司应制定运输途中存货损耗率的标准 （2）超过损耗率的损耗，公司要追究相关人员责任 （3）定期分析损耗的合理性	①询问相关管理层，了解存货损耗率标准的制定依据和责任人索赔制度 ②获取存货损耗率标准表，并评估其合理性 ③获得存货损耗率定期分析报告，并评估其合理性

6.3.6　存货账目和盘点内部控制审计要点

存货账目和盘点内部控制审计要点如表 6-8 所示。

表 6-8　存货账目和盘点内部控制审计要点

序号	控制目标	控制活动	审计程序
1	仓库账与财务账的信息一致	仓库与财务部门应定期对账，对账结果由双方签字确认，调查对账发现的差异，并采取相应的跟进措施	①与财务部门人员、仓库保管员或其他相关人员进行访谈，了解仓库与财务部门的对账流程，以及相关的控制要求等 ②获得存货调拨发出和收入调节表的范本 ③采用判断抽样的方法抽取 × 个月的调节表和对账单，查看是否有对账双方的签字确认，对账结果是否有差异，对账双方是否对差异进行调查，调查结果是否合理，必要时是否对调查结果进行核实
2	存货盘点计划的制订符合管理层的意图	盘点前应有详细的存货盘点计划，经适当的管理层审批后下达至各相关部门	①与财务部门人员、仓库保管员或其他相关人员进行访谈，了解存货盘点计划的制订、审批，盘点执行，盘点记录，存货调整流程，以及相关的控制要求等 ②取得最近一次的存货盘点计划，并评估其内容 ③采用统计抽样的方法从存货明细账中抽取 ×份样本进行实盘，并与账面记录核对 ④检查所盘点物品的货卡信息是否正确，是否与实盘数一致 ⑤复核盘点记录表、盘点报告的填写情况和签字，并核实重大盘点差异的产生原因 ⑥评估存货账面数量的真实性
3	有效地执行盘点计划	（1）盘点应由现场管理员执行，并由独立的人员监盘，确保按照存货盘点计划进行 （2）盘点现场的存货应停止流动，不同地点的盘点应同时进行 （3）盘点记录应由盘点人员填写，并由盘点人员和监盘人员签字确认	

序号	控制目标	控制活动	审计程序
4	存货账面余额的调整是正确有效的	盘点差异被及时汇总，并在提交适当管理层批准后进行账务调整	①与财务部门相关人员进行访谈，了解存货余额调整的审批流程，以及相关的控制要求等 ②抽取存货盘点差异调整的凭证，检查其是否以管理层的决议为依据，是否附有经确认的盘点差异汇总表或盘点报告 ③评估存货账面余额及价值调整控制的有效性
5	准确记录寄存存货	（1）在制订存货盘点计划时，应根据重要性原则考虑对外仓库存货的轮流盘点	①询问并获得存货盘点计划，查核其中是否包括寄存存货的轮流盘点 ②观察寄存存货的盘点过程 ③获取询问外仓代管存货余额的函证和函证控制表，检查函证的差异项有无原因分析和跟踪措施
		（2）使用函证确认外仓代管的存货余额	

6.3.7 残次冷背存货管理的内部控制审计要点

残次冷背存货是指质量有缺陷的（残次）或是不经常使用的生僻（冷背）存货，它们均会发生减值，从而对存货的账面价值产生影响。残次冷背存货管理的内部控制审计要点如表6-9所示。

表6-9 残次冷背存货管理的内部控制审计要点

序号	控制目标	控制活动	审计程序
1	正确区分和保存残次冷背存货	（1）分开存放残次冷背存货，并以不同货卡/标签列示	①询问残次冷背存货的管理政策 ②取得并审核残次冷背存货的政策文件 ③与财务部门人员、仓库保管员或其他相关人员进行访谈，了解残次冷背存货的管理方式，以及相关的控制要求等 ④实地观察库房内残次冷背存货的存放情况 ⑤评估残次冷背存货的现场管理情况
		（2）制定残次冷背存货的管理政策	
2	存货账面价值反映其实际价值	（1）公司制定存货跌价准备的计提政策，并由财务人员参照执行	①与财务部门相关人员进行访谈，了解计提存货跌价准备的会计政策、方法和依据，以及相关的控制要求等 ②获取计提存货跌价准备的书面政策，检查其是否经过高级管理层的书面认可 ③采用判断抽样的方法从存货跌价准备明细中抽取×份样本，对存货跌价准备计提的依据、方法和数额进行复核，并与管理层的确认文件相核对
		（2）存货跌价准备的计提应经适当管理层确认并符合一贯性原则	

续表

序号	控制目标	控制活动	审计程序
2	存货账面价值反映其实际价值	（3）计提存货跌价准备的依据、方法和金额应经适当管理层确认	④考虑公司的战略计划、发展趋势和市场导向等因素，分析近×年以来（如3年）存货跌价准备的计提/冲回情况 ⑤结合盘点和实地观察情况，评估存货跌价准备计提的真实性和充分性
3	残次冷背存货的处置符合管理层的意图和一贯性原则	（1）残次冷背存货的处置数量和方式应依据适当管理层批准的存货处置文件	①与财务部门人员、仓库保管员或其他相关人员进行访谈，了解残次冷背存货的处置流程，以及相关的控制要求等 ②采用判断抽样的方法从残次冷背存货处置的凭证中抽取×份样本，复核其依据的文件是否经管理层确认，处置的数量/金额是否有库房以外的部门共同确认，并评估残次冷背存货处置控制的有效性 ③获得残次冷背存货货龄分析表，评估其合理性，并查核是否有相关管理层的签字
		（2）处置时应由财务人员或其他授权部门连同库房保管员共同确认处置结果	
4	残次冷背存货处置的账务处理应及时、正确和完整	（1）残次冷背存货处置的账务处理应基于批准后的处置文件和实际处置结果	同3
		（2）由专人定期复核分析残次冷背存货的货龄、产生原因和发生频度等	

6.3.8 存货保险和安全内部控制审计要点

存货保险和安全内部控制审计要点如表6-10所示。

表6-10 存货保险和安全内部控制审计要点

序号	控制目标	控制活动	审计程序
1	存货的保险范围和金额应合理	（1）应由财务部门和仓库负责人共同确定存货保险的范围和金额	①与财务部门人员、仓库负责人或其他相关人员进行访谈，了解存货的保险范围、依据和申购流程，以及相关的控制要求等 ②获取并复核管理层对存货保险事宜的批准文件 ③获取存货的保险合同，查看合同的签订部门是否有授权，合同是否有相应的询价记录和法律部门给出的复核意见 ④评估存货保险的充分性和有效性
		（2）存货的保险范围和金额经适当管理层批准	
		（3）采购部门应负责或参与保险合同价款的商谈，保险合同的询价和采购程序应视同物资采购	

序号	控制目标	控制活动	审计程序
2	危险品、有害货品的保管和处置符合国家或公司规定	公司按照相关法规或行业标准的要求制定书面的危险品、有害货品保管和处置流程或政策，并由存货管理部门遵照执行	①与仓库负责人或其他相关人员进行访谈，了解危险品、有害货品的管理和处置流程，以及相关的公司政策等 ②获得并复核书面的公司危险品、有害货品管理和处置流程或政策 ③实地观察危险品、有害货品的存储环境 ④评估危险品、有害货品管理流程或政策的执行情况
3	存货物理环境安全	（1）通过门卡、锁匙或密码等手段限制无关人员接触存货 （2）安装适当的防盗设施（如探头、红外报警器等） （3）临时出入库房应事先获得仓库保管员的批准，登记后由保管员陪同进入库房	①与仓库保管员或其他相关人员进行访谈，了解人员出入库房的控制和库房物理安全的总体情况 ②实地观察对闲杂人员出入库房的控制 ③检查临时出入库房的登记情况 ④结合访谈和实地观察情况，评估人员出入库房控制的有效性和充分性
		（4）按照公司要求或行业及国家消防标准设计库房，并安装相应的消防设施、器材和必要的通风设施（如烟感、喷淋系统、破玻报警器等）；由专门部门负责消防设施或器材的保养和检验，并进行记录；消防设施经当地消防部门检验合格	①与仓库保管员、公司消防负责人或其他相关人员进行访谈，了解公司消防安全的总体情况、重点保护地区消防设施情况，以及相关的消防控制要求等 ②获取公司重点保卫地区的平面分布图 ③获取并复核公司的灾害复原计划 ④获取并复核公司的最近一次消防演习记录 ⑤获取消防检查的合格证书 ⑥实地观察消防设施、消防通道的有效性 ⑦采用判断抽样的方法从消防设施检修及保养记录中抽取 × 份样本，检查其是否经过消防人员的复核和确认 ⑧评估消防安全控制的有效性

6.4 存货内控审计中的常见问题及建议

6.4.1 存货内控审计中应关注的问题

6.4.1.1 存货采购成本不真实

（1）一些企业将应计入外购材料成本的费用计入当期损益，如将各种材料支出直接以"管理费用"列支。

（2）外购存货的入库价格不统一，使前后各期缺乏可比性。例如，存货按计划成本进行核算的企业，其计划成本的确定很随意，这给存货的管理和核算带来困难。

6.4.1.2　少列或多列存货发出的成本

有些企业故意确定较高的计划成本，使计划成本远远高于实际成本，进而加大产成品的成本，隐匿利润。而有些企业则故意确定较低的计划成本，且以较低的成本差异率调整发出材料的计划成本，以达到虚报利润的目的。

6.4.1.3　材料盘盈、盘亏不进行账务处理，造成利润不真实

企业在盘点中发现材料毁损，未按规定程序报批转销其毁损价值；对发生的盘盈、盘亏长期挂账，致账实不符；将存货私分或送给关系户，并在盘点时算作盘亏，按企业的损失或费用处理。

6.4.1.4　领用材料制造专用设备，将材料成本列入生产费用

有些企业自己设计制造了一些专用设备，根据其造价和使用年限，符合固定资产标准，应单独进行核算，发生的工料费应全部列入该专用设备的成本，完工后总成本应作为固定资产的造价。但有些企业为逃避纳税，将自制设备领用的全部材料都列入了制造费用，增加了制造成本，相应地减少了利润。

6.4.2　存货内控审计的建议

6.4.2.1　对存货的内部控制制度进行测试

完善的存货内部控制制度被良好地执行时，可以准确提供存货数量、金额等一系列数据。因此，审计人员应在了解企业存货内部控制制度的基础上，对企业采购、生产、保管、核算、销售等环节的存货实物流转程序和记录程序进行测试。如果企业未能建立完善的存货内部控制制度，或者已建立的存货内部控制制度未能得到有效执行，审计人员对此更应予以关注。

6.4.2.2　重视对异常存货账户、成本核算账户以及相关原始凭证的审计

对于价值高、数量与单价变动幅度大、长期账实不符、毁损报废的存货账户，单位价值变动大、核算方法有重大变化的成本核算账户，有重大会计调整事项的存货账户、成本核算账户以及所依据的原始凭证等，审计人员应重点关注。审计中若发现企业随意变更存货计价方法，审计人员应查阅有关财务指标，分析对比各个会计期间的财务指标有无异常变化，并查阅有关的存货明细账，核查各期采用的计价方法是否一致。

6.4.2.3　加强对存货的监盘和抽盘

审计人员应先了解企业历年来的存货盘点情况，对于以前年度账实不符、价值高、数量变动大、长期未用、毁损报废、调账频繁的存货，应列为监盘或抽盘的重点。在实际监盘时，审计人员不仅要注意存货数量，而且要注意存货质量、包装、有效期等相关要素。应根据企业存货管理水平和内部控制制度的执行情况来确定存货监盘或抽盘的比例，同时根据实地监盘或抽盘情况决定是否扩大抽查范围或对某些存货进行重新盘点。审计人员还应抽查并复核存货明细账借方与贷方记录。

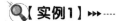【实例1】▶▶▶ --

年终存货盘点审计报告

××审××××第×××号

根据安排，审计部对公司存货盘点工作进行了审计。

审计目标及范围：此次就公司存货的真实性及完整性进行审计，涉及盘点工作的执行情况、资产状况、存储管理、账卡物相符情况等。

审计程序：监盘、数据分析、询问、观察等。

1. 存货盘存结果

1.1 存货盘存结果明细

截至××年底，公司存货盘点余额为×××万元（含车间在制品、项目在建物料共×××万元，不含委托加工物资），盈亏相抵后整体盘盈金额为×××万元，具体明细如下。

存货盘存结果明细

单位：万元

差异原因	原材料		半成品		产成品		低值易耗品		总计	
	盘亏	盘盈	盘亏	盘盈	盘亏	盘盈	盘亏	盘盈	盘亏	盘盈
编码问题										
系统差异										
BOM及换算差异										
前期差异										
收发货差异										
采购备品未入账										
其他										
在制品										
总计										

1.2 审计发现及建议

1.2.1 前期差异形成盘盈××万元，上一年盘点的电池片、角片等是通过估算并按一定比例打折的方式列入盘存量的，而今年则是根据实际数量进行详细盘存，如此形成差异××万元。

建议：对因盘点方法改变所产生的差异应及时进行账目调整，无须在年末进行账目调整。

1.2.2 BOM 及换算差异形成盘盈近 ××× 万元。

（1）主要原因有：

①板材理论厚度与实际领用的材料存在差异。

②边角废料的利用。

③计量单位的转换差异。

④ BOM 用量出现错误等。

（2）建议：

①物控部门应做好 BOM 用量的监测工作，发现与实际不符时，及时与研发部门沟通，进行修改（相关领料部门应提供相关信息）。

②研发、采购、物控等部门应协商确定物料的计量单位，确保 BOM、采购、存储及系统使用的计量单位是一致的；确实不可统一计量单位时，要在收发料换算时保持谨慎的态度，并加强检查，发现差异及时改进或进行账目调整。

1.2.3 收发货盘点差异形成盘盈近 ×× 万元。

（1）主要原因有：

①工程领退料错误。

②已开具领料单但实际未领用。

③车间退料未办理退料手续（如车间退回部分铝材未办理入库手续）。

（2）建议：物控仓管人员应要求相关人员及时办理收发手续，并加强对进出仓物料的清点，尤其要对已办手续但实际并未发生物料出入仓的情况进行核实，同时在物料卡上根据实际情况完整地记录。

1.2.4 部分盘亏物料明细。

部分盘亏物料明细如下表所示。

部分盘亏物料明细表

单位：万元

存货编码	存货名称	规格型号	BOM 及换算差异	编码问题	并库	前期差异	收发货差异	系统差异	其他	合计
其他										
总计										

建议：重点关注发货差异所引起的盘亏数据。此次盘点中因收发原因产生盘亏××××元，从数据上看并不重大，但仍需加强这方面的管理。

2. 呆滞物料情况

2.1 呆滞物料情况

呆滞物料情况如下表所示。

呆滞物料情况表

单位：万元

物料类别	类别	1年以下	1~3年	3~5年	5年以上	总计
××成品	呆滞成品					
	应用产品					
××材料	××片					
	其他					
	××产品					
××汇总						
××材料	可代用物料					
	可退厂家物料					
	可报废物料					
	可代用PPR管件					
	报废PPR					
	可代用维修配件工具					
××成品	可折价产品					
	可报废产品					
××汇总						
总计						

根据物控部门统计，呆滞物料（3个月以上）库存金额近××万元，与三季度末相比增加了近××万元，其中电池片增加近××万元。应重点关注电池片库存的处理过程。

2.2 建议

（1）对生产中不可使用或不可替代使用的积压物料进行折价处理，尽快收回资金。

（2）此次统计出的呆滞物料明细应提交一份给研发部门，其在做产品BOM时可以此为依据确定是否进行物料代用；对维修配件，领用部门也应优先考虑是否可使用代用的积压品。

（3）对品管部判定的不可使用且无转让价值的积压物料进行报废处理。

（4）加强责任追究，从源头上控制呆滞物料的产生；同时实行激励措施，对积极处理呆滞库存的人员或部门按一定比例进行奖励。

3. 其他审计问题

3.1 物料存储方面

3.1.1 审计发现：对部分类别的物料未进行认真的归类整理，也未设置待处理（不良品）区域，部分物料存放相互混淆。铝材类物料的此情况较为严重，监盘发现，AA铝材部分余料散放在存储地未进行包扎，一条铝材放置在××区域，BB铝材中混有已切割退回的物料（不良品）且未单独存放等。

3.1.2 审计建议：物控部门在盘点前应对物料进行适当的整理和排列，区分不良品、合格品，并附上盘点标识。

3.2 仓管人员工作移交方面

3.2.1 审计发现：铝材仓管工作在××月份进行了移交，但据了解，存货移交时未进行认真全面的盘存，也未有人进行全程监交，同时未履行账卡移交手续。

3.2.2 审计建议：编制并发布"仓管人员物资交接"等制度，并在实际工作中严格执行。同时在交接时应有成本会计、仓管负责人进行监交，并形成交接记录。

3.3 物料卡记录方面

3.3.1 审计发现：监盘时发现个别物料卡记录不完整或记录不清晰。铝材仓库的此类情况较严重，主要原因有，人员认识不足，认为盘点日之前的物料进出没必要再进行登记（认为是多此一举）；车间物料员退料时未进行登记，导致物料卡记录不完整。同时也存在物料卡记录不规范的情况，如未填写收发日期、使用铅笔记录等。

3.3.2 审计建议：公司实行永续盘存制度，以保证账卡物一致，任何物资的进出均应在物料卡上进行实时记录。

3.4 盘点组织工作

3.4.1 审计发现：

（1）部分监盘人员未按要求参与监盘或未对盘点进行全程跟进，如多个部门未参与光热仓库的监盘。

（2）部分监盘人员反映其不明白监盘工作。

3.4.2 审计建议：

（1）严格按照盘点计划实施存货盘点及监盘工作，对因监盘不力造成的盘点停顿、重大差错，应视情节对监盘人员进行处罚，并在全厂范围内进行通报。

（2）对所有参与盘点工作的人员进行培训，并要求监盘人员理解监盘要点，必要时可进行盘点知识考试。

3.5 其他方面

（1）对非人为责任产生的盈亏差异及时进行账务处理。

（2）财务部着手进行存货跌价准备的测算工作。

（3）物控部尽快建立存货分析制度，并每月出具一份分析报告。报告应对库存波动较大或库龄呈增长趋势的物料作出详细说明，必要时追溯相应的经办人、订单等；同时对每月已处理的呆滞物料与下月计划处理的物料进行重点说明。

4. 整体评价

年终盘点基本按计划进行，盘点结果表明公司存货是真实完整的，但物控部门的内控管理工作仍待加强。

🔍【实例2】▶▶

公司"辅材核算及管理"专项审计报告

审计时间：20××年12月4日至12月7日。

审计地点：××分公司财务部、辅材库。

审计会计期间：20××年1月至20××年10月。

审计事项说明：

审计部于20××年11月16日至26日对××分公司开展例行审计，对库存材料进行盘点，由于对以上情况审计部无法提出审计意见，所以决定于12月4日起对××分公司辅材库进行专项审计。

主要审计内容：

抽查×分公司辅材库7月、8月存货出入库的核算过程及管理流程的执行情况。

一、辅材核算情况

1. 辅材核算依据

（1）入库环节：库房以材料送货单为入库依据（送货单及验收回执单未传递给财务），但财务部门没有对入库环节进行核算（财务部门未对此环节进行监督审核）。

（2）出库环节：库房以收到的代金券为出库依据，财务部门以月末ERP记录的代金券数量为出库依据（两者出库口径不一致，存在时间差）。

2. 财务的记账情况

（1）截至20××年10月，财务部门仍未将辅材库房的材料按照总部财务要求列入"库存材料"科目并进行完整核算，如下表所示。

库存材料核算表

	公司要求核算		常规的凭证附件	×分公司实际核算		
	借方	贷方		借方	贷方	凭证附件
入库时	借：库存材料——××材料		送货单＋验收单＋入库单	未进行核算		
		贷：应付账款——××供应商				
领用时	借：工程施工——客户		出库单	借：工程施工——客户		ERP打出的代金券汇总表
		贷：库存材料——××材料			贷：应付账款——××供应商	
结算时	借：应付账款——供应商		对账单	借：应付账款——供应商		
		贷：内部往来——总部	供应商发票		贷：内部往来	供应商发票
		贷：银行存款	支票头		贷：银行存款	支票头

（2）入库环节：×分公司财务部门未在"库存材料"科目下核算辅助材料（仅通过"应付账款"科目进行核算），且未采用数量、单价、金额式账簿对辅材进行核算与有效监控。

（3）开出代金券环节：×分公司财务部门未对代金券开具设置账簿进行分别核算，也未与仓库每月进行核对。

（4）付款环节：×分公司财务部门未以审核无误的供应商送货单、仓库验收回执、仓库实际入库单、供应商签字确认的对账单作为凭证附件，仅检查各部门的签字是否齐全，并以供应商开具的发票金额作为付款的依据。

3.仓库的记账、报表、盘点情况

（1）入库环节：仓库未依据入库单记账（而是依据送货单记录与上报的"入库数"），入库单流于形式，开具内容不完整；报表数与实际数存在不一致的情况。

抽查7～8月仓库报表发现，其数量与送货单、收货回执、入库单数量不一致，如下表所示（表内数据略）。

7～8月仓库报表

20××年7月31日					
产品名称	产品代号/规格	报表入库数量	入库数量		
			送货单	回执	入库单
			合计	合计	合计
欧松板	1220毫米×2440毫米×15毫米/张				
都芳第二代六合一内墙漆	进口（5升/桶）				
都芳第二代六合一D型基漆	5升/桶				
PPR管S3.2	D20×2.8×4/根				
PPR管S3.2	D25×3.5×4/根				
90度弯头	D20/个				
中国系统吊顶龙骨	DC50×19×0.50/米				
业之峰专用壁宝	20千克/袋				
业之峰专用防水涂料	20千克/桶				
业之峰专用地宝	4千克/桶				
业之峰专用墙宝	18千克/桶				
20××年8月31日					
产品名称	产品代号/规格	报表入库数量	入库数量		
			送货单	回执	入库单
			合计	合计	合计
澳松板	1220毫米×2440毫米×3毫米/张				
澳松板	1220毫米×2440毫米×5毫米/张				
澳松板	1220毫米×2440毫米×12毫米/张				

20××年8月31日							
产品名称	产品代号/规格	报表入库数量	入库数量				
			送货单		回执		入库单
			合计		合计		合计
都芳生态超白弹力内墙漆	进口（5升/桶）						
都芳第二代六合一内墙漆	进口（5升/桶）						
都芳莱茵系列内墙漆	国产（5升/桶）						
都芳多功能抗碱底漆	进口（5升/桶）						
都芳多功能抗碱底漆	国产（5升/桶）						
中国系统吊顶龙骨	DC50×19×0.50/米						

（2）出库环节：仓库依据"代金券"记录与上报的"出库数"，并开具出库单，但对代金券已开出而工长暂不领取的"代保管辅材"，未设置辅助登记账簿单独进行核算。

抽查7月份出库单发现，其与日报表不一致，如下表所示（表内数据略）。

7月份出库单

20××年7月31日			
产品名称	产品代号/规格	库房日报表出库数量	库房出库单数量小计
澳松板	1220毫米×2440毫米×3毫米/张		
欧松板	1220毫米×2440毫米×15毫米/张		
红樱桃（花纹）	1220毫米×2440毫米×3毫米/张		
黑胡桃（直纹）	1220毫米×2440毫米×3毫米/张		
都芳第二代六合一内墙漆	进口（5升/桶）		
都芳莱茵系列内墙漆	国产（18升/桶）		

产品名称	产品代号/规格	库房日报表出库数量	库房出库单数量小计
都芳多功能抗碱底漆	国产（18升/桶）		
都芳专用调色基漆（D型）			
PPR管 S3.2	D20×2.8×4/根		
直通（直接管箍接头）	D25/个		
异径管（转换接头）	D25/20个		
弯管（过桥、元宝弯）	D25个		
天地龙骨（隔墙）	QU 50×40×0.60/米		
中国系统吊顶龙骨	DU 38×12×1.00/米		
中国系统吊顶龙骨	DC 50×19×0.50/米		
中国系统吊顶龙骨	DC 60×27×0.50/米		
38主吊	个		
38主接	个		
38-50吊挂	个		
50付接	个		
50支托	个		
纸面石膏板（普通型）	9.5×1200×3000/张		
纸面石膏板（普通型）	12×1200×3000/张		
纸面石膏板（防潮型）	12×1200×3000/张		
业之峰专用壁宝	20千克/袋		
业之峰专用防水涂料	20千克/桶		
业之峰专用白乳胶	18千克/桶		
业之峰专用墙宝	18千克/桶		
镀锌铁管	20根/捆		
水泥	50千克/袋		

（3）月末结账环节：由于受上述入库、出库、代保管辅材核算不规范的影响，月末结存数量无法准确得出。

（4）盘点环节：受上述因素的影响，财务部门与仓库均无法在月末得出准确的结存数，定期盘点工作流于形式。虽然财务部门也派人会同仓库共同盘点，但无法得出准确的盘点结果。

二、辅材管理制度的充分性、有效性方面

×分公司在存货管理上未制定相关规章制度。本年11月,集团辅材中心已制定"自管库管理纲要"来规范仓库工程流程,但目前尚未定稿、未下发执行。

三、审计评价

辅材库在今年1~11月份合计流入约×××万元,流出约×××万元,但在核算及管理流程上存在较大问题。

(1)财务部未将辅材列入"库存材料"科目核算,存货金额难以准确确定。

(2)财务部门未设"库存材料明细账"进行核算,也未与库房核对账目,导致存货数量不能确定;存货盘点流于形式,盘点结果无法确定,短缺毁损无法核定。

(3)库房出入库单据与报表的出入库数据不一致,对暂存的代保管材料未设明细账进行登记,对暂存单也未进行有效保管。

存货管理机制不健全:工程客服部有重开补开代金券现象,库房完全凭代金券发货存在管理漏洞,财务部未对存货管理及付款履行严格的监督职能。

对×分公司库房7~8月的出入库核算环节进行抽查,发现×分公司在库房管理方面存在诸多问题:财务部、仓库对辅材入库、出库、结存的数量均不能准确计量;财务部与库房管理脱节;财务部核算不规范,监督不力。

四、审计建议

1.建议×分公司成立库房管理整改小组。

(1)完善管理流程,涉及的部门有财务部、库房、工程部,需协调集团物流中心、集团财务中心。

(2)财务部按会计核算要求补齐20××年"库存材料"明细账,应有数量、单价、金额栏(同时补齐原始凭据)。

(3)仓库建立材料台账(只核算出库、入库数量),并建立暂存材料备查账。

(4)制定盘点制度,要求财务部与库房每月末(规定盘点日)进行实地盘点,并对数量进行核对,做到账实相符。

2.配合辅材库管理,20××年需完善以下几项工作。

(1)×分公司相关部门加强辅材核算与管理的规范化、制度化。

(2)ERP作为维系工程、客服、财务、仓库等相关部门的纽带,目前尚不能提供准确数据。相关管理部门应对ERP系统辅材模块进行改进,以适应相关部门的核算需要,提高整体工作效率。

(3)对于双休日工程部无法开具代金券的问题,应与集团物流中心协调解决,杜绝发生材料借出问题。

 **学习笔记**

请对本章的学习做一个小结，将你认为的重点事项和不懂事项分别列出来，以便于自己进一步学习与提升。

本章重点事项
1.
2.
3.
4.
5.

本章不懂事项
1.
2.
3.
4.
5.

个人心得
1.
2.
3.
4.
5.

第 7 章

资金管理内控审计实务

 学习目标:

1.了解资金管理业务涉及的主要风险及风险表现。

2.掌握资金管理业务审计的准备工作——明确资金管理内审项目、编制资金管理业务调查问卷,为内部审计打下良好的基础。

3.掌握资金管理业务内部控制的审计事项及审计程序,具体包括贷款管理、现金管理、票据管理、股票债券短期投资、电子银行支付等项目。

7.1 资金管理业务涉及的主要风险

在一个企业里面，资金是否充裕，直接体现了运营的效果，所以说，货币资金审计也是内部审计的重要工作之一。在日常的内部审计中，盘点、数据核对、对账等都是比较常规的工作，作为内部审计人员，更多地需要站在管理的角度去考虑问题。

7.1.1 资金管理业务涉及的主要风险

（1）筹资与发展战略严重背离，企业盲目扩张，引发资金流动性不足，可能导致资金链条断裂。

（2）投资决策失误或资金配置不合理可能导致投资损失或效益低下；资金无法收回，可能导致企业陷入财务困境或债务危机。

（3）资金管控不严，可能出现舞弊、欺诈，导致资金被挪用、抽逃。

7.1.2 资金管理业务的风险表现

资金管理的风险表现如图7-1所示。

表现一	资金管理违反国家法律法规，可能导致外部处罚、经济损失和信誉损失
表现二	资金管理未经适当审批或超越授权审批，可能发生重大差错、舞弊、欺诈而导致损失
表现三	资金记录不准确、不完整，可能造成账实不符或导致财务报表信息失真
表现四	遗失、变造、伪造、盗用有关票据以及非法使用印章，可能导致资产损失
表现五	银行账户的开立、审批、使用、核对和清理不符合国家有关法律法规的要求，可能遭受处罚，造成资金损失

图 7-1 资金管理的风险表现

7.2　货币资金内部控制的目标

货币资金内部控制的目标如图 7-2 所示。

目标一	货币资金的安全性，即通过良好的内部控制，确保单位库存现金安全，防止单位库存现金被盗窃、诈骗和挪用
目标二	货币资金的完整性，即确保企业收到的货币资金全部入账，防止私设"小金库"等侵占单位收入的违法行为
目标三	货币资金的合法性，即确保货币资金的取得、使用符合国家财经法规，且手续齐备
目标四	货币资金的效益性，即确保企业合理调度货币资金，使其发挥效益

图 7-2　货币资金内部控制的目标

7.3　资金管理业务内控审计准备

7.3.1　确定资金管理业务内控审计项目

资金管理业务包括图 7-3 所示的审计子项。

图 7-3　资金管理业务包含的审计子项

7.3.2　制定资金管理业务调查问卷

内部审计人员在对公司的资金管理业务进行内部控制审计前，应制定调查问卷（如表 7-1 所示）并开展调查。

表 7-1　资金管理业务调查问卷

问题	回答记录
1.公司资金管理的政策是什么？具体包括哪些内容？分别由哪些职能部门负责	
2.内部银行的运作模式是否充分考虑了合法合规性	

问题	回答记录
3.公司资金是否通过电子银行、网上银行等现代化手段支付	
4.公司的融资策略如何？融资采取的保证方式是怎样的	
5.是否制订融资计划？决策程序是怎样的？融资决策是否以资金的成本费用分析作为依据	
6.公司的银行信用等级是什么？是否得到银行的授信？公司融资额占所有授信额度的比例为多少	
7.公司融资的主要投向？对融资资金使用效果的评价如何	
8.公司是否对外提供担保？是否制订担保政策和程序？执行情况如何	
9.公司融资还本付息是否及时	
10.是否有同一法人的内部资金调拨？若有，请介绍其审批流程	
11.公司所有可以存放库存现金的出纳室或其他地点，是否都被包括在现金的日常管理中，受到严格的控制	
12.是否对所有支票及时加以处理	
13.出纳室是否有足够的物理安全措施？出纳室的钥匙是否由少数经授权的人保管	
14.出纳室在无人的时候是否上锁	
15.是否有每日库存现金盘点报告并定期经相关管理人员复核	
16.库存现金盘点是否由独立的人员不定期地突击进行	
17.收到现金后是否正确及时地入账？对于无法入账的情况（如无法鉴别对应账户、相关来源、相关性质等），是否及时跟进并调查原因？是否定期对已入账的现金收入进行复核	
18.是否区分现金收入和应收账款记录的不相容职责	
19.所有借给员工的备用金是否都有详细记录	
20.现金是否每日存入银行？若不是，则存款的额度和频度如何	
21.如何保证所有收到的现金都列入公司账户	
22.所有从银行得到的单据，如银行对账单、进账通知单、存款单等，是否由独立于存款经办人的人员进行处理	
23.每月是否由独立于银行存款记录的人员制作银行存款余额调节表？银行存款余额调节表是否由财务主管人员进行审阅	
24.现金收据、销售凭证、各种收据等是否事先编号	
25.事先编号的单据在使用和归档时是否连续	
26.对于作废的或拒付返回的支票有无有效的管理	
27.是否所有公司生息账户的利息都被记录，并报告给独立于现金收支处理的人员	

续表

问题	回答记录
28. 公司使用的票据有哪些？是否使用商业承兑汇票	
29. 是否使用登记簿记录各种票据的购入、使用、作废及领用等	
30. 空白票据如何保管？领用空白票据是否被严格限制？如何控制	
31. 商业汇票的承兑是否经过适当审批？承兑所带来的潜在负债是否按规定披露	
32. 短期投资的政策及制度是怎样的？请介绍短期投资的授权过程	
33. 短期投资的品种有哪些？是否针对投资品种设定止损点控制	
34. 短期投资的执行、审批、记录是否由不同的部门或岗位完成	
35. 对短期投资是否进行投资效益评价？评价的方式如何	
36. 是否使用电子银行支付？电子支付的操作流程和审批程序是怎样的	
37. 电子支付的计算机与公司网络和外部网络的连接情况是怎样的	
38. 有没有保护电子支付程序的备份措施？介绍一下相关的备份政策	
39. 请介绍一下电子支付加密的技术： （1）对称加密　　　（2）非对称加密 （3）电子签名技术　（4）密钥的长度	
40. 其他货币资金包括哪些？如何管理	
41. 在现在的工作中，您最担心或最关心的事是什么	

7.4　资金管理业务内控审计要点

7.4.1　贷款管理内部控制审计要点

贷款管理内部控制审计的要点如表7-2所示。

表7-2　贷款管理内部控制审计的要点

序号	控制目标	控制活动	审计程序
1	融资预算和授信额度的建立/更新符合公司的战略规划，决策程序透明	（1）根据公司发展规划、经营计划估算公司对信贷资金的需求，制定融资预算申请或对信用额度进行更新，并上报董事会授权批准	①与资金预算编制部门（如财务部门或资金部门）的相关人员进行访谈，了解资金预算或授信额度预算的编制流程与公司战略目标、经营计划的关系，以及预算的批准人等 ②选取当年编制的资金预算，了解并核对其与经营计划的联系，查看有无董事会的批准
		（2）银行授信条款需经有关职能部门充分讨论，授信协议需得到公司管理层审批	①与融资部门（如财务部门或资金部门）的相关人员进行访谈，了解授信协议的签署过程，包括讨论与审批流程 ②追踪相关的会议纪要，检查融资是否按规定进行讨论与审批

序号	控制目标	控制活动	审计程序
2	项目融资计划根据公司投资计划开展	（1）项目融资的安排随项目立项而启动，由资金部门和项目小组根据公司规划、项目性质和资金缺口共同制定融资方案，并由相关职能部门充分讨论 （2）将融资方案建议书交公司管理层复核及审批，管理层根据企业规划来选择融资方案	①与资金部门和投资部门相关人员进行访谈，了解项目融资方案的制定过程 ②采用判断抽样的方法随机抽取×个项目融资方案，了解对应的投资项目；追踪相关的会议纪要，检查融资方案是否按规定进行讨论及经管理层审批
		（3）管理层监控项目资金与项目进度的同步过程	①与资金部门和投资部门相关人员进行访谈，了解项目融资与项目进度的同步过程 ②获得项目资金与项目进度的控制文件，复核其是否经适当管理层审阅，并检查其控制方法是否有效
3	融资活动经适当授权并符合公司最大利益	（1）融资申请应与预算相核对，如存在预算外融资，需经财务部门、资金部门等相关部门充分讨论后由董事会审批	①与资金部门相关人员进行访谈，了解预算外融资的控制方法 ②采用判断抽样的方法随机抽取×份项目融资申请，查看与预算核对的签字确认，并判断融资是否在预算内 ③若融资在预算外，则检查是否存在各部门的讨论记录与董事会的批准文件
		（2）资金部门将与银行协商一致的贷款合同交管理层审阅，并对照原融资方案的预设金额、利率、期限等进行偏差分析；贷款合同得到管理层批准后才可签署 （3）管理层复核融资活动的费用支出（包括资金成本及一些特殊费用等）	①采用判断抽样的方法抽取×份贷款合同，查看有无管理层的审批文件（如批复） ②询问融资部关于融资费用控制的流程、制度等 ③获得相关文件如费用报销记录、融资费用预算等，复核其有无管理层的签字
4	银行融资文件应合法合规	融资文件经过法律部门审核	采用判断抽样的方法抽取×项融资计划，检查有无法律部门对条款的审阅意见和签字
5	银行授信、融资文件得到妥善保存	签署的授信协议、贷款合同原件应由专人存档保存	①与信贷资料保存部门的相关人员进行访谈，了解信贷档案是否由专人负责管理，是否办理归档手续 ②采用判断抽样的方法抽取×笔公司的借款项目，现场检查相关的信贷文件是否有专门的台账，文件的归档/出借是否有记录，原件是否按规定妥善保管，档案柜是否防水火

续表

序号	控制目标	控制活动	审计程序
6	授信情况和资金取得、使用情况得到及时有效监控	（1）定期编制信贷资金使用计划，包括各个项目资金具体投入时间、累计闲散资金使用等，并由管理层审批	①与财务部门或资金部门相关人员进行访谈，了解资金定期报表和资金效率分析报告的编制程序，包括内容、编制人、复核人、审批人、编制频率等 ②采用判断抽样的方法抽取 × 张资金报表（如资金使用计划、资金取得和使用情况表、资金效率分析报告、还贷情况表、授信余额表等），判断其是否按规定的频率编制，有无独立于制表人的人员复核签字，以及管理层是否审阅并签字
		（2）定期编制信贷资金取得和使用情况报告、还贷情况表、每个贷款银行的授信额度余额表，并上报管理层审阅	
		（3）定期监控资金使用效率，并上报管理层审阅	
7	担保符合相关政策	（1）定期滚动编制贷款到期情况一览表和资金付息情况一览表，报管理层审阅后交资金部门安排，融资人员负责确保准时还款或办理展期	①与财务部门或资金部门相关人员进行访谈，了解还本付息一览表的编制程序，包括内容、编制人、复核人、审批人、编制频率等 ②采用判断抽样的方法抽取 × 张还本付息一览表，判断其是否按规定的频率编制，有无独立于制表人的人员复核签字，以及管理层是否审阅并签字 ③将最新的还本付息一览表的加总数与账面余额核对，复核是否有贷款逾期未还或未续签的合同，并追踪相关合同
		（2）资产抵押、质押、担保必须事前提出申请，财务部门、资金部门、法律部门等应批注意见，由董事会批准后方可执行	①与财务部门或资金部门相关人员进行访谈，了解公司对外抵押、质押、担保的控制流程，包括申请程序、审批程序、审批权限等 ②取得公司对外抵押、质押、担保的书面政策，查看管理层的签字 ③采用判断抽样的方法从公司的抵押、质押、担保记录中抽取 × 份抵押、质押或担保申请报告，检查有无相关部门的讨论记录或书面意见，以及高级管理层的审批意见 ④追踪相应的抵押、质押或担保合同，检查其是否经法律部门审核，高级管理层有无批准，以及是否取得了相关的反担保
		（3）资产抵押、质押、担保的法律手续及被担保公司的反担保手续由法律部门协助完成，以保证业务合法合规	
		（4）董事会批准的资产抵押、质押、担保合同及其他相关法律文件由专人保存并建立台账；新增和注销资产抵押、质押、担保时及时进行记录	①与抵押、质押、担保资料保存部门的相关人员进行访谈，了解档案资料是否由专人负责管理，是否办理归档手续 ②现场检查相关文件的归档 / 出借是否由专人及时记录，原件是否按规定妥善保管，档案柜是否防水火 ③采用判断抽样的方法从抵押、质押或担保文件中抽取 × 份存档资料，检查增加或注销情况是否被及时记录在台账中

7.4.2　现金管理内部控制审计要点

广义的现金包括银行存款、库存现金、信用卡存款、在途资金、备用金等。本节所指的现金是狭义的现金，即库存现金。

现金管理内部控制审计的要点如表7-3所示。

表7-3　现金管理内部控制审计的要点

序号	控制目标	控制活动	审计程序
1	制定财务岗位分工及授权批准政策	（1）建立现金业务岗位责任制，明确相关部门和岗位的职责权限，确保办理现金业务的不兼容岗位相互分离、制约和监督	①与财务主管人员进行访谈，了解公司是否有岗位责任制或授权批准制度 ②获得财务人员岗位责任制或授权批准制度 ③根据国家相关财经法规，评估岗位责任制或授权批准制度是否合理 ④询问具体的操作人员，了解岗位分工政策和授权审批制度的执行情况
		（2）在现金业务中建立严格的授权批准制度，明确货币资金业务的授权批准方式、权限、程序、责任和相关控制措施，确定办理货币资金业务的职责范围和工作要求	
2	所有收到的现金都被准确、及时地记录	（1）收到客户的现金时为客户开具连续编号的现金收据，现金收据入账后加盖现金收讫章	①与出纳人员进行访谈，了解收取现金时是否开具收据 ②获取现金收据记录，检查现金收据是否连续编号 ③采用判断抽样的方法从现金收入账中抽取×笔现金收入业务，检查有无现金收据附件，收据上是否加盖现金收讫章
		（2）单位应当指定非收款人员定期核对银行账户，每月至少核对一次，并编制银行存款余额调节表；若调节表不符，则应查明原因。银行存款余额调节表应由财务主管审阅签字，及时进行账务处理	①与财务部门相关人员进行访谈，了解银行存款余额调节表的制作周期及制作人 ②采用判断抽样的方法抽取×张银行存款余额调节表，检查财务主管的签字情况 ③追踪银行存款余额调节表中的异常项目，调查原因并确认是否被及时处理 ④追踪银行存款余额调节表中的调整账项，核实调整账项是否被及时更新
3	现金收付、保管及存入银行等活动符合相关财经法规的规定	（1）确定现金库存限额，收到的现金应及时存入银行	①与财务部门相关人员进行访谈，了解公司有无现金库存限额和现金存入银行的规定 ②复核现金日记账的每日现金余额，并与有关规定进行比较 ③采用判断抽样的方法，从现金日记账中抽取×笔连续的存款记录，并追踪原始的存款回单，根据日期评价其及时性

序号	控制目标	控制活动	审计程序
3	现金收付、保管及存入银行等活动符合相关财经法规的规定	（2）区分现金收入和现金支出的不相容职责；收到的现金每日存入银行，杜绝坐支情况发生	①与财务主管人员进行访谈，了解现金收入与现金支出的职责是否由不同的人员履行 ②通过访谈了解公司是否有禁止坐支的规定
4	保证库存现金及银行存款余额记录准确	（1）现金日记账的账面余额必须与库存数相核对	①与财务部门相关人员进行访谈，了解公司是否设置了现金和银行存款日记账 ②获得现金和银行存款日记账，复核其记录是否是逐日登记的 ③在出纳人员的协助下盘点现金，检查库存现金与现金日记账余额是否相符
		（2）应当定期和不定期地由出纳以外的人员进行现金盘点，确保现金账面余额与实际库存相符；对于不符的项目应及时查明原因	①与财务主管人员进行访谈，了解公司是否有定期和不定期盘点现金的制度 ②采用判断抽样的方法抽取 × 笔盘点记录，检查是否有盘点人的签名，盘点人是否为非出纳人员
5	现金支付符合公司政策和管理层意图	（1）在现金业务中建立严格的授权批准制度，明确货币资金业务的授权批准方式、权限、程序、责任和相关控制措施，确定办理货币资金业务的职责范围和工作要求	同 1
		（2）支付申请单需经过适当的审核，支付时出纳人员应检查支付申请单的授权审批程序，确认无误后再付款	①了解支付程序，获得书面的控制单据，如支付申请单 ②采用判断抽样的方法从银行日记账中抽取 × 笔记录，追踪相应的付款凭证，查看所附的支付申请单是否有相应审批人员的签字 ③确认所附的支付申请单上是否有付讫章
6	准确记录现金和银行存款支出	（1）单位应当指定非收款人员定期核对银行账户，每月至少核对一次，并编制银行存款余额调节表；若调节表不符，则应查明原因。银行存款余额调节表应由财务主管审阅签字，及时进行账务处理	同 2 中的（2）
		（2）已支付的付款申请加盖付讫章	同 5 中的（2）

序号	控制目标	控制活动	审计程序
7	安全保管现金和相关财务记录	（1）公司用支票登记本记录支票的使用情况；在支票登记本上，支票按编号连续记录，作废支票有完整的记录	①与财务部门相关人员进行访谈，了解支票的使用情况 ②获得支票登记本，查看支票是否按编号连续记录，作废支票是否有完整的记录 ③采用判断抽样的方法从支票登记本中抽取 × 笔作废支票的记录，追踪具体的作废支票，查看其是否被完好地保管，支票上有无作废字样
		（2）制定现金保管制度，严格限制接触现金的人员。出纳室有足够的物理安全措施	①获得现金保管制度，分析保管制度是否健全 ②与财务部门相关人员进行访谈，了解他们对现金保管制度的理解程度及制度的执行情况 ③实地观察出纳室的情况，判断是否存在安全隐患
		（3）只有经管理层授权、有工作需要的人员才可以接触及修改应收账款／应付账款及现金收入／支出凭证	①与财务部门管理层进行访谈，了解现金会计记录的授权接触和使用情况 ②现场观察财务部门收付现金的运作情况，确认是否只有经过授权的人员才可以办理相关业务
		（4）出纳室有两把钥匙，每把钥匙都需要有备份，取得备份钥匙需要有授权	①询问出纳室人员钥匙的数量，以及获得备用钥匙的相关流程 ②检查备用钥匙领用登记簿是否有领用人的签字并记录了领用时间和领用缘由
8	与现金相关的票据及银行预留印鉴受到严格的管控	（1）明确各种票据购买、保管、领用、背书转让、注销等的职责权限和程序，并专设登记簿进行记录	①获得各种票据使用程序和使用权限的有关规定 ②与财务部门相关人员进行访谈，了解其对相关规定的理解程度和执行情况 ③获得各种票据的使用登记本，查看其使用情况与政策是否相符 ④实地监盘空白票据，并调查异常情况产生的原因
		（2）财务专用章应由专人保管，个人名章必须由本人或其授权人员保管；票与章分开保管	①与财务主管人员进行访谈，了解财务专用章及个人名章的保管规定 ②获得主要业务章的留印样本 ③与财务部门相关人员进行访谈，了解印章的实际保管情况是否符合规定
		（3）按规定需要有关负责人签字或盖章的经济业务，必须严格履行签字或盖章手续	①与财务主管人员进行访谈，了解并获得相关经济业务的审批规定 ②采用判断抽样的方法从相关的文件如合同中抽取 × 笔业务，检查这些业务是否按规定经过适当审批并有签字确认 ③将业务中的印章与实际留印样本相比较

续表

序号	控制目标	控制活动	审计程序
9	确保备用金安全并记录准确	（1）制定备用金管理制度，确定部门或员工的备用金额度，借出备用金款项必须执行严格的授权批准程序	①与财务主管人员进行访谈，了解公司是否有关于备用金的审批制度 ②获得目前有资格持有备用金的人员和部门名单，采用判断抽样的方法抽取 × 笔记录，并追踪相应的备用金申请单 ③对照备用金审批制度，检查备用金申请单是否有相关审核人员的签字
		（2）定期与领用备用金的员工进行余额核对，对存在的差异查明原因并及时调整	①与财务部门相关人员进行访谈，了解是否有备用金定期对账制度，以及对账的频率 ②检查对账留下的书面轨迹，如签字确认等 ③如有差异，确认是否及时进行调查，并采取调整措施

7.4.3　票据管理内部控制审计要点

票据包括商业汇票、本票以及其他银行票据，但不包括支票。

票据管理内部控制审计的要点如表 7-4 所示。

表 7-4　票据管理内部控制审计的要点

序号	控制目标	控制活动	审计程序
1	票据政策和票据活动应当遵守国家法律、行政法规的规定	（1）公司应制定有关票据的管理制度，该管理制度应遵守国家有关法律法规的规定	①与财务部门相关人员进行访谈，了解公司票据管理制度或规定 ②获得书面的票据管理制度或规定，评估其是否符合国家法律的规定 ③了解政策下达的部门，并询问该部门操作人员对政策的了解程度
		（2）公司的票据管理制度应经过高级管理层的审批，并下发到相关部门	
2	票据活动符合公司规定	（1）应根据适当管理层审批的付款凭证签发票据	①与票据管理部门的相关人员进行访谈，了解票据签发、转让及贴现的工作流程 ②对照票据管理制度或规定，评估票据申请流程与政策的符合程度 ③获得票据登记簿，检查是否按规定登记票据 ④采用判断抽样的方法从已使用的票据中抽取 × 份样本，对照付款凭证，查看是否有相应管理层的审批签字 ⑤检查已领用的票据，查看是否存在未指定用途或金额的情况，如果存在，则检查是否有相应管理层的签字，事后该票据的使用是否得到财务人员的确认
		（2）票据的背书、转让和贴现应当遵守票据管理制度，并经适当管理层审核批准	

序号	控制目标	控制活动	审计程序
2	票据活动符合公司规定	（1）应根据适当管理层审批的付款凭证签发票据	⑥采用判断抽样的方法从票据中抽取×份转让、贴现的样本，查看是否有适当管理层的签字
		（2）票据的背书、转让和贴现应当遵守票据管理制度，并经适当管理层审核批准	⑦统计最近×个月的票据贴现记录，对照财务报告，检查信息披露是否完整 ⑧询问票据记账凭证的制作过程和人员 ⑨采用判断抽样的方法从应收/应付票据的记账凭证中抽取×份样本，检查制作人与复核人的签字，并追踪原始单据
3	票据符合安全性要求	（1）票据由专人保管，并有专门的、安全的存放地	①对库存票据进行盘点，查看其是否由专人保管，是否有专门的存放地，是否与记录相符 ②获得以前的盘点记录，查看其是否与规定的盘点周期一致，票据是否与记录相符，发生差错时的处理是否得当 ③观察票据的存放地点，评估其防火、防盗等安全措施 ④询问并了解公司票据丢失、被盗后的内部处理、补救措施是否适当和及时
		（2）设置票据登记簿，记录各类票据的取得、领用、使用、背书、作废等情况，并由相应人员签字	同2
		（3）空白票据的领用被严格控制，应经适当管理层审批，并由票据管理人员追踪票据使用情况	同2
		（4）定期盘点库存票据	同3中的（1）
		（5）如发生票据丢失、被盗等，应及时按规定处理	同3中的（1）
4	票据入账正确	（1）票据贴现后，应在适当的报告中披露贴现信息	同2
		（2）对于票据的记账凭证，应由制作人以外的财务人员核对相应的原始单据	同2
		（3）由专人复核贴现利息计算的准确性	①询问并了解公司是否有专人复核贴现利息 ②采用判断抽样的方法抽取×份贴现利息计算表或其他书面文件，检查有无复核人员的签字 ③复核贴现利息的准确性

7.4.4　股票债券短期投资的内部控制审计要点

股票债券短期投资的内部控制审计要点如表 7-5 所示。

表 7-5　股票债券短期投资的内部控制审计要点

序号	控制目标	控制活动	审计程序
1	投资方式符合国家法律的规定、公司管理层的意志和公司的实际情况	（1）投资方式经过专职法律人员的审核	①与投资部门、财务部门或其他部门的相关人员进行访谈，了解投资政策制定的依据，以及政策制定人员和下达的部门等情况 ②获得书面的投资政策范本，检查是否有高级管理层、法律顾问以及投资政策负责人的签字或确认 ③询问政策下达部门的操作人员对政策的了解程度 ④评估投资政策在相关部门贯彻执行的程度
		（2）经管理层研究确定投资组合方案	①同 1 中的（1） ②与投资政策的执行部门进行访谈，了解投资方式、额度及投资组合的申请流程 ③对照投资政策，评估投资申请流程与政策的符合程度 ④采用判断抽样的方法从归档文件中抽取 × 份投资申请单样本，查看是否有相应管理人员的审批签字 ⑤追踪投资组合的记录文件，查看是否及时更新
		（3）投资方式经过高级管理层的审批，并且下发到相关部门	
2	投资额度的确定符合权限规定和公司的实际情况	（1）投资额度超过权限时应经董事会批准；所有投资额度申请必须填写正式的书面表格，并归档备查	同 1 中的（2）
		（2）财务部门定期计算投资头寸，并及时反馈给管理层	①与财务部门相关人员进行访谈，了解投资头寸的计算过程和周期 ②询问管理层关于定期复核投资头寸的事项，评估其对该控制点的认知情况 ③获取投资头寸复核报告，并检查管理层的复核签字情况 ④检查复核报告的日期，判断其复核的频率
		（3）管理层定期复核投资头寸，并根据公司的实际情况及时修正投资额度	
3	确保投资及投资收益的安全性、流动性	（1）投资部门随时了解投资环境和投资市场动向	①与管理层和投资部门相关人员进行访谈，询问其是否了解投资环境和市场动向 ②查阅相关记录是否存在投资止损点，且投资止损点是否随市场变化被及时修正 ③与财务部门相关人员进行访谈，了解其是否及时按成本法确认投资收益并正确入账 ④检查有关投资收益的记录是否正确
		（2）管理层研究确定止损点，并随着市场变化及时修正	

序号	控制目标	控制活动	审计程序
3	确保投资及投资收益的安全性、流动性	（3）投资结束后进行客观评价	①与投资部门相关人员进行访谈，了解其对投资效果的评价 ②获得分析报告，检查是否有管理层签署的意见，并评估分析报告的适当性
		（4）管理层评价投资优劣并总结经验，形成记录后归档备查	
4	良好的职责分工	（1）投资制度的审批和执行岗位分离	①与投资审批、执行、记录等人员进行访谈，了解岗位设置的相关信息 ②检查历史记录的手续是否齐全 ③观察投资活动的流程，确定各岗位职责是否明确、不相容
		（2）实际投资的审批、执行和记录岗位职能相互分离	
5	投资文件的安全管理	（1）制定保管制度，确定由专人保管投资资料	①与投资部门或投资资料管理部门的相关人员进行访谈，了解投资资料包括的内容和保管方式，以及哪些人可以看到投资额度的信息 ②从相关的文档如投资政策中，查找限制接触的有关规定，并询问操作人员和投资信息管理者对此的认知度 ③现场检查投资协议和有价证券存放地的物理安全措施 ④查阅投资协议和有价证券的保管记录 ⑤核对有关协议和资料的真实性、完整性
		（2）投资协议及有价证券的使用，应经专人批准，并有详细记录	
6	短期投资的记录准确、及时	（1）使用股票债券登记簿记录所有交易信息	①询问并获得股票债券的交易登记簿，并查阅其完整性 ②询问短期投资记账凭证的制作过程和人员 ③采用判断抽样的方法从短期投资记账凭证中抽取×份样本，检查制作人与复核人的签字，并追踪原始单据
		（2）对于短期投资的记账凭证，应由制作人以外的财务人员核对相应的原始单据	

7.4.5 电子银行支付内部控制审计要点

电子银行支付内部控制审计的要点如表7-6所示。

表7-6 电子银行支付内部控制审计的要点

序号	控制目标	控制活动	审计程序
1	公司的电子支付政策符合管理层的意志，并得到及时更新	（1）电子支付政策由相关部门协同安全技术专家共同制定	①与采购部门、财务部门相关人员和银行的技术专家等进行访谈，了解电子支付政策制定的依据、标准，以及政策制定的人员和下达的部门等信息 ②获得书面的政策范本

序号	控制目标	控制活动	审计程序
1	公司的电子支付政策符合管理层的意志，并得到及时更新	（2）电子支付政策得到高级管理层的审阅和批准后，下达操作部门执行	③检查政策范本，查看是否有高级管理层的签字确认 ④询问电子支付操作人员对政策的了解程度 ⑤评估电子支付政策在相关部门贯彻执行的情况
		（3）相关部门协同安全技术专家定期复核电子支付政策，并根据技术的发展及时更新	①与采购部门、财务部门相关人员和银行的技术专家等进行访谈，了解电子支付政策定期更新的相关信息，如更新范围、参与人员和更新频率等 ②检查更新政策的审计轨迹，如管理层的复核签字、更新原因说明、技术专家的意见等 ③根据书面文件上签署的日期，判断支付程序的更新频率是否与访谈得到的信息相符
2	电子银行支付服务系统是可用的	（1）公司的备份政策包括电子支付应用程序、相关的后台应用程序和数据备份	①与 IT 部门负责人进行访谈，了解公司的备份政策，包括备份媒质、方式、频率、包含的程序等 ②在 IT 人员的协助下，在线查看备份程序和备份工作日程，确认备份程序是否包含了电子支付程序和数据 ③在 IT 人员的协助下，查看备份日志，寻找失败或异常中止的记录，并调查原因 ④要求 IT 人员恢复其中的一个备份，观察并评价其对恢复程序的熟悉程度
		（2）电子支付有不止一条物理传送通路的出口接到银行的支付网关	①询问 IT 人员关于电子支付的物理出口 ②查看相关文件，如建筑的平面图，电气布置图，银行、电信部门或物业提供的图纸和技术参数等 ③在可能的情况下，实地检查线缆的布置情况，确认不同的线缆出口是否处在不同的环境之中
		（3）电子支付的相关网络和单机都有防病毒软件的保护	①询问 IT 人员有关防病毒的措施，了解防病毒软件的适用范围和类型、病毒签名的更新周期和方式等信息 ②在线检查主要服务器和电子支付程序所在计算机的防病毒措施，确认防病毒软件已被激活且运行 ③在线检查病毒签名的日期和版本，确认其已被更新到最新状态 ④检查是否有定期运行的网络范围内的病毒查找程序。若有，则检查其日志，调查异常情况的产生原因和跟进结果

序号	控制目标	控制活动	审计程序
3	电子支付业务仅支持经授权的合法供应商	（1）与所有电子支付对象均有书面协议，明确了双方的责任和义务	①与电子支付部门的相关人员进行访谈，了解是否与所有支付对象都有书面协议 ②获得该协议存放的文件夹，采用判断抽样的方法从中抽取 × 份协议，检查下列内容： a.管理层的签章 b.电子支付的形式 c.处理和交易时双方的责任和义务 d.与电子交易相关的其他书面条款
		（2）所有电子支付指令在发出前均有适当管理人员的授权批准	①与电子支付部门相关人员进行访谈，了解是否所有电子支付指令在发出之前均经过恰当的授权 ②在 IT 人员的协助下，取得最近一周的电子支付日志文件 ③采用判断抽样的方法从电子支付日志文件中抽取 × 笔电子支付记录，并追踪书面的审计轨迹，如授权书、交易批准单等，以确保所有的样本均有书面授权的支持 ④获得书面授权单据的文件夹，对书面的授权单据进行"停一走"抽样，检查其是否有管理层的签字确认 ⑤若"停一走"抽样时发现了错误，则需调查未签字的原因，并考虑寻找替代性程序以保证电子支付的授权有效
		（3）电子支付的信息以及支付对象的反馈被日志文件记录下来	①询问 IT 人员定期复核日志文件的过程和相关信息 ②在 IT 人员的协助下，取得最近一周的电子支付日志文件，检查文件上定期复核的签字等审计轨迹 ③在 IT 人员的协助下，辨识电子支付指令的记录和交易对象反馈的信息 ④将电子支付指令和相应的反馈信息进行匹配，调查所有不匹配的记录，向 IT 人员询问原因和跟进措施
		（4）管理员定期复核电子支付的日志文件，并对所有异常情况及时进行调查和报告	
4	通过电子支付传送的数据具有机密性且未经篡改	（1）使用一系列安全机制和相关操作程序，建立起电子支付的安全架构	①与 IT 人员进行访谈，了解公司网络的安全机制和操作流程 ②获得并检查相关文件，如网络拓扑、电子支付操作流程等，查看有无管理层的签字确认 ③在 IT 人员的协助下，辨识安装电子支付程序的计算机网络所在地，并评价其网络划分的安全性 ④实地查看安装电子支付程序的计算机，确认没有任何非管理层意图的网络连接，且该计算机的物理安全得到很好的保护等
		（2）电子支付程序安装在一台相对安全的计算机上	

续表

序号	控制目标	控制活动	审计程序
4	通过电子支付传送的数据具有机密性且未经篡改	（3）传送的电子数据经过银行非对称加密技术的加密	①与 IT 人员或银行的安全技术专家进行访谈，了解数据传送时的加密技术是对称的还是非对称的 ②检查与银行或交易对象签订的合同，阅读其中有关电子交易的条款，以判断加密协议的对称性 ③了解加密协议的加密 BIT 数，并和电子支付政策对照，确定其合规性
5	通过电子支付传送的数据是可靠的、不可抵赖的	（1）同 4 中的（3）	同 4 中的（3）
		（2）电子支付数据是基于有效的认证中心和电子签名技术加密的	[若控制活动 4 中（3）的审计程序无法达成，则不必进行此程序，直接下达审计建议和发现书即可] ①与 IT 人员或银行的安全技术专家进行访谈，了解数据加密是否使用认证中心和电子签名技术 ②了解认证中心的背景资料，特别是资质文件，确定其是否符合中国人民银行网上银行法规的要求 ③复核相关的文件（书面的或电子的），如认证中心的证书、电子签名的协议书等，查看其签发日期是否过期

🔍【实例1】▶▶▶

×× 企业货币资金内部审计报告

根据年度审计计划安排，审计部于 9 月 16 日至 25 日对公司财务部开展了 2022 年 5 ～ 8 月货币资金管理的审计。

一、审计概况

1. 审计依据

财政部《会计法》《内部会计控制规范——基本规范》、公司财务管理制度等有关规定。

2. 审计目的

督促公司遵守货币资金管理制度和结算制度，杜绝违规风险，防止舞弊，保护货币资金的安全完整。

3. 审计重点

审查公司对货币资金内部控制制度、财务管理制度、货币资金管理实施细则、票据管理实施细则、银行账户管理实施细则等制度的遵循情况，主要包括货币资金岗位分工及授权批准、内部记录和核对情况、货币资金的收支管理、票据及印鉴管理情况。

4.审查程序和方法

（1）对货币资金内部控制制度的遵循情况进行问卷测试，审查现有的内部控制措施是否健全并得到有效执行。

（2）会同被审计单位会计人员盘点库存现金、票据，并编制现金盘点表、票据盘点表。

（3）检查"银行存款余额调节表"的编制情况以及未达账项的真实性。

（4）抽查部分会计资料、文件，并采取监盘、观察、计算、分析性复核、询问等审计方法，审查会计记录及货币资金业务的处理流程及方式是否符合相关制度。

二、审计评价

通过审计可以发现，本公司在货币资金的财务管理方面有以下几方面的特点。

（1）制度健全。财务制度完善，部门职责、岗位分工明确。

（2）内部控制系统完整。财务人员的配备比较科学合理，不相容岗位的财务人员实现了分离。

（3）会计人员在职责范围内基本能按规定的程序办理资金收支业务，做到钱账分管、收支两条线。

（4）能够按照公司制度的要求建立并登记相关台账。

（5）支付款项能够按照请款单和授权审批单执行。

（6）现金管理能够按公司规定做到日清月结、按日编制现金盘点表，并经过经理监盘。

（7）会计每月编制银行存款余额调节表，并经经理审核。

（8）付款流程规范，银行款项支付做到了制单、复核两级审查；大额付款在制单、复核两级审查的基础上由部长三级复核，保证了款项支付安全、准确、及时。

审计过程中也发现了一些问题，是财务制度涵盖不全面或者是财务人员专业知识不足所致。只要依据相关制度认真对待，这些问题是完全可以避免的。对于现场审计过程中发现的问题，已与相关人员进行了及时沟通，并提出了建议，被审计部门非常重视，正在积极整改过程中。

三、审计发现及建议

1.审计发现

（1）未及时领取银行回单。经抽查发现，除了当年8月有多笔银行付款凭证没有银行汇款回单等附件外，5～7月仍有数笔银行付款凭证缺少银行回单。

（2）存在费用跨年报销的情况。经抽查发现，5月的5#凭证（业务费820元）、220#凭证（机票费6820元）票据日期均为2021年度。

（3）付款凭证存在缺少请款单及其他附件的情况。经抽查发现，5月的353#凭证（付款10000元）未发现请款单及收款方现金收据、56#凭证还款未发现现金收据。

（4）存在虚假发票报销的情况。经抽查发现，6月的276#凭证报销业务费2168元，其中有一张手工 880 元发票未填写开票日期、无开票人签字、发票章比较模糊、未见纳税人识别号。

综合以上情况，可以判定该发票为虚假发票。

（5）不相容职务未做到完全分离。5 月的 246# 凭证（支付设备款 1208000 元）制单与复核为同一人。

（6）印章管理不规范。经调查发现，财务章和法人章由出纳一人管理；未能有效建立印章管理台账，确保使用印章有相应授权并及时登记台账。

2.审计建议

（1）关于未及时领取银行回单的情况。

每月月初及时取回银行回单，保管好各种原始单据，按规定程序做好单据的传递、记录。

（2）关于费用跨年报销的情况。

每年年末应提前 30 天通知业务部门在 12 月份报销当年的所有票据，根据权责发生制原则力争做到当年的票据当年入账，避免费用跨年报销导致下一年度企业所得税汇算纳税调整，减少相应的工作量。

（3）关于付款凭证缺少请款单及其他附件的情况。

严格按照付款流程付款，保管好相关附件并及时粘贴到凭证后面。对于缺少的附件，及时补制并粘贴到凭证后面，如果相关附件丢失，应尽快补制。

（4）关于虚假发票报销的情况。

告知相关业务人员，业务类型相近的定额发票不得替换原发票；费用报销环节，应认真做好票据查验，杜绝不合规票据入账，必要时可以上网查验相关票据的真伪。

（5）关于不相容职务未做到完全分离的情况。

落实内控制度，做到不相容职务完全分离；做到业务授权与业务经办相分离、业务经办与会计记录相分离、会计记录与财产保管相分离、业务经办与稽核检查相分离、授权批准与监督检查相分离；出纳人员不得兼管稽核、会计档案保管以及收入、费用、债权债务账目登记等工作。

（6）关于印章管理不规范的情况。

应做到印章由专人交叉管理，避免一人管理所有印章。按照公司内控制度的要求，建立印章管理台账；使用印章时应当经过相应授权，并按要求登记台账。

四、其他说明

受货币资金审计重点、范围的限制，此次审计工作可能无法触及所有方面。审计方法以抽样为原则，因此在报告中未必揭示所有问题。对于发现的问题，审计部决定进行后续跟踪审计。

【实例2】▶▶▶ --

关于 ×× 分部资金盘点的专项审计报告

根据审计计划，审计组于 20×× 年 ×× 月 10 日至 ×× 月 17 日对 ×× 分部门店的货币资金进行了抽查盘点，现报告如下。

元旦促销过后，审计部对部分门店库存现金进行了抽盘，发现 ×× 分部 ×× 店出纳金库下方的抽屉里有一个信封，里面装有 ××× 元现金，虽有部分明细账，但无法说明此笔款项的具体来源，具体如下表所示。

（具体数据略）。

现金明细账

日期	备注	收入（元）	支出（元）	余额（元）

对于上表中有备注的部分，×× 店财务主管 ××× 均进行了详细说明，但是对于没有备注的 ××× 元收入，××× 解释说是财务部门为了集体活动，大伙凑的钱。审计人员在盘点当天从相关人员处了解到，财务部门确实让大伙凑过钱举办集体活动，最后一次是在 20×× 年 ×× 月份，并且是每人交 ××× 元钱，而 ×× 店财务部门共有 × 名员工，与上表中的收入 ××× 元无法相对应，也就是说，×× 店财务人员不能说明此笔款项的真正来源。

20×× 年 ×× 月 ×× 日收入 ××× 元，备注为 20×× 年 ×× 月 ×× 日调货差价。××× 解释说，此款项是空调业务员 ××× 在职时，跟分部调货产生了价差，他为了平价差交来的钱，后期平账时多产生毛利不用个人交纳，现 ××× 已离职，无法联系其来取款，暂时存放在账外。

另 20×× 年 ×× 月 ×× 日收入 ×× 元，备注为银座提货卡回扣，报 ××× 元，实发 ×× 元。××× 解释说，此款项是出纳 ××× 在职时与门店业务员 ××× 办理银座提货卡的余款，此余款是给顾客办提货卡的回扣，但顾客一直未取，暂时放在账外。

×× 店财务主管 ××× 解释说，分部财务部门一再强调门店财务部门不准有账外资金，×× 店财务部门为了避免账外资金的产生，才将上述两笔款项记入私人账里，但审计人员想问，私人的账款存在门店的保险柜里就不算是账外资金了吗？

通过上述两笔款项的产生时间来看，都是长达一年无人认领的款项，对于这种无人认领的款项，门店财务部门应及时上交分部财务部门做营业外收入处理，而 ×× 店财务部门却以防止产生账外资金为由记入私人的账里。如果经手人不来认领是不是就可以据为己有了呢？

××公司奖惩条例第七十六条规定：分公司及门店隐瞒、截留收入，私设小金库，除收缴非法款项外，应给予相关责任人决定日指导一次，行政扣罚10分或以上处罚。利用职务之便，截留、隐瞒收入中饱私囊的，给予解雇处罚，并追究其法律责任。虽然××店此种做法性质较为恶劣，但鉴于涉及金额不大，建议给予××店财务主管×××书面指导一次，行政扣罚5分；建议分别给予××店出纳×××、×××口头指导一次，行政扣罚2分；由于××店财务部门不能证明上述款项确为私人款项，建议对上述款项做罚没处理。

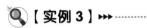

【实例3】 ▶▶▶

关于总部货币资金管理情况的审计报告

审计报告编号：SJBG20××-×××××××-××　　　　被审计单位：××有限公司财务部
审计主要范围：总部资金管理　　　　　　　　　　审计人员：×××

序号	项目	发现的问题	审计建议
1.现金管理方面			
（1）	库存限额	库存现金余额超过公司制度规定的限额，存在一定的现金安全风险。20××年6月1日至6月30日，总部财务部日现金余额最高为×××××元，最低为×××××元。20××年8月总部财务部已对现金余额重新进行调整	总部财务部应加强现金管理，严格按照修改后的制度执行
（2）	账务处理	抽核财务凭证发现，部分账务处理方式不规范。例如，总部提取现金给予总店，直接冲减银行账户挂总店往来应收，未通过现金账户体现，见凭证20××年××月××号	总部财务部应规范账务处理方式，以便于账务核查
2.银行管理方面			
（1）	网银开户	抽查公司银行账户网银业务发现，缺少书面开通文件。财务人员反馈，银行网银业务的开通未经过书面的审批	总部财务部应加强对网银业务功能开通的监管，以规避资金风险
（2）	网银台账	总部财务部应汇总登记各分公司的网银台账，以便于统一管理 总部财务人员反馈，其不清楚分公司网银情况，也未统一登记网银台账	总部财务部应加强分公司网银业务的管理
（3）	银行印鉴	检查银行私章发现，部分公司银行预留印鉴为离职员工私章	员工离职时应更换银行印鉴，以免因此带来资金风险

续表

序号	项目	发现的问题	审计建议
（4）	付款单据	抽查付款凭证发现，部分付款申请书中的开户行及银行账号未填写。例如，20××年××月××日支付往来款项××万元，付款申请书账号及开户行均未填写，见凭证20××年××月××号	总部财务部应严格规范付款单据的填写，确保银行结算单据的完整性和严谨性

✍ 学习笔记

请对本章的学习做一个小结，将你认为的重点事项和不懂事项分别列出来，以便于自己进一步学习与提升。

本章重点事项
1.
2.
3.
4.
5.

本章不懂事项
1.
2.
3.
4.
5.

个人心得
1.
2.
3.
4.
5.

第8章

业务经营绩效内控审计实务

 学习目标:

1.了解销售业务绩效审计的项目；掌握各个项目——销售计划、销售人员管理风格、销售服务质量、产品宣传方式、销售利润完成情况、市场开发等的审计要点。

2.了解生产绩效审计的项目；掌握各个项目——生产计划制订、生产组织、生产工艺流程、生产计划完成情况、生产均衡性等的审计要点。

3.了解采购业务绩效审计的项目；掌握各个项目——采购计划及其完成情况、采购批量、采购成本绩效等的审计要点。

4.了解仓储保管绩效审计的项目；掌握各个项目——物资储备定额合理性、物资储备计划完成情况、仓储保管设置与管理等的审计要点。

5.了解成本绩效审计的项目；掌握成本绩效事前、事中、事后的审计要点。

6.了解产品质量绩效审计的目的、质量成本的构成；掌握质量绩效审计方法——最佳质量成本法的要领。

8.1 销售业务绩效审计

销售业务绩效审计主要包括对销售计划的审计、对销售人员管理风格的审计、对销售服务质量的审计、对产品宣传方式的审计、对销售利润完成情况的审计和对市场开发的审计。

8.1.1 对销售计划的审计

产品销售前期，企业应进行市场需求调查，根据调查结果和以前的销售价格与销售量变化趋势等资料预测产品销售量，确定销售价格，提出销售计划，以便生产部门安排生产。对销售计划的审计主要包括表 8-1 所示的项目。

表 8-1 对销售计划审计的项目及说明

序号	项目	审计内容及方法说明
1	对产品销售量的审计	（1）销售计划中各种产品销售量的制定依据是否可靠 （2）预测销售量所用的资料和方法是否可靠和适当 （3）企业所生产产品的品种、质量、包装等因素是否符合市场需要 （4）将市场调查的销售预测与每种计划销售量进行核对，查看结果是否一致
2	对销售价格的审计	（1）计划销售价格是否处于最佳水平，是否有利于扩大产品销售量、增加竞争力、提高销售收入 （2）计划销售价格是否对产品可能产生的价格波动留有余地
3	对销售计划执行情况的审计	（1）销售计划是否分解落实到责任人 （2）销售作业计划是否合理 （3）销售价格、设计以及产品因市场变化而变化的情况 （4）竞争对手的产品和最新的发展信息，企业是否能及时获得 （5）决策部能否根据反馈信息正确地作出消除偏差的决策 （6）执行人能否认真采取相应的纠偏措施
4	对销售计划完成情况的审计	（1）将销售收入的实际总金额与销售计划总金额进行比较 （2）计算销售计划完成百分数 （3）运用因素分析法检查影响销售计划完成的原因，内部审计人员可以从产品销售数量和单位售价两个因素考虑，它们的变动对销售收入影响的计算公式分别为：

续表

序号	项目	审计内容及方法说明
4	对销售计划完成情况的审计	销售量变动的影响 = $\sum$ [（实际销售数量 − 计划销售数量）× 计划单位售价] 销售单位售价变动的影响 = $\sum$ [（实际单位售价 − 计划单位售价）× 实际销售数量]

提醒您

　　在审计计划销售价格和计划销售量时，可以通过市场调查的方法和统计的方法来确定价格与销售量的关系，也可以用量本利分析方法检查。销售计划的制订应包括销售的全过程，不能仅仅立足于获得多少销售收入，还要考虑获利多少的问题。一般以总利润达到最高为最优方案。

8.1.2　对销售人员管理风格的审计

当审计工作与效益联系起来时，内部审计人员还应注意销售人员的管理风格，不能把无理、蛮横的态度作为销售人员的成功秘诀；销售人员深思熟虑后才能进行某项工作；健全奖惩制度，如果销售人员不能取得较好的工作成果，企业应考虑与其解除劳动关系；鼓励销售人员通过与客户建立联系来进一步扩大销售业务，如果销售人员成绩突出，则企业应予以嘉奖，嘉奖的方式可以是物质上的，也可以是精神上的；为了更好地工作，销售人员还应掌握其所在行业的相关知识。

实施内部审计可以帮助企业发现上述工作中存在的缺陷，从而进一步改进销售工作，提高经济效益。

8.1.3　对销售服务质量的审计

销售服务主要是通过客户调查来获得客户对企业产品的满意度，并研究客户提出的产品意见主要来自哪些方面。对销售服务质量审计的内容主要为：

（1）销售人员向客户提供的产品资料是否详细，介绍的产品性能和质量是否真实可靠。

（2）分析产品销售过程中销售人员向客户提供的各种便利和服务项目，如送货上门、代办运输、安装调试和指导操作及交货时间、地点等，是否能满足客户的要求。

（3）产品销售后，销售人员是否与客户保持联系，随时关心客户的使用情况，并能及时提供维修服务。

> **提醒您**
>
> 内部审计人员应当注意分析客户意见的实质背景，以便获得新的信息。

8.1.4 对产品宣传方式的审计

宣传是销售流程中的重要环节，应引起企业重视。企业可利用电视、广播等媒介，以及展销会、订货会、促销活动和公共关系活动等，确保生产和销售工作顺利进行。

内部审计人员可以通过公共关系活动获得一些客观评价，还可以比较采用某种宣传方式前后的实际销售数量变化来评估企业的宣传效果。如果企业未能掌握较好的宣传方式，那么内部审计人员应该通过内部审计将其揭示出来。

8.1.5 对销售利润完成情况的审计

销售利润是企业利润的主要组成部分，是反映销售经济效益的重要指标。销售利润也是一个综合性指标，它受诸多因素的影响。审计时，内部审计人员可计算当年利润相比上一年的增长率，以确定销售计划的完成情况，然后分析影响利润增减变动的原因，从而恰当评价企业的销售经营效益。影响销售利润变化的原因有销售数量变动、销售品种结构变动、销售单价变动、产品成本变动、期间费用变动、税率变动等。

8.1.6 对市场开发的审计

市场开发审计是对企业开辟新市场或扩大现有市场的合理性、有效性、可行性进行的审计；也是对被审计单位市场研究分析全面性、准确性，市场目标确定科学性、可行性，市场开发策略有效性、经济性进行的审计。

（1）市场研究的审计

市场研究就是对市场环境及市场潜力的分析，是市场开发的基础和前提。企业只有进行充分的市场研究，了解市场需求，掌握竞争对手的实力，才能知己知彼，制订出可行的市场开发计划，发挥产品优势，占领市场。

内部审计人员应了解被审计单位是否建立在科学的基础上进行市场研究，是否进行充分的市场调查，是否掌握市场并准确预测市场。市场研究的审计内容如图8-1所示。

内容一	企业对市场是否了解，包括所有影响市场的因素，即政策因素、经济因素、文化因素、道德因素、心理因素等
内容二	企业是否及时研究市场开发对策，寻找有利于市场开发的环境和措施，包括产品消费地的习惯、当地政策的要求（如符合环保要求）等

| 内容三 | 企业是否根据市场要求来改进产品的功能、价格、外形、售后服务等 |
| 内容四 | 企业是否制定了市场开发策略，伺机进入市场并在市场中站稳脚跟 |

图 8-1　市场研究的审计内容

（2）目标市场选择的审计

目标市场选择的审计，主要是了解企业确立目标市场是否有充分的依据，是否与企业年度销售计划相衔接，是否正确处理现有市场和目标市场的关系，具体内容如图 8-2 所示。

 审计企业确立目标市场的依据，包括对市场潜在需求的预测，对市场容量、竞争对手实力及可能采用对策的了解等；通过对大量数据的调查和分析，确定可靠性

 审计目标市场开发所带来的后果，以及市场供应是否与企业销售计划、生产计划相脱节，包括产品数量、产品功能、产品质量，以及特殊性能的要求等。只有全面吻合，才能满足市场需求

 审计目标市场开发与现有市场的关系，研究其对现有市场的影响及可能产生的后果，并分析利弊，保证企业总体效益的实现

图 8-2　目标市场选择的审计内容

（3）目标市场开发的审计

目标市场开发的审计主要是了解企业的开发策略及执行情况，具体内容如图 8-3 所示。

审计开发策略是否符合企业外部环境、经营目标及内部条件之间的动态平衡，是否符合现阶段市场的特点，是否具有科学性和可行性　内容一

内容二　审计市场开发策略的执行情况，如执行进度、执行效果等；如有偏差，应进一步分析原因，并及时调整市场开发计划或寻找更有效的市场开发策略执行措施和方法

图 8-3　目标市场开发的审计内容

8.2　生产绩效审计

生产绩效审计主要包括生产计划制订的审计、生产组织与生产工艺流程的审计、生

产计划完成情况的审计和生产均衡性的审计。

8.2.1　生产计划制订的审计

如果没有对整个生产进行计划，那么生产就不能顺利进行。审计内容包括：

（1）计划的生产数量是否与市场预测情况相符。

（2）从接到生产命令开始，是否有合适的工具与设备配置等。

（3）计划的生产数量与成本能否实现企业的目标利润，审计时是否可以采用量本利分析。

（4）能否灵活应对市场的变化并调整生产节奏。

（5）生产计划是否优先保证客户合同的履行，能否满足个别客户的特殊要求。

> **提醒您**
>
> 　　内部审计人员可以采用线性分析来确定生产计划是否与企业的经济资源、生产能力相平衡。

8.2.2　生产组织的审计

生产组织是指在时间和空间上合理安排各种生产资源和劳动力，以确保生产活动顺利进行。

（1）内部审计人员应以生产作业计划及其执行情况为依据，着重审计生产组织的专业化水平，如能否缩短工序的准备与调整时间，生产各阶段、各工序之间的衔接在时间上是否连续。

（2）审计各生产环节的协调性，如能否协调生产过程各环节的比例，生产组织能否适应市场的变化，能否灵活地进行多品种、小批量的生产。

8.2.3　生产工艺流程的审计

（1）主要分析企业所选择的工艺方案能否适应生产类型及生产作业布局，以及配套的设备、原料、技术与管理水平等。

（2）所选择的工艺是否既经济又能满足生产需要。

（3）工艺方案是否得到认真执行，不适应的工艺方案是否得到及时修改。

（4）应对关键的工艺方案进行审计。

8.2.4　生产计划完成情况的审计

审计企业生产计划的完成情况，主要从产品产量、品种、质量等方面着手，如表 8-2 所示。

表 8-2　生产计划完成情况的审计内容

序号	审计项目	审计说明
1	产品产量	衡量企业产品产量有三种不同的尺度：实物量、劳动量和价值量。审计时要注意观察各个指标的完成情况，不能片面地只考虑个别指标
2	产品品种	衡量产品品种计划完成程度，可用以下计算公式表示： $$品种计划完成程度 = \frac{各品种完成计划产量百分比之和（超额部分不计）}{百分比之和（超额部分不计）}$$ 用上述指标来评价，可防止企业有利大多生产、利小不生产等片面追求利润的现象，有利于企业全面完成产品生产任务
3	产品质量	产品质量审计主要是对产品质量计划完成情况、产品质量效益和产品质量管理工作进行审计： （1）反映产品质量计划完成情况的指标有产品合格率、废品率、返修率、产品等级率、平均等级以及等级系数等。其中，最主要的是产品合格率，计算公式为： $$产品合格率 = \frac{合格产品产量}{全部产品产量} \times 100\%$$ （2）产品质量效益审计是对提高产品质量而发生的费用与由此而产生的经济效益进行比较。若该比值大于 1，则说明有效益；若该比值小于 1，则说明无效益 （3）产品质量管理工作审计包括产品质量检验审计和质量保证系统审计。前者主要是针对企业日常质量控制而进行的，如是否订立产品质量标准、质量检验部门的职权是否有效发挥作用等。后者主要从产品的设计、生产、技术服务等过程来审计产品质量的保证程度

8.2.5　生产均衡性的审计

企业要想保证市场的供应，应均衡地安排生产。内部审计人员应审计生产的均衡性，并分析影响均衡生产的原因，及时寻求对策，解决问题，以保证企业的生产可以满足市场的需求。

8.3　采购业务绩效审计

采购业务绩效审计主要包括采购计划及其完成情况的审计、采购批量的审计和采购成本绩效的审计。

8.3.1 采购计划及其完成情况的审计

（1）采购计划的编制

内部审计人员应审计采购计划是否按照生产计划、产品质量及工艺技术所规定的品种和质量来编制，计划的采购品种、质量和数量是否与需求一致，计划采购量是否合理。审计时可用以下计算公式来验证：

$$某种物资计划采购量＝该物资计划需要量＋期末库存量－期初库存量$$

（2）采购计划的完成情况

内部审计人员应分别从数量和质量上考核采购计划的完成程度。审计时应注意，采购计划的完成程度并非越高越好，因为这可能会导致采购不经济，以及占用大量资金，从而降低企业的经济效益。

8.3.2 采购批量的审计

对于采购批量是否符合物资供应的管理需要，能否做到经济合理，内部审计人员应从两个角度进行审计：一是采购方式及费用的审计；二是采购批量经常性、合理性的审计。

（1）采购方式及费用的审计

不同的采购方式，如合同订购、市场购买、网络订购等，适合不同数量和要求的物资供应，采购费用也不一样。审计时，内部审计人员应将各种可能的采购方式进行比较，分析其成本绩效及可行性，以确定最佳的采购方式，并以此作为标准来衡量企业所选择的采购方式是否合理，费用是否最低，在时间上是否能保证供应，采购质量是否符合要求。

（2）采购批量经常性、合理性的审计

采购批量合理与否，直接影响物资供应的经济效益。一般情况下，采购次数越多，全年的采购费用也就越高；而减少采购次数，则仓储量便会上升，库存物资的周转会变慢、保管费用也会增加。因此，企业应按全年采购费用和仓储保管费用最低来设计采购批量。经济批量的计算公式为：

$$Q=\sqrt{\frac{2Na}{Pb}}$$

式中，Q 为最佳经济批量；N 为物资年需要量；a 为每次的采购费用率；b 为保管费用率；P 为单价。

内部审计人员应利用上述计算公式来验证企业物资采购批量的经济性和合理性，并以此作为审计评价标准，来衡量企业的物资采购工作。

8.3.3　采购成本绩效的审计

采购成本绩效的审计包括采购成本完成情况和采购费用率两方面的审计。

（1）采购成本完成情况

对采购成本完成情况进行审计时，内部审计人员可以将实际采购成本与计划成本进行比较，以确定材料成本差异的数额及方向，从而作出评价。

（2）采购费用率

采购费用率的计算公式为：

$$采购费用率 = \frac{本期采购费用总额}{本期物资采购总量} \times 100\%$$

该指标反映了物资供应所需的采购费用，因采购物资不同而有所差别。内部审计人员应将实际指标与计划指标、行业平均水平进行比较，以便作出正确评价。

8.4　仓储保管业务绩效审计

仓储保管业务绩效审计主要包括物资储备定额合理性的审计、物资储备计划完成情况的审计和仓储保管设置与管理的审计。

8.4.1　物资储备定额合理性的审计

物资储备定额是指在一定的管理条件下，为保证生产顺利进行而设定的必需的、经济合理的物资储备数量的标准。内部审计人员可通过审计，评价仓储数量是否合理；制定的最高储备、经常储备、保险储备和季节储备定额是否合理、经济，能否保证生产需要，压缩储备量，节约成本支出。

（1）最高和最低储备定额的审计

制定最高储备定额的方法主要有两种：供应期法和经济批量法。

①供应期法，即根据供应间隔的长短和每日平均耗用量以及物资使用前的准备日数和保险日数来制定储备定额，计算公式为：

$$\begin{array}{l}某种材料最 \\ 高储备定额\end{array} = \begin{array}{l}该材料每天 \\ 平均耗用量\end{array} \times \left(\begin{array}{l}供应间 \\ 隔天数\end{array} + \begin{array}{l}使用前准 \\ 备天数\end{array} + \begin{array}{l}保险 \\ 天数\end{array} \right)$$

其中，"该材料每天平均耗用量 × 保险天数"为保险储备定额，"该材料每天平均耗用量 ×（供应间隔天数 + 使用前准备天数）"为经常储备定额。它们之间的关系为：

$$最高储备定额 = 保险储备定额 + 经常储备定额$$

内部审计人员可通过审计各项定额的制定情况，来评价企业物资储备的合理性与效益性。

②经济批量法，即以经济批量作为企业的经常储备定额。它充分考虑了储备的经济性，是一种比较理想的方法，其计算公式为：

$$最高储备定额＝保险储备定额＋经济批量$$

（2）季节性储备定额的审计

季节性储备是在原材料属于季节性材料不能全年正常供应的情况下，为保证生产正常进行而必须确定的物资储备量，其计算公式为：

$$季节性储备定额＝季节性储备天数×日平均耗用量$$

> **提醒您**
>
> 审计时，内部审计人员应注意季节性储备天数的计算依据是否充分，季节性储备定额与企业仓库场地和设施保管是否吻合。

8.4.2　物资储备计划完成情况的审计

合理有效的储备定额，能为控制仓储量提供可靠的依据。一般情况下，仓储量应控制在最高储备与最低储备之间。超过了上限，会造成物资积压；低于下限，则不能保证供应。内部审计人员应分析影响储备变动的各个因素，如领料或订购的数量、时间等，并根据具体需要，及时调整定额或采取相应措施控制定额仓储量。

8.4.3　仓储保管设置与管理的审计

（1）仓库位置与内部空间布置的审计

一般来说，企业应根据仓储的性质以及安全和管理的要求来布置仓库。仓库内部空间布置是否合理，直接影响仓库有效面积的利用程度和仓库作业效率。内部审计人员应审计仓库位置的设置是否满足厂内物资流动的经济性、合理性。通过审计，可促使企业根据仓库的具体情况，进行科学的空间布置，从而提高仓库利用率。

（2）物资管理的审计

物资管理审计的步骤如图8-4所示。

步骤一　审计仓库面积利用率是否合理，是否有利用潜力，其计算公式为：

$$仓库面积利用率＝\frac{已利用面积}{仓库总面积}×100\%$$

| 步骤二 | 审计物资的存放保管工作，仓库部门应做好"十防"工作，减少不合理库存 |
| 步骤三 | 审计物资保管过程中账卡档案是否健全，是否及时更新库存情况；仓库与财务部门、采购部门是否定期对账，账卡是否相符 |

图8-4　物资管理审计的步骤

（3）物资分类保管的审计

对于库存物资的保管，企业应根据物资的重要程度、消耗数量、价值大小等区别对待，并采用不同的管理方法。在实际工作中，通常采用 ABC 分析法，把库存物资分为 A、B、C 三类，并配以相应的控制措施。

内部审计人员通过审计，可确定企业物资分类是否适当，物资管理方法是否正确，管理措施的实施效果是否良好，并根据评价结果，提出改进建议和措施。

8.5　成本绩效审计

成本绩效审计以提高经济效益为目的，是对成本预测的可靠性，成本决策和成本计划的先进性、可行性，成本计算的正确性和成本控制的有效性所进行的审计评价活动，内部审计人员根据成本核算资料和报表资料，运用适当的审计方法，对各项成本管理活动及其效果加以评价。

8.5.1　成本绩效的事前审计

成本绩效事前审计的重点是对成本决策绩效进行审计评价。

（1）目标成本的审计

目标成本审计的内容包括两个方面，如图 8-5 所示。

审计企业是否进行了内外部调查，包括对社会、市场和同行企业进行调查，了解用户购买力、产品价格、产品及主要零部件的成本，以及原材料、元器件、外协件的价格变动等情况

审计企业是否进行了科学的成本预测，即根据一定时期内产品品种、产量和利润等方面的目标和生产技术、经营管理、重大技术措施，分析过去和当前与成本有关的因素，预测一定时期内的成本变动趋势

图8-5　目标成本审计的内容

（2）成本构成的审计

成本构成是成本各项目或各费用要素在成本中所占的比重，审计的要点如图 8-6 所示。

不同行业产品成本的构成是不同的；同一行业的不同企业，由于生产技术和组织管理等方面存在差异，成本构成也不尽相同

要点一
要点二

对上期的实际成本构成进行深入分析，掌握本企业成本构成的特点。计划期的成本构成要明确降低成本的重点，抓住降低成本的关键

图 8-6　成本构成审计的要点

8.5.2　成本绩效的事中审计

成本绩效的事中审计主要是对成本形成过程中的控制工作进行审计评价。成本控制工作的审计主要是对控制方法、控制手段、控制工作的有效性进行分析、评价，并提出改善意见。

（1）成本内部控制制度的审计

内部审计人员在开展成本绩效审计前，应了解有关内控制度的建立情况，到车间、仓库、设计、计划等部门进行现场观察和测试。成本内部控制制度中与成本绩效有关的有生产计划、料工费消耗定额、生产费用预算、产品生产计划、计划成本指标分配实施的定期检查制度，限额领料制度，剩余材料和边角料退库制度，费用开支审批报销制度等。内部审计人员应拟制调查表（提纲）进行查询和符合性测试，评价制度的健全程度和可信程度，并对成本控制制度的薄弱环节，提出审计建议。

（2）成本计划编制情况的审计

对于成本计划编制情况，应着重审计以下内容。

①是否与生产技术、财务计划进行了综合平衡。

②主要技术、经济指标是否达到历史先进水平。

③主要产品的计划措施是否按责任归口进行了层层落实。

④主要产品的变动成本是否经过价值分析。

⑤可比产品的成本降低任务是否达到预定的指标。

⑥对管理费用是否实行了预算控制。

⑦其他产品与新产品是否均有成本计划。

（3）成本日常控制的审计

成本日常控制的审计包括两个方面，如表 8-3 所示。

表 8-3 成本日常控制的审计

序号	项目	内容
1	成本费用归口分级管理	（1）在对成本控制进行审计时，首先应调查了解财务部门是否建立了科学、合理的收费系统 （2）该系统是否能全面覆盖企业的费用与成本 （3）该系统是否与企业的生产经营特点、费用成本的形成过程以及成本管理的具体要求相适应 （4）财务部门分解费用成本指标是否合理，能否调动全体人员提高成本绩效的积极性
2	责任成本核算	（1）核算哪一级责任成本？由于责任成本的核算要求与传统的（现行的）生产费用归集方法并不一致，存在一定的核算工作量，一般来说，应主要核算车间和班组这两级责任成本 （2）责任成本的核算是否遵循可控原则，即每一成本中心的责任成本只能由该成本中心所能控制的成本、费用构成，否则起不到成本控制的积极作用 （3）各责任中心之间的内部转移价格是否科学合理，一般应以计划成本作为半成品、各种劳务的内部转移价格。若以实际成本转移，则会转嫁过错，不利于各责任中心的业绩考核 （4）各责任中心的业绩评价，是否与绩效（奖金）分配挂钩，能否提高全体人员降低成本费用的积极性

8.5.3 成本绩效的事后审计

成本绩效的事后审计是对成本绩效的实现情况进行审计评价，主要包括分析产品成本变动的原因，评价产品成本降低计划的完成情况，并提出改进意见。

（1）成本计划完成情况的审计

企业成本计划的完成情况主要通过两个指标反映，即全部商品产品成本计划完成率和可比产品成本降低计划完成率。这两个指标是成本计划完成情况的审计重点。

①全部商品产品成本计划完成率。审计时，内部审计人员应根据"商品产品成本表"所列资料计算全部商品产品成本计划完成率，其计算公式为：

$$全部商品产品成本计划完成率=\frac{\sum（计划期实际产品×实际单位成本）}{\sum（计划期实际产量×计划单位成本）}×100\%$$

②可比产品成本降低计划完成率。审计时，内部审计人员可先根据"商品产品成本表"计算可比产品成本实际降低率，然后对比计划降低率评价实际情况，其计算公式为：

$$可比产品成本降低额=计划期实际产量×（上一期实际单位成本-计划期实际单位成本）$$

$$可比产品成本实际降低率 = \frac{可比产品成本降低额}{实际产量 \times 上一期实际单位成本} \times 100\%$$

$$可比产品成本降低计划完成率 = \frac{1 - 可比产品成本实际降低率}{1 - 可比产品成本计划降低率} \times 100\%$$

提醒您

　　审计时应注意，这两个指标的数值若大于100%，则说明成本降低任务没有完成；若这两个指标的数值小于100%，则说明成本降低任务完成较好。

（2）成本经济效益实现程度的审计

成本经济效益的实现程度可通过两个方面来反映：一方面是费用效益，也就是各项活动和物化劳动的消耗与相应产出之比；另一方面是总成本效益，也就是总成本与相应总收入、商品产值、销售利润之比。审计时，内部审计人员可通过下列指标来评价。

①费用效益指标的计算公式为：

$$单位产品材料费用 = \frac{某产品应分配的材料费用}{某产品合格数量}$$

$$单位产品工资费用 = \frac{某产品定额工时（或实际工时） \times 工资分配率}{某产品合格数量}$$

$$工资分配率 = \frac{生产工人工资总额}{\sum 各种定额工时（或实际工时）}$$

②总成本效益指标用来综合衡量生产过程中全部生产耗费的经济效果。

产值成本率是指一定时期内商品产品总成本和商品产值（按不变价格计算）之间的比率，一般用"百元商品产值成本"来表示，其计算公式为：

$$百元商品产值成本 = \frac{商品产品总成本}{商品产值} \times 100\%$$

销售收入成本率的计算公式为：

$$百元收入的销售成本 = \frac{销售总成本}{销售总收入} \times 100\%$$

成本利润率的计算公式为：

$$成本利润率 = \frac{产品销售利润}{产品销售成本} \times 100\%$$

该指标可根据不同产品品种分别计算，以作为改善和优化产品品种结构的依据。审计时，内部审计人员应对主要产品的成本利润率进行深入细致的敏感性分析，计算公式为：

$$成本利润率 = \frac{销售量 \times [价格 \times (1-税率) - 单位成本]}{销售量 \times 单位成本} \times 100\%$$

由上述计算公式可知，成本利润率的影响因素主要有销售量、单位成本、税率。如果是多种产品的综合成本利润率，那么还要受销售结构的影响。一般来说，单位产品销售成本是敏感程度较强的因素，降低成本是提高成本利润率的主要途径。

（3）重点产品单位成本的审计

产品单位成本审计是成本绩效审计的重点内容。重点产品是指成本比重大，在完成成本计划中起关键性作用的产品。重点产品单位成本审计的目的在于按成本项目计算成本差异，确定差异异常的成本项目，分析差异的产生原因和部门、个人的工作责任，控制不正当费用的支出，促进成本绩效提高。

①材料成本差异的分析

材料用量差异一般属于生产部门的工作业绩或责任，可进一步分为材料出库差异、利用率差异和废损差异。材料用量差异的计算公式为：

材料用量差异 = 材料计划单位成本 × （实际单耗 − 单耗定额）

材料价格差异一般属于采购部门的工作业绩或责任，可进一步分为材料成本差异、材料附加费用差异和材料入库差异。材料价格差异的计算公式为：

材料价格差异 = 材料实际单耗 × （实际单位价格 − 计划单位价格）

②工资成本差异的分析

工资成本差异分析分为三个部分，如图8-7所示。

计件工资下的工资
成本项目审计

计件工资属于变动成本，其成本差异可分为用量差异和价格差异两部分。计件工资的计算公式为：

计件工资 = 合格产品数量 × 计价单价

在多种产品生产的条件下，计件工资的计算公式为：

计件工资 = Σ（各产品产量 × 工时定额）× 工时单价

单位产品工资成本 = 单位产品耗用工时 × 工时单价

其中，工时单价即小时工资率。

实际工时耗用量脱离计划（定额）工时耗用量而引起的工资成本差异，称为工时耗用率差异或人工效率差异，它一般反映劳动

图 8-7

力的开发利用程序、劳动者的操作熟练程度，以及创造性、积极性的发挥等。工时耗用率差异的计算公式为：

工时耗用率差异＝（单位产品实耗工时－单位产品工时定额）× 工时计划单价

实际工时单价脱离计划工时单价而引起的工资成本差异，称为工时单价差异或工资率差异。工资率差异一般反映工资总额水平的变动情况，受工资增长因素的影响，主要属于劳资部门和财会部门的责任范围。工资率差异的计算公式为：

工资率差异＝（实际工时单价－计划工时单价）× 单位产品实耗工时

固定计时工资制下的工资成本审计

在计时工资制度下，如果工资总额不变，那么单位产品的工资成本会受产量变动的影响，若产量上升，则单位产品工资成本下降；反之，则相反。这种随产量变动的差异，称为工资的相对变动。工资相对变动额的计算公式为：

工资相对变动额＝基期固定工资总额 × 报告期产量增长率

职工人数增加、结构变化或工资水平上升，工资总额支出会相应增长，从而造成单位产品工资成本的变动。这种由于固定工资支出数变动而引起的工资单位成本变动，称为工资的绝对变动。工资的绝对变动额和工资成本实际变动额的计算公式为：

工资的绝对变动额＝固定工资报告期支出额－固定工资基期支出数

工资成本实际变动额＝工资相对变动额 + 工资绝对变动额

固定计时工资可分为相对变动和绝对变动两部分，主要在于两种变动的原因和责任（业绩）不同

管理费用的成本差异审计

管理费用中的一部分内容（明确项目）属于固定费用，可按前述绝对变动额的分析方法加以审计；另一部分内容则属于半变动费用或变动费用，可按前述计件工资的分析方法加以审计。因此，对这两个成本项目进行审计时，内部审计人员可先按管理费用账户的各明细科目划分固定费用和变动费用，然后按各自的方法进行审计。但在实际工作中，某产品应负担的管理费用一般用下列方法来计算：

管理费用总额＝实耗工时数 × 费用分配率

某产品单位费用成本＝该产品实际工时单耗 × 费用计划分配率

管理费用差异可分为工时消耗量差异和费用分配率差异。它们的计算公式为：

工时消耗量差异＝（该产品实际工时单耗－该产品工时定额）× 费用计划分配率

费用分配率差异＝该产品实际工时消耗 ×（费用实际分配率－费用计划分配率）

如前所述，工时消耗量差异反映劳动生产率水平，它受劳动力开发利用程度、劳动者操作熟练程度，以及创造性、积极性发挥等因素的影响；而费用分配率差异反映车间经费和企业管理费用总支出水平的变动，涉及费用预算的执行情况

图8-7　工资成本差异的分析

8.6　质量绩效审计

质量绩效审计是企业绩效内部审计的重要环节，是对质量实现程度及产品质量提高途径进行的审计监督。

8.6.1　产品质量绩效审计的目的

通过质量绩效审计，可以达到以下目的。

（1）促进企业实行全面质量管理。

（2）可以完善企业的质量管理体系，即质量保证体系，使企业质量管理工作制度化、经常化。

（3）有利于企业健全质量管理的基础工作，如标准化工作、计量工作、情报工作、质量教育宣传工作、质量责任制度等。

（4）有利于提高社会和企业的经济效益。

8.6.2　质量成本的构成

质量成本可分为四类，即预防成本、鉴定成本、内部损失成本和外部损失成本，如表 8-4 所示。

表 8-4　质量成本的构成

类别	说明	构成项目
预防成本	用于预防不合格品与故障所需的各项费用	（1）实施各类措施所需的费用，包括体系措施，产品实现措施 （2）产品/工艺设计、评审、验证、确认费用 （3）工序能力研究费用 （4）质量审核费用 （5）质量情报费用 （6）培训费用 （7）质量改进费用
鉴定成本	用于评估产品是否满足规定要求所需的各项费用	（1）检验费用 （2）监测装置的费用 （3）破坏性试验的工件成本、耗材及劳务费
内部损失成本	产品出厂前因不满足要求而支付的费用	（1）废品损失 （2）返工损失 （3）复检费用 （4）停工损失 （5）故障处理费用 （6）质量降级损失

类别	说明	构成项目
外部损失成本	产品出厂后因不满足要求，导致索赔、修理、更换或信誉损失而支付的费用	（1）索赔费用 （2）退货损失 （3）保修费用 （4）降价损失 （5）处理质量异议发生的工资、交通费 （6）信誉损失

8.6.3　质量绩效审计的方法——最佳质量成本法

质量成本法注重对质量成本的收集、核算与分析，并以此来评价质量管理体系的经济效果。质量成本是指为了确保满意的质量而发生的费用以及没有达到满意的质量所造成的损失。质量成本按内部运行可分为预防成本、鉴定成本、内部失败成本和外部失败成本。质量成本法按PAF（预防、鉴定、失败）成本模型来分析内部运行成本要素，寻求最佳质量成本，如图8-8所示。其中，C为质量成本，C_1为预防成本和鉴定成本，C_2为内外部失败成本，Q_m为应控制的合格率水平，C_m为适宜的质量成本水平。

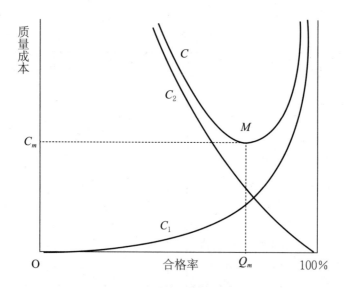

图 8-8　质量成本特性曲线

根据以上关系，可列出质量成本数学模型：

$$C_m = C_1 + C_2 = R\frac{Q_m}{1-Q_m} + F\frac{1-Q_m}{Q_m}$$

其中，F 为每件不合格产品造成的全部损失费用，R 为随 P 变化需要追加的预防成本。

当质量成本 C_m 达到最小时，有 $C_1 = C_2$。

即：

$$R\frac{Q_m}{1-Q_m} = F\frac{1-Q_m}{Q_m}$$

由此可得：

$$Q_m = \frac{1}{1+\sqrt{\dfrac{R}{F}}}$$

🔍【实例】▶▶▶ --

某企业销售绩效审计的思路与审计发现

一、企业概况

略。

二、企业销售绩效管理情况

略。

三、审计思路与审计发现

（一）价格管理

价格管理审计思路与审计发现

审计思路	（1）检查销售订单或者销售合同的价格与公司的价目表是否一致 （2）检查是否存在低于正常毛利率的销售 （3）检查定制化的产品成本毛利率核算是否正确 （4）检查销售系统中的价格更新是否及时
所需资料	销售价目表、折扣政策、销售订单
常见审计发现	（1）系统内销售价格更新不及时 （2）打折销售或者低毛利率销售未经授权 （3）利用大客户优势，低价购买产品后再销售给其他客户，并冒领奖励

（二）信用管理

信用管理审计思路与审计发现

审计思路	（1）检查客户清单，查看是否存在黑名单客户继续赊销的情况 （2）检查应收款以及信用额度，检查是否存在信用额度外销售未经审批的情况 （3）检查系统内信用额度的管控情况
所需资料	客户清单、信用额度、银行汇款记录、应收款、销货明细表
常见审计发现	（1）存在信用额度外销售未经审批的情况 （2）信用额度外的销售未提供担保或者未审批 （3）未对客户的信用状况进行评估 （4）未建立客户信用评估等级

（三）销售合同管理

销售合同管理审计思路与审计发现

审计思路	（1）检查销售合同的版本是否受控 （2）检查客户提供的非格式合同的条款是否齐全 （3）检查财务付款条款是否存在不合理之处
所需资料	销售合同、合同用印记录
常见审计发现	（1）存在多个版本的销售合同 （2）非格式合同条款不全 （3）收款方式不符合公司利益

（四）订单管理

订单管理审计思路与审计发现

审计思路	（1）检查销售订单的手续是否完整 （2）检查是否存在及时订购而我方延迟发货的情况 （3）检查是否存在客户已订购但是货物长期寄存于我司的情况 （4）检查客户临时修改的订单，比如提高价格或者增加数量，是否补开了发票 （5）检查被强制取消的订单，分析事故原因以及后续处理的情况 （6）检查样品领用记录并分析样品寄送后的反馈
所需资料	销售订单、售价核定表、销售发票、作废通知书、销售事故报告、样品领用记录
常见审计发现	（1）销售订单变更未经审批 （2）客户订货，我方延迟发货 （3）我方投入生产后被取消订单，导致损失

（五）样品管理

样品管理审计思路与审计发现

审计思路	（1）检查样品需求单 （2）检查大金额的样品是否收取了款项 （3）现场观察样本是否有损坏 （4）检查样品归还记录
所需资料	样品需求单、会计凭证、样品报损单
常见审计发现	（1）大金额样品未收取费用或收取的费用被挪用 （2）淘汰产品仍继续发送样品 （3）未及时要求客户归还样品

（六）销售提成（返利）管理

销售提成（返利）管理审计思路与审计发现

审计思路	（1）检查客户提供的发票与返利活动是否匹配 （2）检查销售返利或者提成中涉及临界点的销售数据是否存在异常 （3）电话联系客户，并将公司实际销售与客户采购数额进行核对，确认是否有差异 （4）检查返利支付凭证，确认返利银行账号与返利单位是否一致；重新计算销售提成，确认是否存在重复计算或者提前确认收入的情况
所需资料	营销方案、销售合同、销售提成表、返利支付凭证、销售费用明细账、员工个人借款明细账
常见审计发现	（1）客户提供的发票与返利活动不匹配 （2）以甲经销商的名义开货，实际却送给乙经销商，增加了甲经销商的业绩，也就是俗称的"开甲送乙" （3）业务员替客户垫付货款 （4）返利收款人与返利单位不符，比如，同一客户返利支付给不同的收款人、不同客户返利支付给相同的收款人、返利归属单位与收款单位不一致、同一客户不同业务员支付返利

（七）销售退货管理

销售退货管理审计思路与审计发现

审计思路	（1）检查12月新开发的客户，查看是否存在新客户大量购置而次月或者数月后退货的情况，是否存在销售员为了达成业绩与客户签订虚假销售合同的情况 （2）盘点备品备件，如果存在差异，检查出入库记录、报销凭证，或者上门拜访供应商，确认是否存在虚假报销 （3）检查客户投诉是否被有效处理

所需资料	退货申请、维修记录表、备品备件台账、备品备件领用申请表、质检报告、投诉记录
常见审计发现	虚假销售、虚假报销外购备品备件、备品备件被挪用

（八）配件管理

配件管理审计思路与审计发现

审计思路	（1）检查零件购买记录，通过市场调查分析购买价格的合理性 （2）将台账与实物进行盘点，检查是否存在差异
所需资料	零配件台账、零配件维修申请记录、废旧零配件台账、废旧零配件维修记录
常见审计发现	（1）外购零配件的金额虚高 （2）零配件被挪用 （3）三包期之外的维修未收取费用

（九）财务管理（应收款）

财务管理（应收款）审计思路与审计发现

审计思路	（1）计算汇票利息扣款与银行存款利息之间的差异是否合理 （2）核对开票记录与销售订单，查看是否存在虚开或者预开发票的情况 （3）检查是否存在发票作废的情况，分析作废理由是否正常，原开具的发票是否收回 （4）检查售价表与实际收款记录是否一致，是否存在短款或者溢款 （5）对于逾期的应收款，列明对象、金额以及原因，并与财务部门分析收款的可行性
所需资料	销售开票记录、应收款明细账、发票作废申请、售价表
常见审计发现	（1）汇票提前现金解缴利息扣款不合理 （2）应收款存在逾期款项 （3）应收款转为坏账未得到有效审批 （4）财务账上显示为坏账，但客户已经交款，此款项被挪用 （5）存在虚开发票、虚列销售收入的情况

✒ 学习笔记

请对本章的学习做一个小结，将你认为的重点事项和不懂事项分别列出来，以便于自己进一步学习与提升。

本章重点事项
1.
2.
3.
4.
5.
本章不懂事项
1.
2.
3.
4.
5.
个人心得
1.
2.
3.
4.
5.

第9章

信息系统内控审计实务

 学习目标：

1. 了解信息系统审计的一般原则。

2. 掌握信息系统审计方案的内容，为信息系统审计的有序开展打下良好的基础。

3. 掌握信息系统审计各项目——信息系统治理审计、信息系统与业务目标一致性审计、信息系统投资与绩效审计、信息系统组织与制度审计、信息系统风险管理审计、信息系统项目管理审计等的审计事项及审计程序。

9.1 信息系统审计的一般原则

为了规范信息系统审计工作，提高审计质量和效率，中国内部审计协会根据《内部审计基本准则》，制定了《第3205号内部审计实务指南——信息系统审计》，对信息系统审计作出了明确的规定。

9.1.1 审计的目的

信息系统审计的目的是，通过实施信息系统审计，对企业是否实现信息技术管理目标进行审查和评价，并基于评价意见提出管理建议，协助企业信息技术管理人员有效地履行职责。

企业的信息技术管理目标主要包括：

（1）保证企业的信息技术战略充分反映企业的战略目标。

（2）提高企业所依赖的信息系统的可靠性、稳定性、安全性和数据处理的完整性、准确性。

（3）提高信息系统运行的效果与效率，合理保证信息系统的运行符合法律法规和相关监管要求。

9.1.2 责权划分

信息技术管理人员的责任是，进行信息系统的开发、运行和维护，以及与信息技术相关的内部控制的设计、执行和监控；信息系统审计人员的责任是，实施信息系统审计工作并出具审计报告。

从事信息系统审计的内部审计人员应当具备必要的信息技术和信息系统审计专业知识、技能、经验，必要时，信息系统审计可以借助外部专家的力量。

9.1.3 其他

信息系统审计既可以作为独立的审计项目，也可以作为综合性内部审计项目的组成部分。

当信息系统审计作为综合性内部审计项目的一部分时，信息系统审计人员应当及时与其他相关内部审计人员沟通信息系统审计中的发现，并考虑依据审计结果调整其他相关审计的范围、时间和性质。

内部审计人员应当采用以风险为基础的审计方法进行信息系统审计，风险评估应当贯穿于信息系统审计的全过程。

9.2　信息系统审计方案

内部审计人员在实施信息系统审计前，需要确定审计目标，初步评估审计风险，估算信息系统审计或专项审计所需的资源，确定重点审计领域和审计活动的优先次序，明确审计组成员的职责，编制信息系统审计方案。

编制信息系统审计方案时，除遵循内部审计具体准则的规定外，还应当考虑下列因素。

（1）高度依赖信息技术、信息系统的关键业务流程和相关的企业战略目标。

（2）信息技术管理的组织架构。

（3）信息系统框架和信息系统的长期发展规划及近期发展计划。

（4）信息系统及其支持的业务流程的变更情况。

（5）信息系统的复杂程度。

（6）以前年度信息系统内外部审计所发现的问题及后续审计情况。

（7）其他影响信息系统审计的因素。

当信息系统审计作为综合性内部审计项目的一部分时，内部审计人员在制订审计计划阶段还应当考虑项目审计的目标和要求。

【实例1】▶▶▶

关于信息系统投入及管理情况的专项审计方案

一、专项审计的目的

通过调查，了解××公司20××年信息系统投入及管理运行情况，总结相关应用经验，评价主要信息系统的安全性、可靠性、有效性、经济性，揭示信息系统管理中存在的问题并分析产生的原因，进一步促进××公司建设严格、规范和高效的信息系统。

二、专项审计的主要依据

（一）项目实施依据

1.××公司内部审计工作规定。

2.××公司××年审计工作计划。

（二）检查评价依据

1.《第3205号内部审计实务指南——信息系统审计》。

2.信息化项目规章制度。

3.信息技术风险评估规章制度。

4.信息系统应用与运维规章制度。

5.信息系统供应商管理实施细则。

6.其他信息化规章制度及相关的投资、内控、财务制度。

三、专项审计的范围

对××公司××年至××年底各类信息化建设项目的投入及管理情况进行审计，对重大问题延伸至审计日或追溯到以前年度。

四、本次专项审计的重点内容

（一）审前了解到的主要内容

审计组对××公司信息化管理部进行调研时发现，目前信息化建设项目按业务类型可划分为×类：如××类、×××类、×××类等；按管理层级可划分为××类和××类。总部项目是指总部统一组织开发、推广或在组织试点的项目，主要由股份公司负担软件开发费用，股份公司及组织共同承担硬件设施和管理费用；组织项目指组织自行开发的项目，组织对软件开发进行自主招投标，自行承担硬件及管理实施费用。本次审计的重点包括年后验收的新建项目及××年前验收、截至20××年底仍在运行的项目。

对××公司开展审前调查时了解到，××公司××年至××年共新建系统×个，其中总部或组织投资的共×个，资金来源于科技开发费的共×个，资金来源于运维费用的共×个。采用"投资项目抽样——基于项目定义"程序检查发现，总部或组织投资的×个项目中共有×个与×系统中项目核对无误，其余×个项目均未在×系统投资模块中反映；采用"内部订单分类明细清单"程序检查发现，列入"科技开发费"的×个项目中有×个与×系统核对无误，有×个未在×系统中发现，另有疑似×个项目信息系统未上报；采用"科目余额表"程序检查发现，列入"信息系统运行维护费"中的×个项目均与×系统核对无误。

此外，经审前调查了解到，组织或将新建项目列入"修理费""其他费用"等费用类科目，或转资形成资产，列入"固定资产""无形资产"等资产类科目，审计组已对相关科目进行了远程检查。

（二）本次专项审计的关注重点

审计组根据以上审前调查发现的结果，结合近几年信息化审计发现的问题，特提出以下重点内容。

1. 总体管理情况

（1）重点了解组织建立的信息化管理制度、规范和规章是否涵盖了信息化管理的全部流程；内控制度中的信息流程是否完整，执行是否有效。

（2）重点了解组织信息化管理体制的建立、组织机构的设置、人员力量的配备等。

（3）依据审前调查的结果，核实组织在审计期间新建信息项目的数量及投入情况。

2. 信息化投入情况

根据审前调查的结果，本次审计的重点为，关注组织已在审前调查表中上报但未通过 × 系统 × 模块反映的 × 个新建项目、组织未在审前调查表中上报的各类自行开发的项目及部分合同金额较大的组织项目，对总部项目和已在审前调查表中上报的组织项目将采取审计抽样的方式进行内控测试，如发现疑点，再进一步追踪并进行实质性检查。对上述项目，主要检查以下几个方面内容。

（1）项目的可研和立项过程。重点检查未履行审批程序自行开发的信息项目；项目按总部或组织管理要求履行内控审批流程的情况，可研报告中建设开发项目的目的、功能、效用与其他项目的重叠性，是否存在重复开发。

（2）项目的招投标和合同管理情况。重点检查供应商的资质、招投标程序的规范性、询比价过程的合规性和招标结果的公平性；合同签订是否符合规定流程和授权，是否存在重大变更，合同规定的质量、安全、工期等事项是否履行到位。

（3）项目实施与验收情况。重点检查项目开发内容与可研报告的一致性，阶段性验收、试点运行和系统用户培训的过程，组织是否对信息项目进行了竣工验收，各类文档资料是否完整、齐全。

（4）项目投资执行、资金管理和成本核算情况。重点检查项目投资执行过程与可研报告的一致性，是否存在截留、挤占、挪用项目经费的问题，是否存在不同信息项目相互挤占费用的情况，在运维费、科研费中列支项目资金来源是否合规，投资成本的归集及核算是否规范、真实、准确。

3. 信息系统运行和安全管理情况

（1）重点关注组织当前运维管理体制的科学性，自行运维的组织、运维人员与技术力量的配置是否合理；对于外包项目，是否对承担系统运维的供应商进行了有效管理、有效约束，运维文档是否完整。

（2）重点关注信息系统的安全性。对软硬件系统采取的安全保护措施以及系统权限管理是否有效，系统账号与权限的变更是否履行了内控流程，离职或工作调动人员账号是否按规定及时删除或者禁用。

此外，还要对系统运行的效率和效果进行调查，了解信息系统在组织经营管理方面发挥的实际作用，是否达到可研计划预期的效果。

五、专项审计调查方法

（1）查阅文档法。文档包括纸质文档、电子文档或者其他介质记录，如组织的信息技术规划、内控手册，各类信息系统的项目开发合同及技术附件、可行性研究报告、开发各阶段的文档资料、系统评审或者验收记录、系统日志文件、系统运维记录等。

（2）访谈法。重点了解组织对信息系统的认识，评价用户对系统的应用能力，判断系统的实际效益。

（3）实地观察法。观察信息环境下的业务活动、内部控制的执行情况、设备存放的物理环境、计算机系统操作过程、数据备份与存储过程。

（4）审计抽样法。对系统账号清单或员工离职清单进行抽样，检查用户权限是否恰当，离职用户的账号和密码是否按规定及时注销。

（5）穿行测试法。选取部分信息项目进行全流程穿行测试，包括立项审批流程、招投标流程、项目开发过程及运维管理等环节。

9.3 信息系统治理审计

信息系统治理是企业治理的重要组成部分，侧重于信息技术体系及绩效和风险管理的治理。信息系统治理审计是指对信息系统治理中的体系、制度、方案、评估、指导与监督等过程进行审查和评价。

9.3.1 审计目标和内容

审计目标和内容如图9-1所示。

审计目标	主要内容
评价信息系统治理是否满足组织战略需求并与业务目标保持一致，信息系统资源是否得到统一管理和优化，风险是否得到有效控制，信息技术业务活动是否符合法律法规和行业规范要求，能否实现企业价值最大化	（1）信息系统的战略规划 （2）信息系统治理的组织架构 （3）信息系统治理的职责权限分工 （4）信息系统治理资源的合理分配 （5）信息系统的考核及监督机制

图9-1 信息系统治理的审计目标和内容

9.3.2 审计的主要方法和程序

审计的主要方法和程序如图9-2所示。

程序一 → 与企业管理层中信息系统主管人员访谈，收集企业章程与系统管理的组织机构设置图，了解企业的战略布局、主营业务构成，评价信息系统架构与企业架构的一致性，信息系统战略与企业战略和业务需求的一致性

程序二 → 与管理人员访谈，评估企业应对信息系统风险的措施，评估管理层对信息系统治理的支持程度；关注风险评估总体架构中信息技术风险管理的框架、流程和执行情况，信息资产的分类以及信息资产所有者的职责等内容

程序三 → 检查信息系统架构，包括但不限于：基础设施架构、应用架构、数据架构；评估治理架构和机制对于设计与实施、服务与支持、监控与评估闭环管理的有效性

程序四 → 查阅相关的内部控制手册、权限指引，评估信息系统治理权责分配以及制衡机制的合理性

程序五 → 查阅组织文件、会议纪要等的流转处理记录，评估信息系统沟通机制的及时性、有效性

程序六 → 查阅企业内控审计报告、信息系统审计报告，评估内部监督机构的设置、职责、权限、独立性及监督机制的作用

图 9-2　信息系统治理审计的主要方法和程序

9.3.3　常见问题和风险

（1）信息系统治理与企业治理脱节。

（2）职责分工不清，未建立制衡机制。

（3）内部控制监督机制失效。

（4）信息与沟通机制失效。

（5）信息系统资源配置不合理。

（6）信息系统审计机构缺乏独立性。

（7）信息系统用户的信息技术教育和培训不足等。

9.4　信息系统与业务目标一致性审计

信息系统与业务目标一致性审计是根据企业发展战略和业务发展规划，将信息系统的整体规划与企业业务目标进行对比评价，保证信息系统战略规划围绕企业的战略意图展开，并将战略意图转化成目标和任务；同时评估达成目标和完成任务所需的信息系统功能，并根据信息系统功能需求完善信息系统战略规划。

9.4.1 审计目标和内容

审计目标和内容如图9-3所示。

审计目标

通过比较信息系统战略规划与业务目标的一致性，保障信息系统战略规划的制定及实施过程得到合理的控制、监督与持续改进

主要内容

（1）信息系统决策层和管理层对信息系统战略规划的重视和参与程度
（2）信息系统战略规划文件是否规范
（3）信息系统目标的可操作性
（4）对目标进行更新的需求
（5）监督和评价的需求
（6）战略规划流程或框架是否完善
（7）信息系统目标与管理控制流程的符合度

图9-3 信息系统与业务目标一致性的审计目标和内容

9.4.2 审计的主要方法和程序

审计的主要方法和程序如图9-4所示。

程序一 与企业管理人员访谈，了解信息系统目标和业务目标是否一致

程序二 检查信息系统建设方案、规划内容、实施过程与企业各主要业务的需求是否相符

程序三 审阅信息系统可行性研究报告设定的目标，评估企业信息系统的功能能否支持信息系统设定的目标

程序四 对比分析信息系统建设和应用内容与企业主营业务目标是否一致，能否有效支撑主营业务目标

图9-4 信息系统与业务目标一致性审计的主要方法和程序

9.4.3 常见问题和风险

（1）缺少信息系统战略规划目标。

（2）信息系统目标与企业战略规划不一致或更新不及时。

（3）信息系统目标与企业信息系统功能不符，缺乏实用性。

（4）信息系统目标与其他管理控制流程不符，缺乏操作性。

（5）信息系统目标缺少保障措施。

9.5 信息系统投资与绩效审计

信息系统投资及绩效审计是指评价信息系统投资过程、价值、回报、资源投入对实现业务目标、战略的影响。

9.5.1 审计目标和内容

审计目标和内容如图 9-5 所示。

审计目标	主要内容
通过对信息系统投资及绩效的评价，向管理层说明信息系统投资立项、决策、实施、监督、考核过程的合规性、合理性、合法性、经济性以及对业务目标的影响，促进企业持续改善信息系统投资过程，提升信息系统投资价值	（1）信息系统投资决策、监控、考核机制的健全性 （2）信息系统投资审批流程 （3）信息系统投资的预算、执行、节点报告、验收管理程序 （4）信息系统投资的项目评估和绩效评价

图 9-5　信息系统投资与绩效审计的目标和内容

9.5.2 审计的主要方法和程序

审计的主要方法和程序如图 9-6 所示。

程序一	与高层管理人员访谈，了解信息系统投资战略规划和年度计划，评估信息系统投资项目与战略规划和投资计划的一致性
程序二	检查信息系统投资管理制度，审核投资决策、监督、考核机制的执行情况
程序三	检查信息系统项目管理文件、年度投资计划文件等，审核信息系统的项目授权审批情况
程序四	获取信息系统项目流程文件、管理文档等资料，评估信息系统投资预算、支付、进度报告、验收管理等关键流程的合规性、合法性、准确性
程序五	获取信息系统项目管理文件、绩效考核记录，审核企业是否对信息系统项目进行了评估和绩效考核

图 9-6　信息系统投资与绩效审计的主要方法和程序

9.5.3　常见问题和风险

（1）信息系统投资立项与信息系统战略规划、业务目标不符。

（2）信息系统投资项目未经信息系统决策部门批准。

（3）信息系统投资项目流程控制不足。

（4）信息系统投资项目缺少事后评估和绩效评价。

9.6　信息系统组织与制度审计

企业应设置信息系统管理机构，明确相应的职责和权限，并制定相关制度，规范业务流程运转机制。信息系统组织机构一般包括信息系统决策与规划机构、信息系统执行与实施机构、信息系统风险管理机构、信息系统监督机构。

9.6.1　审计目标和内容

审计目标和内容如图9-7所示。

审计目标

通过对信息系统的决策与规划、执行与实施、风险管理、监督机构进行评价，向管理层说明信息系统组织工作是否得到控制、监督和持续优化

主要内容

信息系统决策与规划机构：
（1）制定的信息系统战略目标和信息系统应用是否符合业务目标的要求，能否保证信息系统战略方针目标、绩效、自我评价等体系持续有效
（2）决策层、管理层是否将信息系统治理纳入议事日程，并定期讨论、出具信息系统治理工作报告

信息系统执行与实施机构：
（1）信息系统组织架构与相关职责是否符合企业信息系统现状，是否得到及时更新
（2）是否明确了信息系统部门和岗位职责
（3）是否存在职责不明确或不相容职责未分离的情况，是否采取了有效的控制措施防止岗位职能冲突

信息系统风险管理机构：
（1）是否建立信息系统风险管理机构并明确职责，是否设置信息系统风险管理岗位，是否建立向风险管理委员会报告的机制
（2）是否制定风险管理策略及流程，是否持续实施信息系统风险评估来监控信息安全威胁和不合规事件，并跟踪整改措施的落实情况

信息系统监督机构：
（1）是否明确信息系统监督职能，并设立信息系统监督岗位
（2）是否建立信息系统审计制度，是否按照企业要求开展信息系统审计

图9-7　信息系统组织与制度审计的目标和内容

9.6.2 审计的主要方法和程序

审计的主要方法和程序如图9-8所示。

程序一	与相关人员访谈，了解决策层的工作机制，检查相关文件、资料，确定决策层在信息系统治理中的作用，了解信息系统管理层的构成及工作机制的建立情况
程序二	审核信息系统治理的报告路线，确定信息系统治理问题是否向企业最高管理层报告。获取信息系统工作年度报告，了解信息系统工作开展情况，检查信息系统工作报告的收发记录、管理层对信息系统工作报告的审阅记录，取得决策层及管理层的会议纪要等资料，确认管理层在信息系统治理中的作用
程序三	获取信息系统组织架构图、信息系统部门工作职责等资料，审核信息系统组织架构的建立、信息系统部门的职责划分等情况，确认企业是否采取了有效的控制措施防止岗位职能冲突
程序四	与决策层和管理层相关人员访谈，了解风险管理机构的报告路线。与信息系统风险管理人员访谈，获取信息系统风险管理职责文件、信息系统风险管理记录，检查风险管理工作的开展情况
程序五	与决策层、监督层及管理层相关人员访谈，了解信息系统监督职能的确定及报告路线；与信息系统监督机构相关人员访谈，获取信息系统监督管理记录，检查信息系统监督工作的开展情况
程序六	检查人力资源管理制度，信息系统人才选拔、培训、储备与绩效考核等制度，评价人力资源管理对信息系统架构的支持程度
程序七	检查主要业务流程如采购管理、资产管理、财务管理的制度，评价相关制度对信息系统架构的支持程度

图9-8 信息系统组织与制度审计的主要方法和程序

9.6.3 常见问题和风险

（1）未建立信息系统治理组织架构，信息系统战略规划不明确。

（2）信息系统决策层与管理层权责不清。

（3）信息系统组织架构、职责、权限分工、流程机制缺少必要的制度规范。

（4）重大信息系统问题未经决策层审批。

（5）信息系统决策层和管理层未发挥应有作用。

9.7 信息系统风险管理审计

信息系统风险是指潜在的影响业务的信息系统事件，包括频率以及重要程度的不确定性、实现业务目标以及追求机会的不确定性。信息系统风险管理是企业在实现目标过程中，将与信息系统有关的不确定性控制在可接受范围内。

9.7.1 审计目标和内容

审计目标和内容如图9-9所示。

审计目标

根据对企业战略目标、风险管理策略及固有风险的审计，评价企业如何实施信息系统风险管理，将与信息系统有关的风险因素控制在可接受的范围内

主要内容

（1）系统风险制度和流程的符合性、有效性
（2）风险管理的全面性、合理性、适用性
（3）风险管理职责及人员分工的合理性
（4）风险管理的监控、评估及应对等

图9-9　信息系统风险管理审计的目标和内容

9.7.2 审计的主要方法和程序

审计的主要方法和程序如图9-10所示。

程序一　与决策层及信息系统风险管理部门的相关人员访谈，了解企业信息系统风险管理机制的建立情况；了解风险管理工作的开展及人员配备情况等

程序二　获取信息系统风险管理的相关资料，了解管理层的风险偏好及风险容忍程度，风险管理目标，风险管理策略和原则，风险管理制度及流程、监控、评估、应对等

程序三　获取企业信息系统风险管理清单，与企业重点业务流程进行对比，检查风险评估计划、风险评估实施记录、风险评估报告、风险处置计划，评价风险识别、评估的准确性、适当性、完整性

程序四　获取企业信息系统的测试及运行数据、企业重点业务领域及重点工作环节的数据，根据数据的内在联系，利用平行模拟法，查找异常点及可能存在的舞弊，从而发现问题和风险

图9-10　信息系统风险管理审计的主要方法和程序

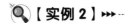
【实例 2】▶▶▶ --

风险清单评估实例

1. 信息系统战略规划风险

风险定义描述	发生的条件	发生的可能性
信息系统开发缺乏战略规划或战略规划不合理，造成信息系统缺乏可开展性，易形成信息孤岛或重复建设，导致公司经营管理效率低下	（1）系统开发没有经过规划 （2）规划没有经过充分调研 （3）规划没有经过充分论证	低

2. 信息系统需求分析管理风险

风险定义描述	发生的条件	发生的可能性
信息系统需求分析不当，不符合业务处理和控制的需要；需求文档不能全面、准确地表达业务需求；系统需求在技术上、经济上不可行或不合规，导致系统开发失败或应用价值下降，甚至引发法律纠纷或受到处罚	（1）系统需求不是由业务使用部门提出的 （2）系统需求没有经过充分论证 （3）需求文档表述不全面、不准确，没有准确表达业务需求 （4）对需求的可行性没有进行充分论证	中

9.7.3 常见问题和风险

（1）信息系统风险管理机制未建立或不完善，导致企业对风险缺乏管理。

（2）企业未开展风险识别和评估，未收集和建立信息系统风险清单，导致风险应对缺乏针对性和适用性。

（3）信息系统风险管理与企业的业务流程不匹配，导致企业资源配置不合理，与管理层风险偏好发生偏离。

9.8 信息系统项目管理审计

9.8.1 信息化项目年度计划审计要点

信息化项目年度计划包括信息化项目年度计划的编制、上报、汇总、审批、发布等。项目计划编制一般包括但不限于以下事项：项目建设背景，项目建设的必要性，项目的目标、范围和主要内容，初步业务需求分析，实施周期，投资估算以及系统所需的软硬件环境等。

应根据企业的内部控制制度以及相关的投资和信息化规章制度上报和审批信息化项目年度计划。

9.8.1.1　审计目标和内容

审计目标和内容如图 9-11 所示。

审计目标	主要内容
合理地保证信息化项目年度计划与企业的发展战略、年度计划一致，并得到正式的审批	对信息化项目年度计划的编制、上报、汇总、审批、发布等环节进行审计

图 9-11　信息化项目年度计划审计的目标和内容

9.8.1.2　审计的主要方法和程序

（1）审阅规章制度，与管理层访谈，合理确定信息化项目年度计划制订和审批的有效性。

获取并审阅信息化项目年度计划制订和审批的相关制度；与相关管理层访谈，了解企业制订和审批信息化项目年度计划的流程和方法，并评估其合理性。

（2）审阅信息化项目年度计划的相关文档和资料，合理确定信息化项目年度计划执行的有效性。获取并审阅企业中长期规划或信息系统建设规划、信息化项目年度计划、信息化项目年度计划的审批文件等，评估信息化项目年度计划和企业中长期规划的一致性。

9.8.1.3　常见的问题和风险

（1）信息化项目年度计划与企业中长期规划不一致，可能导致信息系统缺乏可扩展性，易形成信息孤岛或重复建设。

（2）在制订年度计划时，没有对项目进行必要的可行性分析，可能导致信息化项目年度计划与组织战略、管理规划偏离。

（3）信息化项目年度计划没有得到企业管理层的正式审批，可能导致项目计划不能实施。

9.8.2　信息系统项目立项管理审计要点

项目立项管理是指依据年度计划和有关规定，对信息化项目可行性研究报告进行上报、论证、检查、批复和备案的管理过程。

9.8.2.1 审计目标和内容

审计目标和内容如图9-12所示。

审计目标	主要内容
合理地保证项目的立项流程符合企业的规章制度，并得到正式的审批	评估信息系统项目立项与年度计划的一致性，查阅项目的可行性研究报告，重点关注需求提报、上报、技术论证、审批和备案管理的过程

图 9-12 信息系统项目立项管理审计的目标和内容

9.8.2.2 审计的主要方法和程序

审计的主要方法和程序如表9-1所示。

表 9-1 信息系统项目立项管理审计的主要方法和程序

序号	步骤	说明
1	收集整理立项资料	按照信息化分类或分级管理规定，收集项目立项全流程所涉及的文件，包括但不限于可行性研究报告、信息化投资年度计划、评审资料、批复等纸质文件或电子资料
2	审阅、对比分析项目立项的主要资料	（1）分析项目建设背景，如属于新建或新购项目，检查项目立项是否依据企业发展战略、规划，上级批文、批件，业务部门的需求；如属于完善提升类项目，检查项目立项是否详细陈述了项目前期实施的总体情况，包括基础条件、总体目标、实施范围和内容、完成的工作、取得的经验、应用效果和存在的问题。通过上述分析，检查项目立项是否符合信息化发展战略、项目建设规划和年度计划，检查重复建设或出现信息孤岛的风险 （2）抽查审批流程文件，分析国内外同类信息化项目建设和应用的现状以及企业业务发展对信息化的需求，检查信息化立项的必要性，避免技术上的落后造成项目开发失败或应用价值不高等问题 （3）检查业务需求说明、技术方案，查看业务需求描述是否清晰明确，是否包括业务功能需要、技术方向、性能指标、成本、可靠性、兼容性、可审计性、有效性、可持续性、经济性、可用性、安全性和合规性等内容
3	检查信息化项目立项的审批流程	（1）根据企业信息化项目规章制度，收集企业现有的信息化项目内控管理资料 （2）依据企业的信息化项目内部控制管理体系，检查信息化项目投资立项的审批流程；确定信息化项目立项审批流程是否符合信息化内部控制制度和企业规章制度及细则，立项报告、投资计划、立项材料等是否齐全 （3）检查立项报告、项目投资计划、项目背景资料及相关审批文件的签字是否完整，时间逻辑是否一致 通过上述内容的审计，检查项目上报、审批流程的合规性，以及无计划立项、拆分项目躲避立项审批程序的问题和风险

9.8.2.3 常见问题和风险

（1）信息化建设背景、必要性调查不到位，导致系统建设与规划、计划的目标偏离。

（2）系统需求分析不当，不符合业务处理和控制需要，导致项目开发失败或应用价值不高。

（3）项目在技术上、经济上不可行，导致项目开发失败或应用价值不符合立项目标。

（4）可行性研究报告或者需求说明未经业务需求主管单位负责人签字确认，需求说明及方案不合理，导致后期由于需求不断变更而使项目成本增加或延期。

（5）项目立项未批复即开始实施，导致项目不合规。

9.8.3 项目预算及执行审计要点

信息化项目预算应按照企业信息化计划及预算审批程序报批。信息化项目预算，一般包括但不限于下列内容：软件配置费、硬件配置费、网络建设费、技术服务费、培训管理费、配套实施管理费、其他费用及不可预见的费用。

9.8.3.1 审计目标和内容

审计目标和内容如图9-13所示。

审计目标	主要内容
检查预算的合理性，预算执行的真实性、合法性，以规范资金应用，控制项目成本，确保较小的成本、费用支出，取得较好的投资效益	审计预算目标的科学性，编制程序的合规性，预算内容的完整性、准确性，相关费用支出、资金支付的真实性、合规性

图9-13 项目预算及执行审计的目标和内容

9.8.3.2 审计的主要方法和程序

项目预算及执行的测试程序如表9-2所示。

表9-2 项目预算及执行的测试程序

序号	步骤	说明
1	检查预算的编制及审批流程	（1）对比分析：将预算中的费用事项、用途、工作数量、人工用量与业务需求进行核对，检查多报或漏报内容。同时采取抽样方法，选择重要事项或金额较大的事项，根据相应的定额、标准和工作量重新进行测算，核实预算费用的真实性、准确性 （2）检查信息化项目内部审批流程是否规范，包括预算文件及审批流程文件的完整性、一致性、合规性

续表

序号	步骤	说明
2	查阅信息化项目批复及审批的过程文件	重点关注审批过程中对项目预算的不同意见，检查是否存在违规审批、项目预算超计划等问题
3	检查预算执行情况	将项目建设期间费用支出及盈余收入与预算计划进行比对，包括信息化项目的预算计划、预算执行分析报告、各项目收支情况统计、费用支付安排、项目管理手册、项目进度月报或季报和项目变更资料，重点检查超预算或无预算的费用： （1）查阅项目预算计划、预算执行分析报告 （2）抽查预算执行分析报告，并与相关支持文件和记录进行对比、核实 （3）对与预算出入较大项目的主要原因进行分析并作出结论
4	检查资金支付情况	资金支付审计程序主要是对项目建设中合同付款进度和其他费用支出程序进行监督，包括信息化项目的主要费用构成、各项合同的付款进度控制、费用支出审批控制： （1）了解合同款项支付的相关制度和规范 （2）检查资金支付的审批程序是否规范，其中审批人的签字是否完整，审批时间的逻辑顺序是否正确 （3）抽取部分样本，检查资金支付凭证中的实际支付金额与项目进度是否匹配，如有差异，深入分析差异原因

9.8.3.3　常见问题和风险

（1）预算编制程序不规范，横向、纵向信息沟通不畅，导致预算目标缺乏科学性和可行性，可能会出现项目实际成本超预算和预算虚高的风险。

（2）预算内容与信息系统项目偏离，存在不合理支出，导致项目实际成本与预算计划差异较大。

（3）预算执行情况报告文件不全面，无法真实反映预算使用情况，资金管理不透明。

（4）资金支付审批过程存在补签、无授权代签、漏签等现象。资金支付未能按照预算付款的进度和要求执行，存在提前支付或拖欠付款的现象，会出现信用、法律风险。

9.8.4　项目招投标管理审计要点

信息系统项目的招投标应符合国家、地方及企业相关法律法规和制度的要求，应当采用公开招标方式的，招标具体限额视企业实际情况而定；也可以按照规定采用不公开招标。

9.8.4.1　审计目标和内容

审计目标和内容如图9-14所示。

审计目标	主要内容
对企业信息化项目招投标程序和形式的合法合规性、信息系统招投标标准的合理性、招投标范围的完整性、招投标管理的规范性和一贯性开展审计，以达到规范管理、杜绝漏洞、提升企业价值的目的	招标管理情况、投标管理情况、评标管理情况、中标及合同签订情况等

图 9-14　项目招投标管理审计的目标和内容

9.8.4.2　审计的主要方法和程序

审计的主要方法和程序如图 9-15 所示。

程序一	检查项目的招标范围是否与企业的规定相符，招标方式是否一贯符合国家法律法规和企业规章
程序二	取得信息系统项目立项文件、招标公告、招标文件和补充招标文件、会议记录、投标文件、招标投标情况书面报告等资料，对比信息系统投资计划、可行性研究报告、需求分析等资料，检查企业是否存在化整为零、规避公开招投标的行为
程序三	查阅尽职调查文件、资格检查公告、预审结果通知书、招标文件，检查信息系统项目中标人是否具备相应的资质等级、资质是否真实、是否存在挂靠获取资质、是否存在转包分包问题
程序四	查阅开标资料，重点检查开标过程的规范性及流标、废标的处理程序
程序五	获取评标委员会名单，检查评标委员会人数和人员构成是否符合法定要求；查阅评标资料，评价招标文件的评标标准和方法是否合理，检查评标委员会是否存在评标打分不合理的情况；企业是否根据评标结果签订合同
程序六	检查信息系统项目投标资料，判断不同投标人的投标文件是否雷同、是否存在股权关系、投标报价是否有规律性差异，招投标过程中是否有围标、串标等违法行为
程序七	检查中标通知书的发放和合同签订是否符合国家和企业的相关规定，合同是否与中标人签订，合同内容是否与招标文件相符

图 9-15　项目招投标管理审计的主要方法和程序

9.8.4.3 常见问题和风险

（1）应招标的未招标，应公开招标的未公开招标，甚至产生信息系统招投标舞弊风险。

（2）信息系统项目招投标程序和标准没有专业部门参与制定，不符合相关法律法规、企业内部规章制度的要求，存在以不合理的限制条件排斥潜在投标人或者投标人相互串通的风险。

（3）招投标工作组织不当、招标方案和形式不合理、投标文件主要条款不满足招标条件、投标保证金不到位、未按时投标等导致的招投标失败风险。

（4）评标人员的构成不满足招投标需求，人员缺乏胜任能力，未履行回避原则等；评审标准和方法不合理，不符合信息系统项目要求；评审程序执行不当，导致项目目标无法实现，甚至引起法律纠纷。

（5）未按评标结果选择供应商，不能保证信息系统项目保质保量按时完成。

9.8.5 采购与合同管理审计要点

信息系统采购是指由企业购买服务或各类信息系统，包括处理信息的计算机、软件和外围设备等。采购需求应与现有系统功能协调一致，不得重复建设。

9.8.5.1 审计目标和内容

审计目标和内容如图9-16所示。

审计目标	主要内容
对信息系统项目采购合同进行审计，评价采购是否符合信息系统建设的需要，并合理保证采购行为合法、真实、准确、经济	对信息系统采购行为及合同的合法性、真实性、准确性、经济性等方面内容进行监督

图9-16　采购与合同管理审计的目标和内容

9.8.5.2 审计的主要方法和程序

审计的主要方法和程序如图9-17所示。

程序一	明确企业信息系统采购的关键控制点，了解信息系统采购流程，查阅项目采购前期报批文件，判断项目采购是否符合信息系统技术要求、采购方式是否合法
程序二	获取供应商的资质、业绩、服务等相关资料，确定供应商能否按信息系统建设要求，保质保量地提供信息系统相关服务。确定实际供应商与采购合同中的供应商是否一致，是否存在转包和违规分包等行为

图9-17

程序三	重点关注合同中的采购条款，确定是否存在关键条款不清晰、数据质量考核无标准、信息资产权属不清等问题；检查合同价格的组成要素，将合同价格与同行业、同类型信息系统指标进行比对，判断采购价格是否合理
程序四	根据信息系统显示结果，审核供应商提供的服务是否满足信息系统采购需求，供应商能否按合同要求提供合格的信息资产或服务

图 9-17　采购与合同管理审计的主要方法和程序

9.8.5.3　常见问题和风险

（1）未编制信息系统建设采购计划或采购计划未经适当审批，导致信息系统重复建设或效率低下。

（2）采购方式或供应商选择不合理，企业明显缺乏议价能力，导致质次价高、技术参数不达标、服务交付不及时等。

（3）未建立供应商动态考评机制，导致供应商技术水平与项目要求不匹配。对供应商的履约能力作出不当评价，导致供应商不能按约履行合同义务，从而影响信息系统的开发与应用。

（4）尽职调查不充分，没有对供应商进行对比选择，导致信息系统在功能、性能、易用性等方面无法满足需求；与无权代理人、无处分权人签订信息系统采购合同，使企业利益受损。

（5）合同签订未经审核、审批，合同条款存在严重疏漏或缺陷，合同规定的权利义务不明确，合同存在法律风险。

（6）对应当报经国家有关主管部门或企业上级部门检查或备案的信息系统合同文本，未履行相应的报批报备程序，导致合同无效。

（7）当合同发生重大变动时，未及时与对方沟通，导致开发的信息系统不符合组织的需要。

9.8.6　项目实施管理审计要点

信息系统项目实施是指对信息系统项目开发、测试、验收、正式上线等重要环节的质量、进度、安全、变更、风险实施控制和监管。参与项目建设的所有人员应做好风险的识别和分析，发生重大风险问题时，应及时分析风险因素，并形成风险应对方案。

9.8.6.1　审计目标和内容

审计目标和内容如图 9-18 所示。

审计目标

通过信息系统项目管理审计，评估信息系统项目实施（含初步设计、详细设计）的合理性、合规性，是否满足技术发展的前瞻性要求，以提高项目进度的可控性，提升项目质量管理，完善项目验收流程

主要内容

包括但不限于信息系统建设程序执行情况、信息系统资金筹措和使用情况、项目概算执行及调整报批情况、质量监督情况、成本核算和财务管理情况、信息系统组织架构、人员胜任能力等内容

图 9-18　项目实施管理审计的目标和内容

9.8.6.2　审计的主要方法和程序

审计的主要方法和程序如图 9-19 所示。

程序一　获取信息系统项目相关资料，主要包括项目运作和管理模式、资产的交付、财务核算体系和方法、项目进度确认及进度款项拨付等，评估项目过程管理的总体情况

程序二　获取信息系统项目管理的组织机构图及职责权限，检查项目组成员构成及相应资质，岗位不相容职务分离是否符合管理要求

程序三　获取信息系统初步设计及详细设计方案、项目实施控制计划、项目进度控制计划、项目质量控制报告，检查项目建设单位是否按计划对项目进度与质量实施了控制；当项目进度或设计受资源或外部环境影响时，企业是否及时对进度计划进行调整。检查计划变更、报价、进度是否合规、合理，是否按规定程序经相关部门审批，变更事项是否符合合同规定

程序四　对照合同、技术资料规定的项目验收规范，获取项目运行效果验收记录，检查验收程序是否符合企业规定及信息系统项目的设计需求，运行数据是否能满足企业需要

程序五　获取出现安全事故时的技术处理方案，检查方案是否严格执行相应的技术规范与质量标准，是否切实可行、经济合理

程序六　检查信息系统项目建设资金的筹措与使用情况，确认系统建设资金的来源是否真实合法，资金的筹集方式是否合规

程序七　检查项目成本的归集与分配是否恰当、准确，是否与批准的初步设计预算相符；检查项目的各类投资是否真实、合法；检查交付的资产是否真实、完整，资产交接手续是否完备，资产归属或管理责任是否清晰，资产验收交接是否真实、合规

图 9-19　项目实施管理审计的主要方法和程序

9.8.6.3　常见问题和风险

（1）未建立相应的组织机构或组织机构不健全，项目人员配备不充足，关键岗位人员能力不胜任，未实行不相容岗位相分离，造成职责不清或缺失，导致项目效率低下。

（2）信息系统项目初步设计和详细设计未进行技术检查，业务需求不能满足企业要求，应用架构、数据架构、部署架构、业务架构、功能模块及子模块、标准化设置、系统设置等与实际不符，未制定相应的风险防控方案，导致无法实现项目目标。

（3）项目建设单位未对信息系统的建设进度与质量进行控制或对进度控制不当，未对项目质量开展定期检查，导致信息系统项目进度得不到保证、质量不合格、工期延误。

（4）未制定信息系统变更程序或变更程序不合理，未严格执行变更程序，导致变更频繁，容易产生法律纠纷或费用超支、工期延误等风险。

（5）缺乏完整可行的数据迁移方案或方案实施不当，导致系统的业务处理错误；实施单位未进行技术转移，导致企业无法充分使用系统功能；未对系统运行环境与开发环境、测试环境在物理上或逻辑上采取适当的隔离措施，导致系统运行环境不稳定或业务功能失效。

（6）缺乏信息系统项目竣工验收机制或机制设计不当，验收手续不齐备或验收审核工作不严谨，缺乏验收标准，导致不达标项目通过验收，影响企业正常经营。

（7）项目成本未及时、准确进行核算或核算不正确而导致核算风险；未及时出具项目结算报告，导致项目验收延期风险；未及时完整移交项目资料而导致项目资料遗失风险。

（8）信息系统验收后未建立信息系统运维保障机制，导致信息系统存在运行和维护风险。

9.8.7　项目绩效与后评估审计要点

9.8.7.1　项目绩效与后评估的内容

投资绩效考核内容包括：信息系统年度投资增量绩效考核、已验收投产项目绩效考核、投资管理与控制绩效考核。

项目后评估是指为实现信息系统项目全过程闭环管理，在信息系统竣工验收后一定时期内开展的评价工作。后评估内容包括：信息系统决策及建设管理后评价、实施结果后评价、经济效益后评价、影响后评价、可持续性后评价等。

9.8.7.2　审计目标和内容

审计目标和内容如图9-20所示。

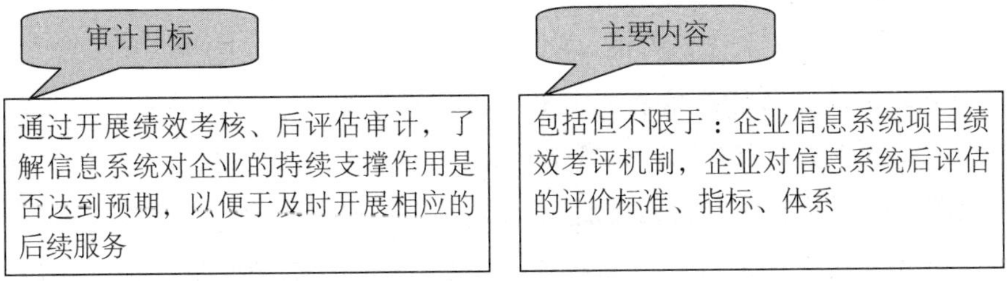

图 9-20 项目绩效与后评估审计的目标和内容

9.8.7.3 审计的主要方法和程序

审计的主要方法和程序如图 9-21 所示。

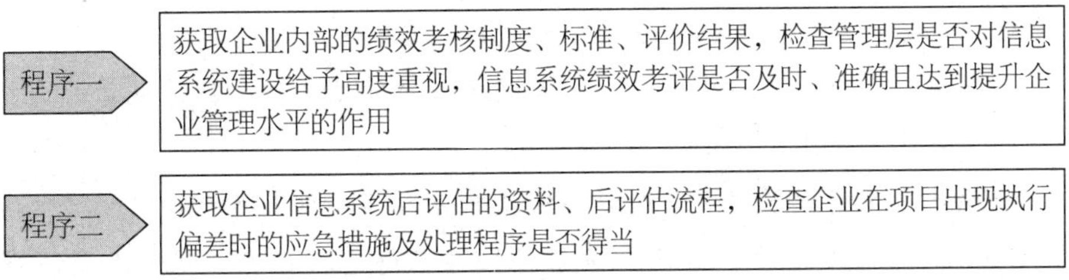

图 9-21 项目绩效与后评估审计的主要方法和程序

9.8.7.4 常见问题和风险

（1）缺乏科学有效的绩效考核机制，项目评价和考核不及时、不准确，导致项目评估结果不当，无法持续改进企业管理水平。

（2）没有严格执行项目后评估制度，导致企业无法及时发现项目执行偏差，无法实现信息系统的预期目标。

🔍 【实例 3】 ▶▶▶ --

某公司电算化会计系统内部控制审计

一、案例背景

某公司是一家以房地产经营为主导，涉及金融证券、交通运输、工业商贸等众多领域的大型集团企业。为了提高管理水平，公司于 20×× 年 5 月成立了以总会计师为首的电算化会计系统开发小组，着手开发电算化会计系统。该小组由财务部和电脑部的业务人员组成，制定了电算化会计系统开发目标、方案和实施步骤。20×× 年 9 月底，电算化系统的程序基本编写完成；10 月份，进入程序的调试阶段；12 月底，系统调试完毕并投入运行。在试运行中，公司对系统又进行了修改和完善。第二年 2 月，电算化会计系统与手工系统同步双轨运行。同年6月，该系统通过省级鉴定。同年10月，公司甩掉手工账，电算化会计系统正式投入使用。

电算化会计系统包括总账报表、工资管理、固定资产管理、财务分析、存货管理、销售管理、报表合并7个子系统，采用Windows支持的FoxPro编写。

二、电算化会计系统内部控制制度

电算化会计系统投入使用前，公司制定了电算化会计管理条例、机房守则、系统管理员守则、操作人员守则等一系列规章制度，这些制度对于电算化会计系统的安全有效运行是十分重要的。制度的具体内容包括：

（1）记账凭证由会计人员按会计制度编制，对于系统的自动转账业务，计算机会输出自动转账凭证。记账凭证由有关会计主管审核签章。记账凭证根据类型按顺序编号。操作人员输入记账凭证及将凭证交给保管人员都要进行登记。

（2）系统管理员全面负责电算化会计系统的日常管理工作，但系统管理员无权进行具体的会计业务处理工作。

（3）出纳人员不得接触电算化会计系统及文件。程序员未经会计主管批准不得接触及修改程序。除操作人员外，其他人员未经批准不得进入机房。操作人员不得接触源程序。

（4）操作人员要按规程操作，每次操作后要进行记录，包括上机时间，输入凭证的类型及数量，打印报表的种类、数量及其他操作，并由上机人员签字。

（5）系统应用程序及重要的数据文件均要进行备份，备份文件要设有内外标签。

（6）系统输出的报告、报表均要报送指定的负责人审查，经审查签章后才能发出。入账凭证清单及账页、报告等按会计档案管理办法保管。

（7）机房设有空调设备及稳压电源，有温湿度计监测温度和湿度，有灭火用具，机房要保持清洁。当人离开时，机房要上锁。

除了上述普通控制外，为了保证系统安全可靠地运行，公司还设有以下控制程序。

（1）有权进入系统的人员，才能掌握系统密码，不知道密码的人不能进入系统。权限维护制度里规定了各操作人员的操作范围。系统管理员能够给普通操作人员授权，但系统管理员本人不知道操作员的密码，不能进行具体会计业务处理。操作人员能进入处理系统但无权给自己和操作人员授权，只能进行授权范围内的操作。

（2）凭证输入后，系统自动检验其有效性和完整性。例如，如果输入的科目代码为无效代码，系统将给出错误信息，并强制进入修改状态；如果输入的科目代码有效，系统会自动显示该科目代码对应的科目名称，以便操作人员复查；对于输入的凭证，系统会自动检验借贷是否平衡，若不平衡，系统会给出错误信息，强制进入修改状态。

（3）输入的凭证只有经过审核才能进行汇总和记账，制单人和审核人不能相同。当审核人和制单人相同时，系统会显示错误信息。

（4）系统以"借贷必相等"作为凭证输入与处理的重要控制。当输入账户期初余额时，系统将检查期初余额的借贷方是否平衡，如不平衡，系统则给出错误信息。输入凭证时，系统要检查每张凭证的借贷是否相等，若不相等，系统则给出错误信息，强制进入修改状态。在汇总和记账处理时，系统也会检查借方发生额是否与贷方发生额相等，借方余额与贷方余额是否相等，若不相等，系统则给出错误信息。

（5）系统在完成某项操作后，会及时提醒用户备份文件或强制用户备份，以保证重要的数据文件不丢失。

（6）输出报表前，系统将根据用户的预先设定，检查报表之间的稽核关系。若关系不对，系统会打印出稽核关系表，让有关人员检查并改正错误。

三、内部控制的审计

以上对公司电算化会计系统的内部控制做了介绍，下面对公司电算化会计系统的内部控制进行审计。

（一）调查了解内部控制

对内部控制进行审计，首先必须了解内部控制的基本情况。了解内部控制基本情况的方法很多，可以同有关人员如操作人员、系统管理员、程序员、会计主管等进行交谈；也可以进行实地观察，并对会计主管、程序员、操作员进行问卷调查。审计人员根据问卷的填列结果，可以明确被审计单位的内部控制情况。

（二）符合性测试

1. 采用手工审查技术的符合性测试

根据在问卷调查中了解的被审计单位电算化会计系统内部控制情况，可以用手工审查的方法审查下列控制。

（1）系统环境安全控制

审计人员通过同操作人员、程序员及会计主管交谈，再次证实了内部控制问卷中有关问题的答案。审计人员还实地检查了机房及系统硬件的配置、后备程序和数据文件，实地观察了操作人员对系统的操作，检查了操作人员当前以及以前的操作日志，通过一系列的审查，审计人员把结论填入内部控制问卷中的有关栏内。

（2）系统开发与维护控制

审计人员获取并查阅了系统的文档资料，包括功能一览表、操作手册、技术手册、维护手册和编码表，发现被审系统没有编制程序逻辑框图、带注释的源程序表及主要程序控制说明。

审计人员对投入使用后的系统修改和维护进行了调查，证实了系统的修改都经过了会计主管的批准，但修改的批准、实际的修改及修改后的检测均没有文字记录。

为了审查系统功能的恰当性、对系统开发的控制以及当年第3季度会计记录和财务报表的正确性，审计人员核对了当年7月和8月全部的手工和计算机明细账与财务报表，以及7月到9月的现金与银行存款手工与计算机日记账，发现有10多笔业务存在差异。经追查记账凭证发现，金额差异多数是因为手工记账错误。另外，手工记账时按手工编制的记账凭证入账，而电算化会计系统则采用了自动转账的方式，由系统编制并打印转账凭证，结果造成转账凭证编号不一致。

（3）其他普通控制

审计人员通过询问有关人员，了解了分工和业务处理的规章制度，而且实地观察了这些制度的执行情况。审查发现，系统操作人员与程序员均有较好的职责分工，但程序员与操作人员在同一机房工作，且程序员熟悉系统密码，这样程序员可以接触系统并进行操作。

（4）应用控制

输入控制的重要措施是制单人和审核人不能为同一人。审计人员实地观察操作人员的操作，并将结果记录在内部控制问卷上。系统对报表输出的重要控制是自动检查报表间的钩稽关系。为了审查此项控制的有效性，审计人员不但查看了公司对当年7月份报表钩稽关系的处理，还复查了7月和8月财务报表的钩稽关系，并将有关结论记录在问卷中。

2. 采用计算机辅助审计技术的符合性检测

在此次审计中，采用了检测数据法检查系统总账报表子系统的处理功能及程序控制。

（1）检测的目的

通过将一组检测业务输入系统进行处理，并输出入账凭证清单、自动转账记账凭证，以及检测业务前后的财务报表等，以达到下列目的。

①证实系统的功能达到设计要求。

——凭证的输入。自动编制凭证号，能接受简单分录和复合分录。

——记账。将核对无误的凭证自动录入凭证数据库，并更新账户余额数据库。

——查询。可按日期、凭证编号或科目代码查询任意一笔账目。

——自动转账。结账前对一些结平的账户进行自动转账。

——打印报表。根据系统内的账户余额打印各类财务报表。

②证实系统主要控制点的有效性。

——输入凭证时，如果科目代码无效，系统将给出错误信息，并强制进入修改状态。

——输入凭证时，系统自动检查借贷双方是否平衡，若发现不平衡，系统会自动给出错误信息，并强制进入修改状态。

——在打印报表前，系统自动检查各报表之间的钩稽关系，如果关系不对，系统会打印报表钩稽关系问题表，以便查明原因。

——已记账的账目不能直接通过系统修改，只能通过输入调整分录进行修改。

（2）输入检测业务，并比较预期处理结果和实际处理结果

为避免检测数据影响公司的明细账，使日后查账出现混乱，要求全部检测业务摘要写明"审计测试"。在输入检测业务前，根据公司当日已输入和处理的业务，命令系统打印出资产负债表和损益表。

（3）结论

通过处理检测业务，验证总账报表子系统的功能及程序的主要控制点。检测结果表明，系统总账报表子系统的功能及主要程序的控制点符合公司系统设计的要求，功能是恰当的，程序控制较好。

（4）消除检测业务对公司账户数据的影响

检测工作完毕后向系统输入冲销凭证，以消除检测业务对公司总账和财务报表的影响。

（三）对公司内部控制的评价

根据内部控制问卷及审计人员的符合性检测，审计人员对系统的内部控制作出评价，指出了控制弱点，并提出改进建议。

1. 系统的优点

（1）系统的通用性较强。系统可由用户按自己的要求自行设定或修改账户结构体系及输出报表的内容和格式，并有较好的扩充性和灵活性。

（2）软件功能符合现行财务会计制度，基本满足会计工作的要求。

（3）系统的程序控制较强。系统的应用程序设置了多项控制，便于检查业务的有效性和完整性。系统有自动查错和强制进入修改的功能，在业务处理中会强制输出一些纸质资料，能留下一定的审计线索。

（4）系统的安全保密性好。系统采用口令和权限相结合的安全控制措施。

（5）操作人员能按规定操作并认真填写操作日志。

（6）财务部门自始至终积极参与系统的设计、开发和检测工作。系统正式投入使用前经过了较长时间的双轨运行。

2. 控制的弱点

系统调试、程序修改和电算化会计系统的并行运行情况没有相应的记录。

（1）程序员可随意接触和操作已正式运行的系统。系统正式投入运行后，程序的修改只经过口头批准。修改后的程序缺乏严格的调试检测，也没有相应的文字记录。

（2）缺乏规范化的文档资料。

（3）虽然制度要求对输出的报表进行认真的审核，但实际未严格执行，也未保存每月报表的钩稽关系表及修改记录。

（4）操作人员未认真学习，对系统操作过程中可能出现的问题及应采取的措施缺乏了解。

3.应采取的措施

针对系统中存在的问题，建议公司采取如下措施。

（1）在财务部门设立专门的电算化会计管理机构，或指定专职人员负责电算化会计系统的管理工作。

（2）加强操作人员的培训。

（3）引进或委托培养既懂计算机知识又懂会计知识的跨学科人才。

 学习笔记

请对本章的学习做一个小结，将你认为的重点事项和不懂事项分别列出来，以便于自己进一步学习与提升。

本章重点事项
1._____
2._____
3._____
4._____
5._____
本章不懂事项
1._____
2._____
3._____
4._____
5._____
个人心得
1._____
2._____
3._____
4._____
5._____

第10章

内部经济责任审计

 学习目标:

1.了解内部经济责任审计的定义、审计的对象、审计期间界定、审计的范围、经济责任审计的组织及经济责任审计工作联席会议的要求。

2.掌握内部经济责任审计的内容。

3.掌握内部经济责任审计的过程——审计准备、审计实施、审计终结,以及审计过程中各项事务的处理。

4.掌握内部经济责任审计评价的方法及内部经济责任审计评价结果的描述要求。

10.1 内部经济责任审计概述

10.1.1 何谓内部经济责任审计

经济责任是指企业内部管理干部（以下简称企业内管干部）在任职期间依法对所在企业或部门（以下简称企业内管干部所在企业）的财务收支及有关经济活动履行的职责、义务。

根据《内部审计实务指南第5号——企业内部经济责任审计指南》，企业内部经济责任审计是指企业内部审计机构对企业内管干部开展的经济责任审计。

10.1.2 内部经济责任审计的对象

企业内部经济责任审计的对象包括企业主要业务部门的负责人、企业下属全资或控股企业的法定代表人（包括主持工作一年以上的副职领导干部）等。

企业内部经济责任审计包括离任经济责任审计、任中经济责任审计和专项经济责任审计，如图10-1所示。

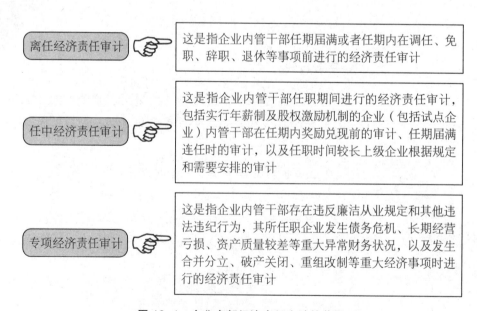

离任经济责任审计 ☞ 这是指企业内管干部任期届满或者任期内在调任、免职、辞职、退休等事项前进行的经济责任审计

任中经济责任审计 ☞ 这是指企业内管干部任职期间进行的经济责任审计，包括实行年薪制及股权激励机制的企业（包括试点企业）内管干部在任期内奖励兑现前的审计、任期届满连任时的审计，以及任职时间较长上级企业根据规定和需要安排的审计

专项经济责任审计 ☞ 这是指企业内管干部存在违反廉洁从业规定和其他违法违纪行为，其所任职企业发生债务危机、长期经营亏损、资产质量较差等重大异常财务状况，以及发生合并分立、破产关闭、重组改制等重大经济事项时进行的经济责任审计

图10-1 企业内部经济责任审计的范围

10.1.3 企业内部经济责任审计期间界定

一般按照会计年度确定经济责任审计期间，并以此确定财务数据的期初数。如果企业内管干部的任职时间为某一年度的上半年，则以该年年初作为企业内管干部经济责任审计期间的期初；如果企业内管干部的任职时间为某一年度的下半年，则以下一年年初作为企业内管干部经济责任审计期间的期初。

专项经济责任审计的时间范围，由企业根据具体的审计项目自行确定。

经济责任的界定以企业内管干部的实际任期为准。

10.1.4 经济责任审计的范围

经济责任审计的范围应当根据重要性原则确定，并充分考虑审计风险。企业总部及重要的下属全资或控股企业（以下简称子企业）应当纳入审计范围，纳入审计范围的资产量一般不低于企业内管干部所在企业资产总额的 70%，子企业户数不低于该企业总户数的 50%。下列子企业应当纳入经济责任审计范围。

（1）资产或者效益占有重要位置的子企业。

（2）由企业内管干部兼职的子企业。

（3）任期内发生合并分立、重组改制等产权变动的子企业。

（4）任期内关停并转或者出现经营亏损、资不抵债、债务危机等异常财务状况的子企业。

（5）任期内未接受过审计的子企业。

（6）各类金融子企业及内部资金结算中心等。

10.1.5 经济责任审计的组织

内部审计机构可以根据需要委托具有相应资质的社会审计组织实施审计，但应由内部审计机构负责出具审计通知书，审批审计实施方案，作出审计结果报告。

内部审计机构和审计人员在进行经济责任审计时，应当按照内部审计准则的规定，运用各种审计方法，并根据审计工作的需要，合理使用抽样技术和计算机辅助审计技术，确保顺利实现审计目标。

内部审计机构和内部审计人员应当充分利用企业近期的内部审计与外部审计成果。在利用内部审计与外部审计成果时，应当注意以下问题。

（1）利用内部审计成果时，应当评估内管干部所在企业的内部审计环境及内部审计工作成果的有效性，合理确定审计结论的可靠性。

（2）在利用外部社会审计成果时，应当采用一定的审计程序进行评估，合理确定审计结论的真实性。

（3）对于国家审计成果，可以在给予必要审计关注的基础上加以利用。

（4）在审计企业资产状况时，可以借鉴相关年度的清产核资专项成果。当审计结论与清产核资专项成果不一致时，应当遵循谨慎性原则追加适当的审计程序。

（5）利用企业内管干部所在企业及有关部门的纪检监察工作成果时，对于已经办结的案件，可以在给予必要审计关注的基础上直接利用；对于正在办理的案件，应当注意与内管干部所在企业及有关纪检监察机构的沟通配合。

10.1.6　经济责任审计工作联席会议

企业可以建立经济责任审计工作联席会议（以下简称联席会议）制度。联席会议一般由纪检、监察、审计、人力资源和监事会等部门组成。联席会议下设办公室负责日常工作。

联席会议应当定期召开，通报审计结果的运用情况，协调解决审计结果运用中的问题，督促审计结果的落实。

10.2　经济责任审计的内容

企业内管干部经济责任审计应当重点检查所在企业的经营发展情况、财务收支情况、履行国有资产出资人经济管理和监督职责的情况、遵守法律法规和贯彻执行国家有关经济方针政策和决策部署的情况、制定和执行重大经济决策的情况、内部控制建立和执行情况以及遵守廉洁从业规定的情况等。

10.2.1　财务收支真实性、合法性和效益性的审计

对于企业经营发展情况、财务收支情况、履行国有资产出资人经济管理和监督职责情况的审计，可以重点审查企业财务收支的真实性、合法性和效益性。

10.2.1.1　财务收支的真实性审计

重点审查企业内管干部任职期间企业的财务状况和经营成果是否真实、完整，账实是否相符，会计核算是否准确，合并财务报表范围是否完整等。主要内容包括：

（1）企业财务会计核算是否准确、真实，是否存在财务状况和经营成果不实的问题。

（2）企业财务报表的合并范围、方法、内容和编报是否符合规定，是否存在故意编造虚假财务报表等问题。

（3）企业会计账簿记录与实物、款项和有关资料是否相符。

（4）企业采用的会计确认标准或计量方法是否正确，有无随意变更或者滥用会计估计和会计政策、故意编造虚假利润等问题。

10.2.1.2 财务收支的合法性审计

重点审查企业内管干部任职期间，企业的财务收支管理和核算是否符合国家有关规定。主要内容包括：

（1）企业收入、成本费用的确认和核算是否符合有关规定，有无虚列、多列、不列或者少列收入及成本费用等问题。

（2）企业资产、负债、所有者权益的确认和核算是否符合有关规定，有无随意改变确认标准或计量方法以及虚列、多列、不列或者少列资产、负债、所有者权益等问题。

10.2.1.3 财务收支的效益性审计

重点审查企业盈利能力、资产质量、债务风险、经营增长等方面经济指标的完成情况，如表10-1所示。

表10-1 财务收支的效益性审计内容

序号	审计项目	内容
1	盈利能力状况审计	主要通过资本及资产报酬水平、成本费用控制水平和经营现金流量等财务指标，审查内管干部在任职期间企业的投入产出水平和盈利能力。可参考指标包括净资产收益率、总资产报酬率、销售（营业）利润率、成本费用利润率等
2	资产质量状况审计	（1）主要通过资产周转速度、资产运行状态、资产结构以及资产有效性等财务指标，审查内管干部任职期间企业利用经济资源的效率、资产管理水平与资产的安全性。可参考指标包括总资产周转率、应收账款周转率、不良资产比率、资产现金回收率等 （2）在资产质量状况审计中应重点对不良资产进行审计，应当按照企业内管干部任期职责、任期时间及不良资产产生原因等，分清企业不良资产产生的责任。应注意核实企业内管干部任期以前存在的不良资产、任期内消化的不良资产、任期内因客观因素或主观因素新增的不良资产。其中，客观因素主要指国际环境、国家政策、自然灾害等，主观因素主要指决策失误、经营不善等
3	债务风险状况审计	主要通过债务负担水平、资产负债结构、或有负债情况、现金偿债能力等财务指标，审查内管干部任职期间企业的债务水平、偿债能力及面临的债务风险。可参考指标包括资产负债率、速动比率、现金流动负债比率、带息负债比率、或有负债比率等
4	经营增长状况审计	主要通过市场拓展、资本积累、效益增长以及技术投入等财务指标，审查内管干部任职期间企业的经营增长水平、资本增值状况及持续发展能力。可参考指标包括销售（营业）增长率、资本保值增值率、任期年均资本增长率、销售（营业）利润增长率、总资产增长率等

10.2.2 重大经济决策制定和执行情况的审计

审查内管干部任职期间，企业重大决策、重要人事任免、重大项目安排和大额度资金使用（以下简称"三重一大"事项）的决策规则和程序是否健全，经济决策方案是否得到良好的执行，以及执行的结果是否达到决策目标等内容，明确企业内管干部在重大经济决策中应负的责任。重大经济决策制定和执行情况审计的具体内容包括：

（1）企业是否建立了"三重一大"事项决策机制，制定的基本程序是否符合规定，是否存在未经集体讨论而由企业内管干部个人或少数人决策的情况。

（2）重大经济决策的内容是否符合国家有关法律法规、政策及规定。

（3）重大经济决策是否经国家有关部门核准或审批，所签协议或者合同的内容是否符合企业实际，是否存在损害本企业利益的条款。

（4）重大经济决策方案是否得到良好执行，是否明确了具体的管理部门，是否进行了过程监控。

（5）重大经济决策是否存在重大风险，决策方案中有无预防和控制风险转化为损失的应对措施，决策执行的结果是否达到决策目标，是否给企业造成损失等。

10.2.3　内部控制建立及执行情况的审计

审查内管干部所在企业内部控制的健全性、适当性和有效性，并结合企业内管干部的职责要求确定其在内部控制建立及执行中承担的责任，应当注意审查表10-2所示内容。

表10-2　内部控制建立及执行情况的审计内容

序号	审计项目	内容
1	内部环境	审查企业治理结构是否合理，机构设置与权责分配是否明确，内部审计机构是否健全，人力资源政策是否有效实施等
2	风险评估	审查企业能否及时识别经营活动中与实现内部控制目标有关的内外部风险，是否采用定性与定量相结合的方法系统分析风险并合理确定风险应对策略等
3	控制活动	审查企业不相容职务分离控制、授权审批控制、会计系统控制、财产保护控制、预算控制、运营分析控制和绩效考评控制等是否恰当、有效，能否将各种业务和事项的风险控制在可承受范围之内
4	信息与沟通	审查企业是否建立信息与沟通制度，内部控制相关信息的收集、处理和传递程序是否明确，内部控制相关信息能否在企业内外部及时传递，是否建立反舞弊机制等
5	内部监督	审查企业是否制定内部控制监督制度，是否明确内部审计机构和其他内部机构在内部监督中的职责权限，是否制定内部控制缺陷认定标准，是否定期对内部控制有效性进行评价等

10.2.4 企业内管干部遵守廉洁从业规定情况的审计

主要审查企业内管干部有无违反国家法律法规和廉政纪律，以权谋私，贪污、挪用、私分公款，转移国家资财，行贿受贿和挥霍浪费等行为。主要内容包括：

（1）有无以权谋私和违反廉洁从业规定的行为。

（2）根据人事、纪检监察机关的意见，需要审计查证的事项。

（3）根据群众反映，需要审计查证的问题。

（4）是否存在其他违法违纪问题。

提醒您

经济责任审计还应当关注企业内管干部贯彻落实科学发展观，推动经济社会科学发展的情况；遵守有关法律法规、贯彻执行党和国家有关经济工作方针政策和决策部署的情况；与履行经济责任有关的管理、决策等活动的经济效益、社会效益和环境效益情况等。

10.3 经济责任审计的过程

10.3.1 审计准备

审计准备工作主要包括以下内容。

10.3.1.1 审计立项

内部审计机构根据有关法律法规和企业内部规章制度，接受本企业董事会或高级管理层的委派或相关管理部门的委托（以下简称相关单位委派或委托）进行审计立项，作出审计计划安排。在特殊情况下，可以调整审计计划，追加审计项目。

10.3.1.2 编制经济责任审计工作方案

经济责任审计工作方案主要包括以下内容。

（1）审计目标。

（2）审计对象。

（3）审计范围。

（4）审计内容与重点。

（5）审计组织与分工。

（6）工作要求。

10.3.1.3 确定审计组

内部审计机构根据经济责任审计事项，选派审计人员组成审计组。审计组实行组长负责制。

审计组应当由具有相关工作经验和专业知识的人员组成；审计组组长由内部审计机构确定，审计组组长应当是具有经济责任审计工作经验或具有较高专业技术资格的业务负责人。

10.3.1.4 制发审计通知书

内部审计机构应当在实施审计的三日前，向内管干部及其所在企业送达审计通知书。具有特殊目的的经济责任审计项目，也可以在实施审计时送达审计通知书。

审计通知书由审计组起草，经内部审计机构审核，报内部审计机构主管领导签发。

审计通知书可以附相关单位委派或委托书、需提供的审计资料清单等。

内管干部及所在企业或其他有关单位，应当按照审计通知书的要求提供与企业内管干部履行经济责任有关的下列资料。

（1）企业内管干部任期内财务收支的相关资料。

（2）工作计划、工作总结、会议记录、会议纪要、合同、考核指标下达及检查结果、内部控制制度和业务档案等资料。

（3）主管部门有关批准文件。

（4）相关监督管理部门的检查报告、内部与外部审计结果及相关资料。

（5）重大事项（包括重大历史遗留问题、重大诉讼事项和重大违纪事项等）的处理情况。

（6）企业内管干部履行经济责任的述职报告。述职报告主要包括：

①任职期限、职责范围和分管工作。

②任期内各项目标任务及其完成情况，重要规章制度及内部控制的制定、完善和执行情况，任职前和任期内重大经济遗留问题及处理情况等。

③任期内企业资产、负债、损益情况，重大经济决策事项、决策过程及执行效果。

④任期内存在的主要问题。

⑤任期内遵守廉洁从业规定的情况。

⑥其他需要说明的情况。

（7）审计组认为需要的其他资料。

提醒您

内管干部及其所在企业应当对所提供资料的真实性、完整性负责，并作出书面承诺。审计通知书送达后，内管干部或所在企业要求内部审计人员回避的，内部审计机构应当按照回避制度的规定确定是否回避。应当回避的，内部审计机构应调整审计组成员并告知内管干部或其所在企业。

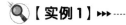 【实例1】 ▶▶ ---

审计通知书（关于任期经济责任）

×× 单位：

根据公司整体部署和相关政策，公司决定派出审计组于20××年12月，对你单位所属产业公司原总经理×××同志的任期经济责任进行审计，审计重点是资产、负债和损益的真实性、完整性和效益性；年度经营业绩情况；对国家有关法律法规和公司制度的执行情况；内部控制制度建立与执行情况；经济往来合法性及其对公司经济效益的影响等。审计时段为20××年1月至20××年10月，重大问题可追溯以前年度。请你单位给予积极配合，并提供必要的工作条件和下列资料。

一、本单位所属公司基本情况，包括历史沿革、组织结构、领导岗位分工及职责、议事规则、经营模式、财务状况、经营状况、经营考核指标完成情况等。

二、×××同志任期内经济责任履行情况的述职报告，主要包括：

1. 岗位工作职责、权限及履行情况。

2. 主要经营成果和年度业绩考核指标完成情况。

3. 重大经营决策、采取的主要经营措施及其效果。

4. 历史遗留问题的清理处置情况。

5. 遵守国家财经法规、公司规章制度以及执行廉政规定的情况。

6. 本单位内部审计工作开展情况及工作成果。

7. 经营管理中存在的主要问题和改进建议。

8. 需要说明的其他事项。

三、其他所需资料。

1. 任期内重大会议决策及纪要、工作计划与总结、年度经济活动分析报告等材料。

2. 任期内各项经济指标完成情况的统计材料。

3. 内控制度、任期内合同台账及对应的合同文本。

4. 任期内有关财务账簿、会计报表、凭证、银行对账单及余额调节表等资料。

5. 任期内工程项目概预算、合同、结算、决算等建设资料。

6. 任期内外部审计与检查报告，以及对审计问题整改落实情况的回复。

7. 审前调查与审计现场要求提供的与任期内经济活动有关的文件及资料。

附件：审计重要事项承诺书

×× 公司：

年　月　日

附件：

审计重要事项承诺书

审计组：

根据审计工作要求，现就我单位在本次审计过程中的有关配合工作，向审计组承诺如下。

一、我单位将按审计组要求，及时提供审计所需各项资料，并对提供资料的真实性、完整性负责。

二、我单位不存在未并入会计报表的账外企业、账外资金、账外账户，不存在未经批准的担保、资产抵押、金融理财等事宜。

三、我单位已确定各职能部门的审计联系人，负责本部门资料提供、解释说明、审计情况反馈等工作，并对各项解释、说明的真实性负责。

被审计单位（盖章）

单位负责人（签字）

财务负责人（签字）

年　月　日

10.3.2　审计实施

审计实施阶段的工作主要包括以下内容。

10.3.2.1　召开审计组进点会议

审计组进驻内管干部所在企业时，应当召开由审计组主要成员、内管干部及其所在企业有关人员参加的进点会议，并安排审计工作有关事项。

内部审计机构主管领导或审计组组长应当说明审计目的和依据、审计范围、审计内容、工作程序、参审人员、审计场所、实施时间、审计纪律、举报电话等内容，并提出需要协助、配合的有关事项和要求。

企业内管干部应当就其任职期间履行经济责任的情况进行说明。

10.3.2.2　开展审前调查

审计组在编制审计实施方案前，应当根据审计项目的规模、性质、紧急程度，安排适当的人员和时间，调查了解内管干部及其所在企业的有关情况。

审计组根据实际情况和工作需要，可通过访谈、问卷调查、个别询问等方式，进一步了解内管干部及所在企业的有关情况。调查对象一般包括内管干部所在企业的董事会、监事会成员，其他领导人员，部门负责人，企业工会、部分职工代表及其他相关人员等。

审计组应当按照审计实施方案，对内管干部所在企业内部控制的健全性和有效性进行测试，设计实质性审查的程序和范围。测试的主要方法有文字表述法、流程图法和测评表法。测试时，可以任选一种方法，也可以几种方法同时并用。

审计人员决定不依赖某项内部控制，或被审计企业规模较小、业务比较简单，审计人员可以对审计事项直接进行实质性审查。

审计组在编写经济责任审计实施方案前，应当熟悉与审计事项有关的法律法规和政策，调查了解内管干部及所在企业的基本情况，并对所在企业的内部控制进行初步测试。需要了解的基本情况包括以下内容。

（1）所在企业的历史沿革、机构设置、人员编制、经营范围、财务状况、财务和业务管理体制、关联方关系等。

（2）企业内管干部的职责范围和分管工作。

（3）经营环境，如国家宏观经济环境、产业政策、经营风险，行业现状和发展趋势等。

（4）相关法律法规、政策，特定会计、税收、外汇、贸易惯例的要求及执行情况。

（5）所在企业适用的业绩指标体系以及业绩评价情况。

（6）所在企业内部控制建立及执行情况。

（7）以前年度接受审计、监管、检查及整改情况。

（8）内部人事、纪检监察等部门掌握的企业内管干部遵守廉洁从业规定的情况。

（9）信息系统及电子数据。

（10）其他需要了解的情况。

10.3.2.3　编制审计实施方案

审计组应根据国家有关法律法规、政策及企业内部有关规定和审前调查情况，按照重要性和谨慎性原则，在评估风险的基础上，围绕审计目标，确定审计的范围、内容、方法和步骤，编制审计实施方案。审计实施方案主要包括以下内容。

（1）编制依据。

（2）内管干部所在企业的名称和基本情况。

（3）审计目标、审计范围。

（4）审计内容、重点、方法及具体实施步骤。

（5）审计工作起讫日期。

（6）重要性水平及对审计风险的评估。

（7）审计组组长、审计组成员及其分工。

（8）审计质量控制措施。

（9）编制单位、日期。

（10）其他有关内容。

10.3.2.4　现场审计取证

审计组实施审计时，可以运用检查、观察、询问、重新计算、重新操作、外部调查等方法，获取充分、适当、可靠的审计证据。对于内管干部所在企业的信息系统，可以采取复制、截屏、拍照等方法取得审计证据。

审计人员向有关单位和个人询问取得的审计证据，应当有提供者的签名、盖章。不能取得提供者签名和盖章的，由审计人员注明原因，并由两名以上审计人员签字确认。

审计组组长应当对审计人员收集审计证据的工作进行督导，并对审计证据进行审核。发现审计证据不符合要求时，应当责成审计人员进一步取证或采取替代审计程序。

10.3.2.5 编制审计工作底稿

审计人员对审计实施方案确定的审计事项，应当编制审计工作底稿。审计工作底稿应当由审计组组长或其指定人员复核，并对以下事项提出复核意见。

（1）事实是否清楚。

（2）证据是否充分、适当。

（3）定性依据是否准确。

（4）审计结论是否恰当。

（5）审计意见、建议是否恰当。

提醒您

现场审计结束前，审计组应当对取得的审计证据进行综合分析，并与内管干部及所在企业就审计事项初步交换审计意见。

对于审计中发现的重大问题，审计组应当及时向内部审计机构报告。对于特别重大的事项，内部审计机构应当及时向董事会或高级管理层报告。

10.3.2.6 撰写经济责任审计报告（征求意见稿）

审计组实施审计后，审计组组长或其指定的审计人员，应在对审计工作底稿、审计证据及相关资料进行汇总和分析的基础上，考虑内管干部及所在企业对审计事项的初步意见，撰写经济责任审计报告（征求意见稿）。

（1）企业内管干部经济责任审计报告的格式

企业内管干部经济责任审计报告应当按照以下格式编写。

①标题。×××（企业名称和企业内管干部职务）×××（企业内管干部姓名）同志任期（或任中）经济责任审计报告（征求意见稿）。

②主送。委派或委托的相关单位，包括董事会或者主要领导、人事部门等。

③正文。主要包括审计基本情况说明、被审计内管干部及所在企业情况介绍、审计发现的问题、审计评价、审计意见和建议等内容。

④附件。其他资料。

⑤落款。×××（企业内管干部姓名）同志经济责任审计组、时间。

（2）经济责任审计报告的内容

①审计基本情况。概要说明审计依据，审计对象，审计范围、内容、方式和起止时间，延伸、追溯审计重要事项的情况，以及内管干部及所在企业配合审计工作的情况。

②被审计内管干部及所在企业基本情况。主要包括企业内管干部的任职期间、职责范围、分管工作，所在企业的历史沿革、机构设置、人员编制、经营范围、财务状况等内容。

③被审计企业内管干部的主要工作及成绩。包括主要考核指标完成情况。

④审计发现的与被审计企业内管干部履行经济责任有关的主要问题。包括财务收支情况，重大经济决策的制定和执行情况，内部控制的建立和执行情况，企业内管干部遵守廉洁从业规定的情况及其他方面的问题。如有相关单位委托的特别事项，审计组应专门对该事项的审计结果进行报告。其他方面的问题主要指非内管干部或所在企业责任引起的问题、内管干部及所在企业在审计过程中自行纠正的问题等。

报告中应当写明问题事实、违反相关法律法规或内部规章制度的具体情况、所造成的影响或后果等，并逐项说明企业内管干部应当承担的责任及认定原因。

⑤审计评价。主要是在审计职权范围内，评价企业内管干部任职期间开展的主要工作。同时，根据审计查证或者认定的事实，以国家有关法律法规、相关考核目标和行业标准等为依据，对企业内管干部履行经济责任的情况进行综合评价。

⑥审计意见和建议。对审计发现的问题，审计组应当提出审计处理意见和审计建议。

10.3.2.7　向内管干部及所在企业征求意见

审计组应当征求内管干部及所在企业对经济责任审计报告（征求意见稿）的意见。

内管干部及其所在企业应自收到审计报告（征求意见稿）之日起十日内提出书面反馈意见；在规定期限内没有提出书面意见的，视同无异议。

内管干部及所在企业对审计报告（征求意见稿）有异议的，审计组应当调查核实，撰写情况书面说明，并考虑是否需要修改审计报告（征求意见稿）。审计报告（征求意见稿）经审计组集体讨论后，由审计组组长审核定稿。

10.3.3　审计终结

审计终结主要包括以下工作。

（1）审计组提交经济责任审计报告。

（2）复核与审定经济责任审计报告。

（3）撰写经济责任审计结果报告。

（4）出具审计决定书。

（5）出具移交（移送）处理书。

（6）监督审计决定的执行。

（7）建立审计档案。

审计组应当在收到内管干部及所在企业书面意见或征求意见期限届满之日起十日内提交经济责任审计报告；重大、疑难的审计事项，经内部审计机构主管领导批准，可以在三十日内提交报告，但最长不得超过六十日。

对于企业违反国家或企业内部规定的财务收支行为且内部审计机构有权作出处理的，审计组应同时起草审计决定书。审计决定书应载明违反国家或企业内部规定的财务收支行为的事实、定性、处理处罚决定、处理处罚依据，以及处理处罚决定的执行期限。

审计组应当将经济责任审计报告、内管干部及所在企业对经济责任审计报告的书面意见、审计组的书面说明、审计实施方案、审计工作底稿、审计证据、审计决定书以及其他有关材料，报送内部审计机构。

10.4 经济责任审计评价

内部审计机构对企业内管干部履行经济责任的情况实施审计后，应当根据审计查证或者认定的事实，依照法律法规、国家有关政策和规定、责任制考核目标、行业标准等，对企业内管干部履行经济责任情况作出客观公正的评价。审计评价不应超出审计的职权范围和实际实施范围。评价结论应当有充分的审计证据作为支持。

10.4.1 经济责任审计评价的方法

评价企业内管干部经济责任的方法主要有业绩比较法、量化指标法、环境分析法、主客观因素分析法、责任区分法等，如表10-3所示。

表10-3 经济责任审计评价的方法

序号	方法	说明
1	业绩比较法	包括纵向比较法（即对任期初与任期末的业绩进行比较，或先确定比较基期，再将比较期与之进行对比）和横向比较法（即将相关业绩与同行业平均水平进行比较）
2	量化指标法	即利用能够反映企业内管干部履行经济责任的相关经济指标，分析其完成情况，并总结相关经济责任
3	环境分析法	即将企业内管干部履行经济责任的行为置于相关的社会政治经济环境中加以分析，作出客观评价
4	主客观因素分析法	即对具体行为或事项进行主客观分析，确定该具体行为或事项是企业内管干部的主观过错，还是受客观因素的影响，进而作出客观评价
5	责任区分法	包括区分直接责任、主管责任和领导责任等

企业内管干部履行经济责任的审计，可以采取分类评价和综合评价相结合的方法。

10.4.2 经济责任审计评价的结果

10.4.2.1 对企业财务收支真实性的评价表述

对企业财务收支的真实性，可以根据内部审计机构确认的审计结果，给出"××同志任职期间，企业财务状况真实（基本真实、不真实或严重失真）"的评价意见。真实性的等级及评价标准如表10-4所示。

表 10-4 真实性的等级及评价标准

序号	等级	评价标准
1	真实	会计核算和财务报表如实反映了企业财务收支情况及与其相应的经营活动
2	基本真实	会计核算和财务报表虽存在个别不真实事项，但总体上能够如实反映企业财务收支情况及与其相应的经营活动
3	不真实	会计核算和财务报表没有如实反映企业财务收支情况及与其相应的经营活动
4	严重失真	会计核算和财务报表反映的企业财务收支情况及其相应的经营活动与实际严重不符

10.4.2.2 对企业财务收支合法性的评价表述

对企业财务收支的合法性，可以根据内部审计机构确认的审计结果，给出"××同志任职期间，企业严格遵守（基本遵守、违反或严重违反）国家有关财经法律法规的规定"的评价意见。严格遵守的等级及评价标准如表10-5所示。

表 10-5 严格遵守的等级及评价标准

序号	等级	评价标准
1	严格遵守规定	严格执行国家的会计核算制度，会计业务处理正确；严格执行国家财务制度，审计未发现违反国家相关规定的行为
2	基本遵守规定	较好地执行国家的会计核算制度，会计业务处理基本正确；基本执行国家财务制度
3	违反规定	没有按国家会计核算制度规定处理会计业务；存在违反国家财务制度规定的行为，但数额不大、性质不够严重
4	严重违反规定	存在做假账、账外账等违反会计核算规定的行为；存在数额较大、性质严重的违反国家财务制度的行为

10.4.2.3　对企业财务收支效益性的评价表述

对企业财务收支的效益性，应当在定量指标评价的基础上，对企业内管干部任职期间的经营管理水平进行定性分析与综合评判。定量评价可以实行年度考核指标与任期考核指标相结合的方式。年度考核指标包括利润总额和经济增加值，任期考核指标包括国有资本保值增值率和主营业务收入平均增长率。定性评价指标包括企业发展战略的确立与执行、经营决策、发展创新、风险控制、基础管理、人力资源、行业影响和社会贡献等方面。

10.4.2.4　对企业制定和执行重大经济决策的评价表述

对企业制定和执行重大经济决策的情况，可以在简要表述企业制定"三重一大"事项决策机制的基础上，重点对决策程序、决策过程及决策效果进行分类评价。

（1）××等重大经济决策，符合国家有关法律法规和方针政策，决策程序合规，决策得到有效执行并符合预期目标。

（2）××等重大经济决策，内容不符合有关规定，应履行而未履行决策程序。

（2）××等重大经济决策，依据不充分，未能实现预期目标。

10.4.2.5　对内部控制有效性的评价表述

对内部控制，可以根据所在企业内部控制的健全性、适当性和有效性情况，给出"××同志任职期间，制定和修订了××项管理制度，采取了××措施，内部控制有效（较为有效、无效）"的评价意见。控制有效的等级及评价标准如表10-6所示。

表 10-6　控制有效的等级及评价标准

序号	等级	评价标准
1	有效	内部控制健全、适当；内部控制执行有效，能实现管理目标
2	较为有效	内部控制较为健全；内部控制执行较为有效，基本能实现管理目标，没有出现重大内部控制缺陷
3	无效	内部控制不健全；内部控制执行无效，出现了重大内部控制缺陷，没有实现管理目标

10.4.2.6　对企业内管干部遵守廉洁从业规定的评价表述

对企业内管干部遵守廉洁从业规定的情况，可以根据内部审计机构确认的审计结果，作出"在审计范围内，未发现 ×× 同志存在违反领导干部廉洁从业规定的行为"或"在审计范围内，×× 同志存在 ×× 问题（列举违反领导干部廉洁从业规定的具体问题）"的评价意见。

10.4.2.7　综合评价意见表述

对企业内管干部进行综合评价时，应在前述分类评价的基础上，对其履行经济责任的情况作出"履行、基本履行、未履行"等结论。

【实例2】▶▶▶ ---

人力行政中心总监 ××× 离职审计报告

×× 连锁股份有限公司董事会：

应公司人力资源部要求，依据公司管理制度与审计制度规定，我部于20×× 年8月21日至9月6日对 ×× 连锁股份有限公司人力行政中心总监 ×××（以下简称"被审计人"）任职期间岗位履职情况进行了就地审计，实施了包括检查、实质性复核及询问等审计程序，现报告如下。

一、被审计人基本概况

20×× 年1月19日，被审计人入职公司，担任人力资源总监职务；20×× 年3月，被审计人代管IT信息系统部（未有公司发文），20×× 年5月2日公司发文，被审计人兼任行政总监；20×× 年10月12日公司发文，被审计人为人力行政中心总监。

20×× 年8月7日，被审计人离职。

二、被审计人履职情况

（一）人力资源部工作情况。

1.重大方案完成情况,20×× 年4月,指导完成了 ×× 集团薪酬绩效管理优化方案、×× 集团绩效管理制度，并于20×× 年7月1日起在全集团内试行季度考核。20×× 年年初指导完成了"20×× 年 ×× 集团年终奖金"方案，并于3月26日正式发文执行。

2.培训工作情况，共完成 ×× 场次培训，合计 ××× 课时。其中被审计人亲自培训的共有 × 场，分别为"有效管理下属实战训练（一）""经理人的人力资源管理""有效管理下属实战训练(二)""业务知识技能提升培训"及"20×× 年管理培训生集中培训"。

3.招聘工作情况，任职期间共完成 ××× 人次的招聘，满足了各部门的用工需求。

4.人事处理方面，被审计人任职 ×× 个多月以来，集团总部实际离职 ×× 人，均未产生劳动纠纷。关联公司——××× 商贸有限公司合计分流 ××× 人，未产生较大动荡及劳动官司，对此，被审计人付出了较多的努力，作出了较大的贡献。

（二）行政部工作情况，完成日常审批及管理工作，主要为车辆管理、行政采购、非商品资产管理等。

（三）IT信息系统部工作情况，完成日常审批及管理工作，有效推动了异地店 ERP 上线。

三、审计发现问题及审计意见

车辆使用管理存在如下问题。

1.行驶里程记录无任何使用信息，如粤 ×××××× 于20×× 年5月登记里程×××××××××,行驶里程为 ××× 公里,既没有填写起止地点,也没有用车人签字。

2.用车申请单及车辆使用登记表记录不规范。

（1）派出车辆未填写用车单，如粤××××××于20××年5月6日从总店到××区，缺少用车单。

（2）用车单没有相关部门负责人签字，如20××年7月30日商管部用车，没有用车部门负责人签字；20××年4月8日财务部用车，没有用车部门及行政部负责人签字；20××年4月11日营销策划中心用车，没有行政部负责人签字。

（3）车辆使用登记表没有用车人签字，如粤××××××于20××年5月4日从总部到机场，5月7日从总部到龙华、南山；粤××××××于20××年3月16至17日从总部到佛山、18日从总部到东莞、19日从总部到龙岗；粤××××××于20××年6月26日从总部到坪山、27日从总部到惠州、28日从总部到光明；粤××××××于20××年4月26日从总部到盐田、28日从总部到××法院、30日从总部到市内各分店，均没有用车人签字。

审计意见，提请行政部加强对车辆行驶里程的登记管理，今后如再出现此类错误，建议公司追究相关人员的责任，以杜绝此类事件再次发生，使车辆的使用管理控制真正落到实处。

四、审计结论

被审计人在任职期间对×××商贸有限公司大批量人员顺利分流作出了较大贡献；组织完成了员工绩效考核方案及20××年年终分红方案；推动IT信息系统部顺利完成了异地店ERP上线工作。但行政部的车辆日常管理方面存在部分不规范行为。

××连锁股份有限公司

审计监察部

20××年××月××日

审计人员签名：×××、×××

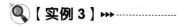 **【实例3】** ▶▶

关于集团资产采购总监×××的离任审计报告

尊敬的公司领导：

××集团审计监察中心接到人力资源中心关于资产采购总监×××离职的通知后，对其工作情况进行了离任审计，现将相关情况汇报如下。

一、离职人员的基本情况及工作交接情况

（一）×××于20××年×月×日入职，任××集团资产采购总监一职，负责

××集团资产采购部日常管理工作，于20××年×月×日提出离职申请。

（二）×××的主要工作交接给××，目前正在交接中。

（三）资产采购部20××年计划编制为×人，×××任职期间入职×人，离职×人。

（四）截至20××年×月×日，×××无个人借支，差旅费用已按正常流程进行报销。

二、任职期间资产采购部的相关问题

（一）××家××便利店采购的设备主要有两类质量问题，具体如下。

1. 厨电设备质量问题（略，供应商为广东××）。

2. 便利店冷链设备问题（略，供应商为四川××）。

3. 以上数据显示，门店设备问题主要集中在厨电设备及冷链设备，分别由广东××与四川××两家供应商供应（见附件1）。

厨电设备问题的主要原因为设备本身存在一定质量问题。冷链设备的问题主要是设备制冷效果不佳。造成设备制冷效果不佳的原因有以下三个方面。

（1）四川××冷链设备本身存在质量问题，例如，××科技园店设备的风幕柜灯管坏、漏水，××园店设备温度显示英文乱码等。

（2）四川××冷链设备安装调试时出错，出厂除霜时间为北方温度，导致设备制冷效果不佳。

（3）门店内散热条件不佳，无法散热，影响冷链设备压缩机工作，导致冷链设备制冷效果不佳。

审计建议：

1. 建议资产采购部联系广东××供应商，对12家门店的所有厨电设备进行一次质量排查，及时维修故障设备。

2. 建议增加厨电设备品牌库，针对常出故障的几款设备，调整供应渠道，提高设备质量，保障熟食产品销售。

3. 玻璃的厨电设备如热展示保温柜、蒸包机等，摆放在收银台区域，为防止长期受热使玻璃破裂掉落伤人，建议使用防碎裂玻璃，资产采购部应尽快联系供应商解决。

4. 四川××冷链设备在部分店面调试有误，导致制冷效果不佳。设备安装完成后，资产采购部门要牵头组成验收小组，对冷链设备进行专业验收；设备使用部门应在后期使用过程中加强培训，促使员工合理使用设备，定期进行温度测试及监控，防止因为设备制冷效果不佳导致商品变质的情况发生。

5. ××园、××园店、××园1店由于店内散热不良，导致冷链设备制冷效果受影响。

（1）后期开设门店时，业务发展中心开发部开发人员应首先考虑制冷设备散热条件，与业主及物业落实冷链设备散热条件。

（2）在进场装修及购买设备之前，业务发展中心工程设计人员应根据店面实际情况，合理设计冷链设备散热通道、排水通道等。

（3）业务发展中心现场项目经理必须监督装修总包业务的执行情况，保证装修成果能够达到冷链设备的散热、排水条件。

（4）资产采购部采购设备时也要结合店面的实际情况，与业务发展中心开发部开发人员、工程设计部门等确认具体的条件。散热条件不佳的门店，建议购买分体式制冷设备。

（二）设备采购询比价流程存在不合理现象。

1. 便利店组合烤炉的询比价流程不合理。

20××年11月8日，资产采购部××选取了3家供应商进行询比价（OA流程LXSQ-20171113005），具体见附件2。

3家供应商的产品分别为进口、合资及国产，定位差异较大，而且价格差距较大，这种询比价仅仅是流于形式。

2. 便利店立体字、侧招灯箱询比价流程不合理，具体见附件3。

（1）询比价的逻辑不同，惠州××、大连××与苏州××的报价不一样，苏州××的报价不含报建费用，而惠州××、大连××含报建费用。

（2）立体字属于常规广告产品，对于惠州××便利店首店而言，本土供应资源充裕，但以上询比价流程的3家供应商中两家是外地企业。

（3）惠州××存在一定的陪标嫌疑，详情如下。

①参与了20××年11月(首店)及20××年3月(邦凯、宝科园2店)的两次询比价。

②报名20××年5月便利店招投标并交纳了保证金，但是20××年5月的投标并未参与。

③20××年6月，资产采购部推荐其参与20××年7月的精选店招投标。

④20××年6月26日，审计监察中心电话匿名联系惠州××座机，惠州××人员反馈该公司已经很多年未做立体字业务了，详见惠州××电话录音。

⑤综管中心20××年6月27日联系惠州××，进行标前现场考察，该联系人回复，因公司经营范围变化，拒绝人员现场考察，并表明不参与我司招投标，也不想进入我司合格供应商库。

以上一系列事件显示，惠州××经营范围已与我司采购物品不匹配，但是却屡次参与询价及招投标并交纳保证金，原因有两方面，一方面，资产采购部对潜在供应商未进行深入了解；另一方面，惠州××存在一定的陪标嫌疑。

3. 门店烟架采购只询价一家供应商。

20××年12月1日，资产采购部×××在××便利店柜台供应商立项申请中，对新增加的烟架、多层促销架，只询价了一家广东××供应商，见附件4。

审计建议：

对于时间紧急而又采用询比价的采购项目，建议资产采购部以实质重于形式为原则，不能仅在形式上对 3 家以上供应商进行询比价，应该全面考虑，选出参与询比价的供应商，在层次定位、地域属性、匹配度等方面应符合基本逻辑，并从质量、价格、交付、售后等多维度去综合筛选。

（三）门店耗材物资独家供货。

20×× 年 11 月 16 日，资产采购部 ××× 就便利店低值易耗品购置进行立项，以资产采购部与营运部门、商品部门讨论确定以门店耗材清单为基础，通过询比价的方式邀请 3 家供应商进行报价，最终惠州市 ×× 纸塑用品实业有限公司总价最低。便利店首店及后期门店的易耗品采购均只从此公司一家采购，易耗品采购形成独家供方（详见附件 5）。

审计建议：

建议资产采购部将前期参与招投标并符合公司要求的供应商纳入低值易耗品合格供应商库，同时充实易耗品供应商库，在后期的低值易耗品采购业务中，根据成本节约原则进行采购，而不是由独家供应商供货。

（四）便利店货架采购存在陪标、串标等舞弊行为。

资产采购部已离职员工 ××× 在主持我司相关项目（×× 第一家店的柜台，第二与第三家店的柜台、货架）的招标 / 竞价活动时存在舞弊行为。

广东 ×× 展示设备有限公司与 ×× 金属制品有限公司在参与我司相关项目（×× 第一家店的柜台，第二与第三家店的柜台、货架）招标 / 竞价活动中存在陪标、串标等行为。

资产采购部门明知缺乏相关制度流程，却未主动完善，部门内部监督管理职能缺失，导致资产采购部门主持的采购项目出现严重的陪标 / 串标舞弊情况，对此，作为部门的管理者，××× 负有不可推卸的管理责任。

（五）设备采购验收手续不规范。

资产采购部购买的门店设备，验收手续不规范，仅由门店人员进行签收（见附件 6）。

审计建议：

1. 对于资产采购部采购的固定资产范围内的非商用设备验收，应遵循 ×× 公司固定资产管理制度的规定，由实际采购部门或门店收货部门填写固定资产验收入库单，由资产使用部门、专业职能部门、总部综合管理中心、门店综合管理部参与查验资产数量及型号（专业职能部门应参与技术比较复杂的固定资产验收）。

2. 针对专业性的固定资产设备如冷链设备等，应制定固定资产验收细则，对验收方法、验收人员进行明确。

（六）资产采购部无准确的资产采购清单及供应商付款情况表。

经审计发现，资产采购部无准确的各门店资产采购清单及供应商付款情况表。20××年6月21日，审计监察中心因资产采购审计，要求资产采购部提供门店设备资产采购清单及供应商付款情况表。6月22日，×××用邮件发送了各店资产投入汇总表及供应商付款情况表，但数据不准确，例如组合面包烤炉，资产采购清单上显示××店无组合面包烤炉数据，实际上××店是有一台组合面包烤炉的（见附件7）。

审计建议：

1.财务中心固定资产管理部门、资产采购部、店铺营运管理部门应组成盘点小组，对各店面的资产设备进行定期盘点，建立准确的资产采购台账，确保公司资产的安全。

2.资产采购部应关注供应商应付款情况，并与财务中心核对。资产采购部应该利用好应付款管理这一工具，以便提升供应商管理水平，优化供应商资源结构，降低采购成本。

（七）资产采购供应商管理制度不健全、责任不明晰。

截至目前，非商品类采购供应商无管理制度。非商品供应商的开发、招投标、准入由综管中心物控组负责，但是供应商的绩效考核、管理，无具体负责部门。综管部门的制度情况如下。

综管部门的制度情况

序号	制度	进度
1	××公司非商品类货物及服务招标管理办法	报批中
2	××公司非商品供应商管理办法	编制中

资产采购部的制度情况如下。

资产采购部的制度情况

序号	制度	进度
1	××公司资产采购部产品质量检查规定	拟报批
2	××公司资产申购流程	编制中
3	××公司资产验收流程	编制中
4	××公司固定资产调拨流程	编制中
5	××公司设备报修流程	编制中

审计建议：

1.建议综管部门、资产采购部编制、报批各项制度并给出时间节点，明确整个采购链条上各部门的职责。

2.目前，××集团已批准的制度中有一项是财务中心编制的××公司固定资产管理制度，××公司资产验收流程、××公司固定资产调拨流程可以参考此制度编制。

三、审计结论

（一）×××任职期间，采购的厨电设备及冷链设备质量问题频出，资产采购部未建立对供应商的日常考核、管理机制，作为部门主管，×××负有管理责任。

（二）×××任职期间，资产采购询比价中存在不合规、独家供方的现象，明知缺乏相关制度流程，没有主动完善，部门内部监督管理职能缺失，导致资产采购部门主持的货架采购项目出现严重的陪标/串标等舞弊情况，对此，作为部门的管理者，×××负有不可推卸的管理责任。

（三）×××任职期间，资产采购部无准确的资产采购数据及供应商应付款数据，×××负有管理责任。

（四）×××任职期间，资产采购部的制度建设严重滞后，×××负有管理责任。

审计监察中心

20××年7月2日

附件1：设备维修记录及各店铺设备质量调研表（略）。

附件2：便利店组合烤炉立项资料（略）。

附件3：便利店立体字立项资料及惠州××相关资料（略）。

附件4：烟柜立项资料及烟柜报价表（略）。

附件5：便利店低值易耗品立项流程（略）。

附件6：采购设备到店后的验收资料（略）。

附件7：××店组合烤炉资料（略）。

学习笔记

请对本章的学习做一个小结，将你认为的重点事项和不懂事项分别列出来，以便于自己进一步学习与提升。

本章重点事项
1.
2.
3.
4.

本章不懂事项
1._____
2._____
3._____
4._____
5._____

个人心得
1._____
2._____
3._____
4._____
5._____